ULTIMA VERBA

MON DERNIER OUVRAGE

PAR

G. DE MOLINARI

CORRESPONDANT DE L'INSTITUT

PARIS (5e)

V. GIARD & E. BRIÈRE

LIBRAIRES-ÉDITEURS

16, RUE SOUFFLOT ET 12, RUE TOULLIER

1911

ULTIMA VERBA

ULTIMA VERBA

MON DERNIER OUVRAGE

PAR

G. DE MOLINARI

CORRESPONDANT DE L'INSTITUT

PARIS (5e)

V. GIARD & E. BRIÈRE

LIBRAIRES-ÉDITEURS

16, RUE SOUFFLOT ET 12, RUE TOULLIER

1911

OUVRAGES DU MÊME AUTEUR

Études économiques. L'organisation de la liberté industrielle et l'abolition de l'esclavage. Un vol. in-18. 1846. Paris, Capelle. . . . . 2 fr. »»

Histoire du tarif : les fers, les houilles, les céréales. 1847. Paris, Guillaumin.

Les soirées de la rue Saint-Lazare. Entretiens sur les lois économiques et défense de la propriété. Un vol. grand in-18, 1849. Paris, Guillaumin et Cⁱᵉ . . . . 3 fr. 50

Les Révolutions et le Despotisme envisagés au point de vue des intérêts matériels. Un vol. 1852. Méline, Cans et Cⁱᵉ, éditeurs, Bruxelles . . . . 2 fr. »»

Les limites de la Belgique. Un vol. 1853. Bruxelles, Librairie polytechnique d'Aug. Decq . . . . 2 fr. »»

La conquête de la Chine. Une brochure. 1856. Bruxelles.

Un épisode de l'histoire du libre échange en Belgique. La réforme douanière au xviiⁱᵉ siècle. Une brochure. 1857. Bruxelles.

L'industrie de la Suisse sous le régime de la liberté commerciale. 1857.

L'abbé de Saint-Pierre. Membre exclu de l'Académie française. Sa vie et ses œuvres. Un vol. in-18. Paris. Guillaumin et Cⁱᵉ, 1857. . . . . 3 fr. 50

De l'enseignement obligatoire. Discussion entre MM. G. de Molinari et F. Passy. Un vol. in 18, Paris, Guillaumin et Cⁱᵉ, 1859. . . . . 3 fr. 50

Questions d'économie politique et de droit public, 2 vol. 1861. A. Lacroix, Verboeckhoven et Cⁱᵉ, Bruxelles. Guillaumin et Cⁱᵉ. Paris. . . . . 10 fr. »»

Napoléon III publiciste. Sa pensée cherchée dans ses écrits. Analyse et appréciation de ses œuvres. Un vol. in-18. A. Lacroix, van Meenen et Cⁱᵉ, Bruxelles, 1861. . . . . . 3 fr. 50

Cours d'économie politique fait au Musée royal de l'industrie belge, 2ᵉ édition 2 vol. in-8°, A. Lacroix, Verboeckhoven et Cⁱᵉ, Bruxelles. 1863 . . . . 12 fr. »»

Le Congrès européen. Une brochure. Bruxelles, 1864.

Les Clubs rouges pendant le Siège de Paris. Un vol. in-18. Paris. Garnier frères. 1871 . . . . 3 fr. 50

Le mouvement socialiste et les réunions publiques avant la Révolution du Quatre-Septembre 1870, suivi de la Pacification des rapports du capital et du travail. Un vol. in-18. 1872. Mêmes éditeurs . . . . 3 fr. 50

La République tempérée. Brochure in-8°. 1873. Mêmes éditeurs. . . . . 2 fr. »»

Lettres sur les Etats-Unis et le Canada adressées au *Journal des Débats* à l'occasion de l'Exposition universelle de Philadelphie. Un vol. in-18. Hachette et Cⁱᵉ, 1876. . . . 3 fr. 50

PRÉFACE

Presque arrivé aux limites de la vie humaine —
je suis maintenant dans ma 92e année — je vais
publier mon dernier ouvrage. Il concerne tout ce
qui a rempli ma vie : la liberté des échanges et la
paix. Mais quoique la sphère de la paix se soit prodigieusement élargie et que les souverains prodi-
guent les démonstrations pacifiques, ces idées fondamentales sont partout en baisse. Pourtant il
semblait vers le milieu du xixe siècle qu'elles
dussent désormais régir le monde civilisé. Le roi
Louis-Philippe ne disait-il pas dans sa réponse à
une députation « que la guerre coûtait trop cher et
qu'on ne la ferait plus ».

Ces dispositions pacifiques avaient des antécédents : Henri IV endoctriné par Sully avait déclaré
qu'il n'y aurait plus de guerre entre les princes
chrétiens. Au xviiie siècle, l'abbé de Saint-Pierre

s'était fait le bienfaisant propagateur des idées pacifiques et l'abbé Coyer engageait la noblesse à adopter un état plus lucratif que le métier des armes. Telle était alors la force du mouvement pacifique que Turgot votait sans hésiter le maintien de la paix avec l'Angleterre, en dépit des velléités belliqueuses de la jeune noblesse, qui allait aider à conquérir l'indépendance des possessions anglaises d'Amérique. A la fin des hostilités, sous l'influence des physiocrates, et peut-être d'Adam Smith, le traité de 1786 lia la France et l'Angleterre par une convention qui serait aujourd'hui considérée comme un triomphe libre-échangiste.

Mais la Révolution devait bientôt ajourner pour longtemps l'application des principes de paix et de liberté. Après vingt-cinq années de guerre, les puissances européennes célébraient au Congrès de Vienne le retour de la paix générale et réduisaient à deux milliards la somme de leur appareil de guerre. — Elles ne devaient pas tarder à l'augmenter : les dépenses militaires et navales atteignent aujourd'hui, dans l'ensemble des pays civilisés, plus de douze milliards en pleine paix. Le budget de la France, qui à la veille de la Révolution était d'environ cinq cent millions, dépasse aujourd'hui quatre milliards dont la majeure partie est employée à préparer la guerre ou à solder les dettes laissées par les guerres antérieures. — Mais le milieu du XIXe siècle a vu surgir une recrudescence de l'esprit militaire ; les conflits se sont multipliés : on a vu éclater les guerres d'Italie, de Crimée, austro-allemande, de Sécession, répression de la révolte des Sicks aux Indes, guerre franco-allemande, russo-turque, italo-abyssine, turco-grecque, hispano-américaine, russo-japonaise et marocaine qui ont éloigné les grandes espérances que les Congrès et les Ligues contre la guerre avaient fait concevoir. Les manifestations pacifiques dont le souverain de Russie avait pris l'initiative n'ont pas empêché les grandes puissances de décupler leurs armements. Et cependant la sécurité s'est considérablement accrue. Il n'y a plus guère de peuples qui demandent à la guerre l'augmentation de leurs ressources. Au contraire, les nations victorieuses, aussi bien que les vaincues, voient s'aggraver leur dette. Autrefois la guerre était profitable à ceux qui l'entreprenaient, s'ils étaient vainqueurs, car ils conquéraient des provinces ou des royaumes qui augmentaient d'une manière permanente les bénéfices de la guerre, témoin la conquête de l'Angleterre par les Normands. Mais

**

cette situation a changé ; il n'est aucune guerre qui profite à ceux qui l'entreprennent, même s'ils sont vainqueurs : les profits qu'ils en retirent sont inférieurs à ce que vaudrait l'échange de leurs produits contre ceux d'une contrée réputée ennemie. C'est ainsi qu'il en a coûté à l'Allemagne une somme supérieure aux cinq milliards que lui avait rapporté le conflit avec la France : les armements auxquels l'a entraînée la crainte d'une revanche ont beaucoup dépassé les profits de l'annexion d'une province et de la contribution de guerre. N'oublions pas que les bénéfices en ont été perçus par une classe peu nombreuse de la population, alors que le fardeau de l'impôt a été alourdi pour les autres.

Cependant depuis près d'un demi-siècle les intérêts militaires ont toujours paru prendre une prépondérance de plus en plus grande. C'est une contradiction qui tient à ce que, dans l'ensemble des nations, les gouvernements et la classe sur laquelle ils s'appuient de préférence sont ou se croient intéressés à l'état de guerre. Il est évident que la situation des classes influentes n'a pas été amoindrie par la guerre : même en Amérique la guerre de Sécession qui avait ruiné les provinces vaincues a occasionné aux provinces du Nord et aux industriels de l'Est vainqueurs une recrudescence de protectionnisme qui a abouti au régime des trusts et engendré les milliardaires. En Allemagne, la classe militaire a vu sa puissance augmenter par l'accroissement des budgets de la guerre et de la marine, et les industriels ont exhaussé leurs bénéfices grâce aux tarifs protecteurs, mais la masse a vu enchérir ses denrées alimentaires et s'accumuler les emprunts dont elle doit, en définitive, payer les frais sans cesse croissants. Aussi les classes dominantes ont-elles intérêt à conserver la propriété des masses gouvernées qui leur fournissent la plupart des revenus militaires ou civils dont elles vivent.

*
* *

Si, à l'encontre de ce que l'on espérait au début de ma carrière, en ces premières années du xxᵉ siècle on peut constater le progrès des sentiments belliqueux dans les classes supérieures, on doit remarquer aussi que, dans ce même intervalle, le protectionnisme s'est étendu sur tout le monde civilisé, à l'exception de l'Angleterre restée jusqu'ici libre-échangiste. Cependant je demeure toujours un ferme partisan de la paix et de la liberté. Ce qui me fait croire à leur triomphe final c'est que des progrès de tout genre ont multiplié les échanges et diminué ainsi le coût de la vie tandis que la guerre a pour résultat de l'enchérir. Il y a ainsi entre la guerre et la paix une différence fondamentale. On ne peut pas dire que la guerre travaille gratis, même si elle est victorieuse, tandis que l'échange augmente quand même les profits des deux parties. Ce qui redouble mes espérances, c'est que depuis un siècle la face du monde a été modifiée : innombrables inventions, grâce auxquelles la richesse s'est développée et multipliée, ont ajouté à l'agrément de l'existence. La guerre empêche la richesse de s'accroître ; elle a pour effet d'augmenter les frais de production tandis que les inventions ont généralement pour but de les abaisser. Cependant les inventions n'ont pas seulement pour résultat de rendre la vie meilleure, au contraire elles ont aussi perfectionné l'art de la guerre : fusils et canons ont augmenté leur portée destructive, on a ajouté aux anciens de nouveaux engins destructifs : torpilles, sous-marins, dirigeables et aéroplanes même, dynamite et autres explosifs. Enfin chaque jour apporte son perfectionnement dans l'art d'anéantir ses semblables et les fruits de leur activité, en sorte que les inventions qui ont pour objet de détruire pourraient bien dépasser celles qui concourent à améliorer le sort de l'humanité ; les peuples seront ainsi obligés, s'ils ne se resaisissent promptement, de supporter le coût croissant de la guerre et de ses préparatifs. Le pourront-ils longtemps ?

Durant une assez longue période après la fin des guerres du premier Empire, le monde avait joui de la paix. On avait donc alors quelque raison de croire que la guerre cesserait de ravager le monde. Les Congrès de la paix commençaient à se multiplier. La liberté des échanges trouvait aussi d'ardents protagonistes. En Angleterre les réformes de M. Huskisson faisaient prévoir la disparition du protectionnisme, celles auxquelles Richard Cobden et Robert Peel ont attaché leur nom annonçaient sa fin prochaine. On pouvait se flatter de l'espoir que la civilisation aurait pour auxiliaire la paix et la liberté et que de cette époque daterait la cessation de l'hostilité des peuples. Les révolutions et les guerres ne tardèrent pas à faire rompre la paix et reparaître le protectionnisme. Les tarifs des douanes ont continué à séparer les nations, et même on peut craindre l'accroissement et l'extension du régime protecteur.

*
* *

Cependant depuis plus d'un demi-siècle une véritable efflorescence a commencé à changer la face du monde. Dans le cours de ma longue existence j'ai vu naître les chemins de fer dont le réseau atteint actuellement un million de kilomètres. Des vapeurs traversent aujourd'hui les océans. L'électricité transmet les pensées du monde entier. La photographie est devenue l'auxiliaire des relations. Dans mon enfance on n'écrivait qu'avec des plumes d'oie, on ne connaissait pas plus les plumes métalliques que les timbres-postes ou la bougie, le gaz venait à peine de naître. Des milliers d'inventions facilitent la vie. Même les fruits de l'intelligence étaient alors moins nombreux et commençaient seulement à se répandre dans les masses. L'état mental actuel des esprits est à peine comparable à ce qu'il était à la veille du commencement du XIX° siècle. Mais l'état moral de l'humanité est inférieur à celui de son intelligence. De là, la grande crise dans laquelle se débattent aujourd'hui les sociétés en voie de civilisation. On pourrait presque les comparer à ces gens auxquels les hasards de la loterie procurant soudainement un million ont modifié du jour au lendemain leur existence matérielle sans rien changer à leur état intellectuel : la plupart de ces gagnants ne songent qu'à améliorer leur bien-être matériel, quand ils ne se livrent pas aux pires jouissances, mais leur moralité reste la même, si même elle ne s'abaisse pas. C'est pourquoi l'on peut presque dire que le progrès de la civilisation s'est plutôt ralenti que précipité, car il dépend à la fois de l'intelligence et de la moralité.

*
* *

A peu près au même moment que cette efflorescence des inventions est apparu le socialisme.

C'est une tendance devenue universelle de renverser les gouvernements pour leur substituer un régime égalitaire. Le socialisme ne trouve, en somme, une absolue résistance que dans les classes dont il bouleverse les moyens d'existence. Jusqu'à présent il n'a pas découvert un système propre à remplacer l'ancien régime sous lequel l'humanité a vécu, quelques diverses qu'en aient été les formes. Il a suscité des révolutions et des guerres civiles et selon tout apparence il en suscitera encore d'autres.

Mais quel est le régime préconisé par le socialisme? Né de l'ensemble des souffrances que les peuples ont éprouvées du fait de leurs dominateurs, ils en voient le remède dans la propriété d'eux-mêmes. Ils travaillent, en conséquence, à expulser leurs dominateurs et à les remplacer par un gouvernement issu d'eux-mêmes : c'est ainsi qu'est né le gouvernement parlementaire ou constitutionnel. Et dans l'ignorance des lois naturelles par lesquelles la Providence gouverne les hommes en se bornant à en prescrire l'observation, ils ont institué des lois multiples, plus souvent nuisibles qu'utiles à ceux qu'ils voulaient protéger. C'est pourquoi le socialisme, dans l'ensemble de ses systèmes, en admettant qu'il réussisse à les installer, aboutirait à la ruine des sociétés. Et les chefs d'Etats, monarchistes ou républicains, quels que soient les mobiles auxquels ils obéissent, ont tort de leur céder, même s'ils sont poussés par les sentiments les plus purs et les plus élevés tels que ceux de la philanthropie.

Sans qu'il y paraisse, le régime parlementaire et constitutionnel aboutit au socialisme car le socialisme n'est autre chose que l'appropriation de tous les moyens de se procurer des richesses, y compris la direction de la société. Le régime constitutionnel et parlementaire est demeuré la propriété des classes supérieures qui se sont enrichies et possèdent la plus grande partie des moyens de subsistance. C'est pourquoi elles sont dénommées classe capitaliste et sont plus que jamais l'objet d'une envieuse considération. Mais le socialisme veut s'emparer de la richesse existante. La lutte entre le socialisme et le capitalisme est donc éternelle. Cependant, il est avéré que dès que les socialistes deviennent capitalistes, ils changent d'opinion et deviennent à leur tour les défenseurs du capital. Ils cèdent le moins possible au socialisme et c'est ainsi qu'on a pu dire, en modifiant les ter-

mes, qu'un jacobin ministre n'est pas nécessairement un ministre jacobin.

La direction de l'Etat est l'objet du régime parlementaire auquel presque tous les anciens maîtres
des Etats se sont ralliés en considérant les avantages
matériels qu'ils y trouvent.

La Révolution a simplement changé l'apparence
du régime qui jusque-là avait été dominant. Les
monarques étaient jusqu'alors considérés comme
les propriétaires de leurs peuples ; la Révolution a
changé nominalement cet état de choses : les peuples devenus propriétaires d'eux-mêmes sont désormais chargés de se gouverner. Ils ont d'abord
élaboré une constitution édictant leurs droits et
leurs devoirs. Mais ils sont incapables de se con-
duire, et, en fait, ce régime n'est autre que la domination d'une classe sur la multitude. Cette domination d'une classe gouvernante peu nombreuse
excite l'opposition de la masse excluc du gouvernement. Aussi, bien qu'il n'y ait qu'une classe qui
exerce le pouvoir et une opposition, comme il y a
une masse électorale à peu près illimitée, on a vu
se multiplier les partis avides de gouverner. Mais,
que ce soit monarchie ou république, on peut constater la cherté progressive du gouvernement car
la classe bureaucratique qui en dépend s'est prodigieusement accrue. Le gouvernement à bon marché

semble plus que jamais devenir une utopie puisque le régime constitutionnel augmente encore ainsi les frais du gouvernement belliqueux et protectionniste quoiqu'il les reporte souvent sur les générations futures en les laissant responsables de ses emprunts et de ses dettes.

On s'imagine communément que ce régime est le plus parfait possible, pourtant on remarque de nombreux symptômes de décadence même chez les peuples les plus avancés en civilisation. Nous croyons qu'il sera perfectionné comme l'a été la machine à vapeur et le métier à tisser. Et déjà l'on peut conjecturer ce que seront ces progrès en voyant quelles évolutions ont subies les entreprises financières ou industrielles. Mais si le perfectionnement du régime constitutionnel est possible, il peut aussi être retardé à cause du grand nombre d'individus incapables qui remplissent les devoirs électoraux. Nous ne parlons pas de l'extension aux femmes du droit de vote, que nous ne souhaitons pas, bien que nous soyons tout l'opposé d'un antiféministe, parce que plus il y aura d'électeurs, plus les résultats seront mauvais. Et ce n'est pourtant pas déjà brillant. Si l'on regarde d'un peu près les faits et gestes des représentants du peuple, on aperçoit partout leur inconséquence : En Espagne les uns consentent à laisser fusiller Ferrer sous prétexte qu'il enseignait une morale contraire à celle du gouvernement, qui n'en a pas, et les autres sous prétexte de libéralisme, rompent avec le Pape à propos d'associations religieuses qui conviennent à certains partis mais non à tous. En France ils ont confisqué des biens et prononcé le bannissement de religieux et religieuses qui enseignaient une doctrine qui leur déplaisait ; pour accomplir ce travail ils se sont adjugé individuellement quinze mille francs par an ! En Belgique, nous avons été témoin d'une enquête libérale dirigée contre les pauvres femmes qui faisaient donner à leurs enfants l'enseignement congréganiste, le résultat a été d'amener le parti clérical au pouvoir, où il se maintient depuis vingt-six ans malgré la rancune d'une partie des électeurs mécontents de le voir monopoliser places et faveurs du gouvernement pour ses créatures au détriment de l'industrie et du commerce qui en font les frais. En Allemagne, les représentants du peuple se montrent les humbles serviteurs du gouvernement qui opprime les anciens sujets du Danemark et les Polonais obligés à un service militaire et à des impôts qu'ils ne doivent pas. En Russie, la Douma a accepté le transfert au peuple des charges et emprunts de la guerre avec le Japon et a, en outre, ratifié le despotisme infligé aux Juifs, aux Polonais et aux Irlandais. En Amérique, les représentants du peuple ont ratifié la confiscation des intérêts des vaincus des États du Sud au profit des industriels protectionnistes du Nord et de l'Est qui en ont profité pour accaparer les industries protégées, d'où découlent les trusts avec les milliardaires, et remplacé l'esclavage par le mépris et le lynchage des noirs. Leurs politiciens sont pour la plupart tellement décriés que les honnêtes gens ne veulent pas les recevoir... et le malheur est qu'en nombre d'autres pays ils commencent aussi à glisser sur cette pente. En Italie ils ont augmenté le fardeau des impôts dans des proportions telles que l'émigration s'y est développée d'une façon intense. En Angleterre des scènes de pugilat se sont produites en plein Parlement de même qu'en Autriche-Hongrie où les antisémites se livrent à leurs fureurs et les diverses nationalités à leurs disputes pour la prééminence dans la direction des affaires de l'Empire, ne retrouvant un peu d'accord que lorsqu'il s'agit de s'emparer du bien d'autrui comme l'annexion de la Bosnie-Herzégovine, par exemple. En Turquie, ne voit-on pas aussi une petite coterie, sorte de comité directeur, s'efforcer de faire prévaloir les intérêts du « turquisme » au lieu de régir équitablement ceux de toutes les populations qui forment l'ensemble du pays. Tels ont été quelques-uns des faits et gestes des représentants du peuple sous le régime qualifié de constitutionnel.

Mais on peut se figurer un régime supérieur au régime constitutionnel. Et ce régime, modelé sur la constitution naturelle de l'industrie, sera énormément simplifié. Déjà les compagnies de transport, les institutions financières, les sociétés industrielles et commerciales ont un conseil d'administration dont les opérations sont surveillées par des délégués des actionnaires et aussi par ces derniers qui se réunissent une fois l'an, parfois deux, pour examiner les affaires, prendre les décisions utiles et ratifier les comptes. Ils participent aux travaux de l'assemblée suivant le nombre d'actions qu'ils possèdent. Une partie du conseil d'administration est nommée par le fondateur de l'entreprise, la ratification des autres nominations est réservée aux actionnaires après proposition du président et du Conseil. Les membres de ces conseils sont généralement rééligibles et restent en fonctions leur vie durant. Ils diffèrent peu en cela des ministres de l'ancien régime monarchique, témoin Colbert, tandis que ceux du régime constitutionnel sont devenus d'une mobilité excessive, selon l'état des partis qui se partagent les parlements. — Dans les entreprises privées, les assemblées nomment un prési-

dent qui est le principal directeur des opérations
de l'affaire et reçoit des appointements supérieurs
à ceux des autres conseillers, sans être cependant
excessifs. Ces appointements ne se comptent que
par milliers de francs tandis que ceux des monarques constitutionnels, issus de l'ancien régime, se
comptent par millions. Tel est le progrès politique
que nous avons en vue et qui sera suivi de tous
les autres.

On pourrait objecter que la plupart des assemblées parlementaires travaillent activement et font
des lois auxquelles tous les peuples de la monarchie
ou de la république sont soumis bien qu'elles soient
seulement l'œuvre d'une partie du parlement. Mais
on compte les lois utiles, à peine une seule sur une
centaine, et les décrets d'un conseil d'administration seraient plus efficaces quoiqu'ils soient issus
de la même source, savoir, de la généralité des actionnaires c'est-à-dire du suffrage universel. L'avènement du socialisme a sensiblement augmenté le
nombre des lois car les socialistes ignorent en quoi
consistent les lois naturelles; ils sont convaincus
que celles qu'ils fabriquent sont supérieurement
faites et ils en exigent l'application rigoureuse.
Dans ce but leurs ministres multiplient les fonctionnaires. Mais à peu près toutes les lois inspirées
par le socialisme sont faites pour une certaine classe

d'hommes à laquelle elles semblent profiter bien qu'elles leur soient nuisibles. Car tout ce qui change la destination de la fortune de l'ensemble des contribuables est loin d'être toujours favorable à la richesse publique. En faisant passer les ressources des classes favorisées de la fortune en des mains moins capables ou plus dispendieuses et en augmentant les dépenses militaires, le protectionnisme et le fonctionnarisme, la richesse diminuera et les dettes s'accroîtront jusqu'à ce que le pays ne puisse plus en supporter le fardeau. Peut-être est-ce ainsi que, selon toute apparence et malgré le développement progressif de la civilisation, se perdront les États les plus florissants. C'est de cette sorte qu'a péri le monde romain, bien autrement civilisé que la nuée des barbares qui l'entourait. Les vices intérieurs et les dépenses excessives écraseront la civilisation actuelle comme les Barbares l'ont écrasée dans l'antiquité. Ce sera un nouveau mode de destruction non moins certain et aussi complet que le précédent.

LE VOL ET L'ÉCHANGE

Molinari

ULTIMA VERBA

LE VOL ET L'ÉCHANGE

L'espèce humaine, formée des mêmes éléments que les espèces végétales et animales, doit pourvoir, avant tout, aux besoins qui lui sont communs avec elles. Elle doit chercher sa subsistance et défendre sa vie contre les espèces concurrentes, en suppléant à son infériorité physique par l'exercice et le développement des facultés intellectuelles et morales qui lui sont propres. Dans les différentes parties du globe où ils sont nés, les hommes unissent leurs forces pour se défendre contre leurs ennemis ; ils forment des sociétés, clans ou tribus, inventent des armes et des outils. Et tandis que les espèces inférieures ne possèdent que le pouvoir de détruire et de consommer les matériaux de subsistance à leur portée, ils peuvent les multiplier. Ils peuvent produire. Comment ? En substituant l'échange au vol dans l'acquisition des subsistances. Le vol est le procédé commun à toutes les espèces végétales et animales. Elles s'emparent des matériaux nécessaires à l'entretien de leur vie et les consomment, mais sont incapables de les reproduire. Or, quelle est la conséquence inévitable de l'emploi de ce procédé ? C'est l'épuisement final des matériaux de la vie et l'extinction des espèces. Quelle est, au contraire, la conséquence de l'échange ? C'est la reconstitution des matériaux de la vie, aussi longtemps que les éléments constitutifs de ces matériaux existent.

La civilisation qui a élevé l'espèce humaine au-dessus des espèces végétales et animales, s'est opérée par la substitution de l'échange au vol, accomplie sous la pression du moteur de l'activité de tous les êtres pourvus de vie : la concurrence. Sous la pression de la concurrence, les tribus industrieuses ont mis en œuvre leurs facultés d'observation et d'invention, créé l'agriculture et les premiers arts, décuplé ainsi la productivité de leur travail. Mais en réalisant ces progrès, elles offraient une plus riche proie aux tribus mieux pourvues des facultés destructives qui continuaient à vivre de vol. Les plus intelligentes de celles-ci ont fini par découvrir qu'elles trouveraient plus de profit à les assujettir qu'à les dépouiller et à les détruire. Dès ce moment, l'échange a commencé à se substituer au vol. Les hommes forts et courageux qui s'étaient emparés des producteurs de subsistances et du domaine qu'ils cultivaient ont été intéressés à les conserver et à les défendre comme auparavant ils l'étaient à les piller et à les massacrer. Alors s'est ouverte une longue période de luttes entre les fondateurs d'Etats et les tribus vivant encore uniquement de vol. Dans cette période, la nécessité qui s'imposait aux sociétés fondatrices et propriétaires d'Etats consistait à augmenter leur puissance et leurs ressources, sous peine de dépossession et de destruction, c'est-à-dire d'empêcher leurs membres d'user à l'égard les uns des autres du procédé du vol, et tel a été l'objet des premiers codes ; ensuite de conserver et de multiplier les producteurs de subsistances qu'ils avaient assujettis et d'augmenter le profit qu'ils tiraient d'eux. Avec cette population assujettie, ils faisaient un échange — échange de services de gouvernement et de sécurité contre des produits matériels ou des services domestiques. Seulement, cet échange, opéré sous sa forme primitive de monopole, contenait une part de vol. Le maître pouvait imposer à son esclave la totalité d'efforts, de travail, que l'esclave était capable de fournir, et lui enlever de même la totalité des produits de ce travail. Dans ce cas, le monopole n'aurait été qu'un vol pur et simple. Mais la nature s'y opposait. Quelle que fût la rapacité du maître, il ne pouvait conserver son esclave qu'à la condition de lui abandonner la part de produit nécessaire à sa subsistance, en sus des services de gouvernement et de sécurité qu'il lui rendait.

Sous la pression de la lutte entre les sociétés qui vivaient de l'échange sous forme de monopole et celles qui subsistaient uniquement par le vol, des progrès s'accomplirent qui mirent à la longue les premières à l'abri des invasions des secondes. Mais la lutte n'en continua pas moins. Elle eut désormais pour objet principal, non plus la défense contre les tribus barbares qui vivaient de vol, mais la pratique du vol entre les propriétaires d'États plus ou moins civilisés. Cette pratique avait pour objet l'agrandissement de leurs États, l'accroissement du nombre de leurs esclaves, de leurs serfs ou de leurs sujets, partant, des revenus qu'ils leur fournissaient sous forme de corvées ou d'impôts. La guerre, savoir le mode d'acquisition de la richesse par le vol, restait la principale industrie des sociétés propriétaires d'États. C'était une industrie aléatoire, mais, néanmoins, la plus avantageuse de toutes les branches de l'activité humaine. A la société victorieuse, elle valait une augmentation plus ou moins considérable de territoire garni de sujets, partant d'impôts et de revenus. A la société vaincue, elle en enlevait temporairement une partie, mais en lui laissant d'ordinaire l'espoir de la recouvrer. Dans les deux cas, vaincue ou victorieuse, elle n'en supportait pas elle-même les frais. Ces frais étaient couverts par les sujets de l'une aussi bien que de l'autre. Au temps où ils étaient menacés de destruction par les invasions des barbares, la guerre, en suscitant des progrès qui augmentaient la puissance de leurs maîtres, leur valait un supplément de sécurité. Mais depuis que l'accroissement de cette puissance a mis fin aux invasions des barbares, ils n'en tirent plus aucun profit. Au contraire, la guerre entre les Etats devenus plus nombreux et plus puissants leur coûte plus de frais et leur cause plus de dommage. Or, les esclaves, passés à l'état de serfs puis de sujets, sont devenus à leur tour riches et puissants. Le fardeau des redevances et des impôts allant s'alourdissant, par l'accroissement des frais de la guerre, ils les supportèrent de plus en plus impatiemment. Ils ont fini par vouloir les débattre et les fixer de gré à gré. Autrement dit, ils ont voulu être appelés à consentir l'impôt en échange duquel ils reçoivent les services de gouvernement et de sécurité de la société propriétaire de l'Etat. Cette prétention, d'abord considérée comme insolente et rigoureusement réprimée, acquit une force croissante par suite de l'extension du domaine de l'échange et l'avènement de la concurrence sous sa forme productive.

Sous l'impulsion des progrès que suscita la concurrence, l'industrie prit un essor extraordinaire et détermina un accroissement rapide de la richesse et de la puissance des propriétaires et des directeurs des entreprises de production. Une lutte s'engagea entre cette bourgeoisie industrieuse et l'aristocratie gouvernante.

Cette lutte se termina tantôt par une révolution violente, tantôt par une évolution pacifique qui plaça l'Etat, avec les services de sécurité et de gouvernement dont il possède le monopole, entre les mains de la nation. Mais la nation ne peut exercer elle-même ces services. Des associations politiques -- des partis — se constituent pour les remplir et ils y sont d'autant plus excités que c'est une industrie qui procure, plus qu'aucune autre, des profits matériels et moraux. Au monopole permanent d'une aristocratie ou d'une maison propriétaire de l'Etat a succédé le monopole temporaire d'un parti. Quelles ont été les conséquences de ce changement qui a fait succéder le régime constitutionnel et parlementaire, au régime plus ou moins autocratique du chef héréditaire de la classe des propriétaires de l'Etat ? La première de ces conséquences a été la mobilité du pouvoir et la lutte ouverte entre les partis pour s'en emparer. Ces partis ont pour objectif nominal l'intérêt de la nation et, à leurs débuts, ils avaient sincèrement l'intention de lui être fidèles. Mais en leur qualité de concurrents, ils croyaient aussi non seulement qu'ils étaient seuls capables de se charger des services essentiels de l'Etat, que ces services, en tombant entre les mains des autres partis subiraient une inévitable décadence et finiraient par causer la ruine de la nation. De là, l'ardeur de la lutte et, particulièrement en France, la violence initiale de ses procédés.

Comment se forment les partis et recrutent-ils leur état-major et leurs soldats ? Ils se forment et se recrutent dans chacune des classes dont se compose la nation. Quoiqu'on ait prétendu que ces classes n'avaient point survécu à la suppression de l'ancien régime et à l'avènement du nouveau, elles ont continué de subsister sous l'influence, celle-ci permanente et indestructible, de la nature des sociétés et des choses. Les fondateurs du nouveau régime ont dû eux-mêmes en convenir, en finissant par reconnaître la nécessité de restreindre l'exercice du droit de posséder l'Etat et d'élire les mandataires chargés de gouverner la nation. La classe peu nombreuse seule réputée en France comme politiquement capable, se composa d'abord de l'aristocratie auparavant propriétaire de l'Etat et d'une ample part du domaine territorial, ensuite de la bourgeoisie enrichie par l'industrie et le commerce. Enfin, un progrès considéré généralement comme le plus nécessaire de tous, a conféré à une foule de plus en plus nombreuse l'exercice du pouvoir d'élire les mandataires chargés de la direction de l'Etat. Ce progrès est partout en train de se réaliser et il ne reste plus guère aujourd'hui qu'à adjoindre au suffrage universel masculin le suffrage féminin.

Dans les divers pays où ces progrès politiques ont été accomplis : avènement du régime constitutionnel et parlementaire, extension du suffrage à la multitude auparavant en tutelle, il importe avant tout d'examiner quels sont les opinions et les intérêts de chacune des classes dont se compose la nation.

La classe supérieure, en minorité dans chaque pays, se compose, en revanche, de membres individuellement plus puissants, sinon toujours plus riches et plus intelligents, que les individus des classes inférieures. Ils appartiennent, les uns à l'aristocratie autrefois en possession des fonctions supérieures militaires et civiles de l'Etat, les autres à la portion la plus riche de la bourgeoisie propriétaire de la plupart des entreprises de production industrielle et commerciale. Comme celles de l'immense majorité des hommes, leurs opinions sont gouvernées par leurs intérêts. Occupant les principales fonctions de l'Etat, ils emploient leur influence politique à s'en assurer la conservation et à en accroître l'importance. Propriétaires fonciers, ils sont protectionnistes agraires comme les chefs d'industrie, et les capitalistes leurs commanditaires, sont protectionnistes industriels. Quoique leurs intérêts soient divergents, ils trouvent cependant profit à se coaliser contre les partisans de la liberté du commerce. La même divergence d'intérêts les sépare sur la question de la paix ou de la guerre. Les descendants de l'ancienne aristocratie sont naturellement intéressés à la persistance de la guerre qui leur avait valu leur prééminence et à laquelle leurs instincts combatifs les rendaient particulièrement

propres, tandis, au contraire, que la classe qui tire ses
moyens d'existence de l'industrie et du commerce est
généralement intéressée à la paix. Cependant, quelques-uns de ses membres les plus riches et les plus
influents trouvent dans l'état de guerre des jouissances
exceptionnelles de situation et de vanité ; ils se mêlent
à l'aristocratie en envahissant, par exemple, les fonctions de la diplomatie que la permanence de l'état de
paix achèverait de rendre inutiles. D'autres trouvent de
fructueux profits dans les industries qui fabriquent et
renouvellent le matériel de guerre.

Au-dessous de cette classe essentiellement conserva-
trice, apparaît une classe composée de la plupart des
membres des professions libérales et du personnel de
la moyenne industrie. C'est dans celle-ci que se recrute
principalement le parti dit libéral. Il dispute la possession de l'Etat au parti conservateur, et réussit souvent
à la lui enlever, en suppléant à l'influence du nom ou
de la richesse par l'ardeur et le nombre. On distingue
toutefois dans cette classe moyenne deux tendances
opposées selon qu'elle se rapproche de la classe supérieure ou confine à la masse ouvrière. L'une grossit le
parti conservateur et participe à ses bénéfices lorsqu'il
est au pouvoir ; l'autre s'allie plutôt à la classe ouvrière
depuis qu'elle a obtenu par l'abaissement du cens électoral, une chance d'y arriver. Du parti libéral se dé-
tache alors un parti radical, puis, l'avènement du

suffrage universel fait surgir un parti socialiste. Comme ses aînés, celui-ci a pour objectif la possession du pouvoir et de ses avantages. Mais, conscient de la puissance que la richesse et l'occupation du pouvoir donnent à ses concurrents, il n'a qu'une faible confiance dans la supériorité du nombre et lui préfère volontiers, comme plus expéditif et plus sûr, l'emploi des moyens révolutionnaires.

Si donc on considère les résultats de la substitution du régime constitutionnel et parlementaire à l'ancien régime autocratique, on est amené à craindre qu'il ne résolve pas encore le problème du meilleur gouvernement possible. D'abord, il a le défaut de coûter plus cher sans offrir toujours des garanties plus sûres de sécurité et de liberté. Il coûte plus cher, en premier lieu, à cause de la mobilité de la possession du pouvoir : le parti qui a réussi à l'obtenir n'en a que la jouissance précaire, il est en conséquence obligé de fournir à ses soldats, s'il veut les conserver, une solde proportionnée aux risques de chômage auxquels ils sont exposés, en second lieu, à une classe à laquelle la possession permanente du pouvoir avait conféré de génération en génération les avantages matériels et moraux attachés à son exercice, a succédé, en concurrence avec elle, une classe parfois famélique, en tout cas formée de membres occupant des situations inférieures et d'autant plus ardents à combler la différence qu'elles étaient plus basses. Enfin, et ce n'est pas le moindre vice du système qui a transformé les gouvernés en électeurs, il a inauguré une nouvelle forme de la corruption, parente du vol : la corruption électorale. On ne peut, en effet, participer à la production des services de l'Etat et aux bénéfices qu'elle confère qu'à la condition d'être élu par les consommateurs de ces services ; c'est-à-dire après avoir obtenu la majorité dans une circonscription électorale. Il faut donc demander le vote des électeurs, et ce vote a une valeur puisqu'il est demandé. Les électeurs n'ont pas tardé à s'en apercevoir et ils l'estiment d'autant plus haut que la fonction à laquelle il donne accès devient plus profitable : pourquoi n'en tireraient-ils pas, eux aussi, quelque profit ? Ils réclament en conséquence une part des subventions que leurs mandataires ont le pouvoir d'accorder sous une forme ou sous une autre, une protection particulière pour leur industrie, parfois un adoucissement des rigueurs de la loi ; les plus besogneux et les moins scrupuleux vont même jusqu'à monnayer leur vote. Et plus la concurrence de la demande est vive, plus naturellement s'élève la valeur du vote. En supposant que la généralité des branches de la production vienne à être placée sous l'autorité souveraine des mandataires de la nation, ils acquerraient un pouvoir autrement étendu que celui d'un Louis XIV ou d'un Napoléon, et la valeur du vote qui conférerait ce pouvoir serait à son maximum.

II

Quoique le monopole temporaire d'une association politique ou d'un parti ait succédé au monopole permanent d'une aristocratie ou d'une maison propriétaire de l'Etat, son intérêt consiste, comme celui de sa devancière, à étendre le domaine sur lequel il s'exerce. En cela il ne diffère point de celui d'une société industrielle quelconque, toutefois avec une différence essentielle du mode d'acquisition : l'agrandissement du domaine de l'Etat ne pouvant s'opérer que par une guerre de conquête, c'est-à-dire par le procédé du vol. On a d'abord quelque peine à s'expliquer que l'emploi de ce procédé primitif ait subsisté depuis qu'il se solde en perte et qu'il est généralement réprouvé comme immoral sous la plupart de ses autres formes.

Cela tient à un retard partiel de la mentalité de l'homme civilisé. Ses facultés morales ne se sont pas développées à l'égal de son intelligence ni suffisamment pour maîtriser ses autres penchants. Tout en pratiquant l'échange et quoiqu'il lui soit redevable de l'accrosisement de sa richesse et de son bien-être, il n'a pu encore se dépouiller entièrement de son penchant au mode primitif d'acquisition, le vol. Une loi naturelle, amorale, la loi de l'économie des forces, le porte instinctivement à choisir entre ces deux modes, celui qui lui paraît le plus avantageux, celui qui lui procure instantanément la plus grande somme de matériaux de jouissance en échange de la moindre somme de travail et de peine. Cependant, l'expérience des siècles ayant démontré l'incompatibilité de ces deux modes d'acquisition et la supériorité manifeste de l'échange, a fait rigoureusement prohiber le vol au sein de chaque société. Et c'est pour assurer cette interdiction qu'ont été établies et sanctionnées par un pouvoir souverain toutes les lois qui en répriment et en punissent l'emploi. Le penchant à s'emparer du bien d'autrui n'en a pas moins subsisté et l'on ne saurait dire qu'il se soit sensiblement affaibli. Il s'est même développé en devenant plus productif à mesure que la production et l'échange ont accru la richesse, car le vol a pu alors faire main-basse sur une partie croissante de cette richesse. Toutefois, il a été de plus en plus activement poursuivi et puni par un pouvoir devenu de plus en plus fort. Aussi, sans disparaître sous sa forme primitive, n'est-il plus guère pratiqué que par une minorité demeurée réfractaire à la civilisation. Mais, tout en étant prohibé comme nuisible, immoral et déshonorant dans l'intérieur de chaque État, il est resté permis et même considéré comme honorable et glorieux à l'extérieur, quand il s'opère aux dépens des autres États sous la forme d'une guerre de conquête.

Ce phénomène et cette anomalie morale paraîtraient,

disons-nous, incompréhensibles depuis que l'Etat appartient à la nation et que la guerre se solde par une perte, aussi bien en cas de victoire qu'en cas de défaite, si elle n'était partout décidée et engagée par le monarque ou le chef d'un parti en possession du puissant mécanisme de l'Etat, sous la pression d'une minorité politiquement influente à laquelle la guerre rapporte, quelle qu'en soit l'issue, plus qu'elle ne coûte. Cette minorité se compose du haut personnel des armées, des fournisseurs du matériel et des approvisionnements, des banquiers qui négocient les emprunts de guerre, etc., etc., qui trouvent les uns et les autres dans une guerre des profits qui dépassent leur part des frais et des pertes qu'elle cause. Enfin, la guerre apparaît souvent comme un moyen de conservation à un chef de gouvernement autocratique ou constitutionnel, menacé par une opposition à laquelle elle permet d'imposer silence.

Cependant la guerre exige aujourd'hui des quantités croissantes d'hommes et de capitaux. Le service obligatoire devenu presqu'universel, bien que la civilisation n'ait plus à redouter les invasions des barbares, fournit les premiers en abondance, les seconds sont puisés, d'abord, dans le stock monétaire des banques nationales, ensuite dans les emprunts auxquels prennent part les étrangers aussi bien que les nationaux. Et telle est l'impartialité des capitalistes qu'il leur arrive parfois de prêter aux deux belligérants. Ajoutons qu'un Etat belliqueux n'a point à redouter les résistances de la nation, si pacifique qu'elle soit, car, si le progrès politique l'a munie abondamment de garanties théoriques, le progrès économique a armé l'Etat moderne d'instruments pratiques irrésistibles, chemins de fer, télégraphes, etc., pour réprimer toute tentative de résistance à ses volontés. Il est facile, d'ailleurs, d'éveiller les passions belliqueuses de la multitude, d'autant plus qu'elle ne supporte pas immédiatement — et c'est un autre progrès — les frais et dommages de la guerre. Ses pires désastres demeurent simplement locaux même en cas de défaite. La région envahie souffre seulement de la présence de l'ennemi. Et si c'est un ennemi suffisamment discipliné et civilisé, il respecte les personnes et les propriétés de la population civile, il paye même comptant ses achats. Le reste du pays n'en éprouve aucun dommage matériel. Au contraire, le départ d'une partie de la population valide, en diminuant le nombre des bras empêche les salaires de baisser et parfois même les fait hausser. Les vides causés par les pertes d'hommes ont un effet analogue, au retour de la paix, quelle que soit l'issue de la guerre. Quelle est alors la situation ? Si la guerre a été heureuse, le vainqueur reçoit d'habitude une indemnité, laquelle s'est élevée après la guerre franco-allemande à cinq milliards, mais le vaincu n'a pas eu besoin de la prélever immédiatement sur ses contribuables. Le crédit la lui a fournie. On conçoit qu'une somme de cinq milliards ajoutée au capital de la nation victorieuse ait causé un vif stimulant à son industrie et l'on s'explique l'impulsion extraordinaire qu'elle en a reçue. Il semblerait que la nation vaincue ait dû subir une perte au moins équivalente. On a vu, au contraire, l'industrie française prendre un essor presque égal à celui de l'industrie allemande. Cela tient à ce qu'une faible partie seulement des frais de la guerre a été demandée à une augmentation d'impôts et à ce qu'une somme équivalente au montant de l'indemnité l'a été au crédit pour refaire et accroître le matériel de guerre. Le capital disponible de la nation, au lieu d'avoir été entamé, s'est trouvé, en conséquence, aussitôt augmenté, et il a fourni un supplément d'aliment à l'industrie.

La nation vaincue s'est ainsi promptement relevée. Mais quel a été le résultat final de la guerre? Ça a été de reporter, en France, sur les générations futures, la grosse part des frais qu'elle a coûtés, et sur les deux nations ceux de l'augmentation de l'armement qu'elle a provoquée. Et remarquons que les générations futures n'ont pas été consultées et pour cause ; qu'elles supporteront indéfiniment des impôts qui diminueront leur capacité productive, avec la perspective d'une guerre de revanche. Or, une dette léguée par la génération présente aux générations futures, sans aucune contre-valeur matérielle ou morale, est-elle autre chose qu'un vol?

Tandis donc que la production et l'échange, stimulés par la concurrence, augmentent les forces et la richesse d'une nation, le vol, sous la forme d'une guerre de conquête, les détruit, en léguant aux générations futures une masse croissante de dettes. Actuellement sur les 150 milliards de dettes dont les contribuables de l'ensemble des peuples civilisés ont à payer les intérêts, plus des deux tiers, soit 100 milliards, doivent être mis au compte des guerres passées. Les contribuables, qui ont de ce chef à fournir annuellement de 4 à 5 milliards, y compris les frais de perception, commencent à supporter impatiemment ce fardeau, surtout quand ils s'avisent de rechercher le profit qu'ils en ont tiré. Aussi tous les gouvernements ont-ils pris l'habitude invariable de réclamer l'augmentation, devenue habituelle de leurs budgets de la guerre, uniquement pour la défense nationale. Cependant, s'il est bien avéré que la civilisation n'a plus rien à craindre de l'invasion des barbares, et si aucun peuple civilisé ne nourrit le projet antiéconomique et pervers d'attaquer les autres, on peut se demander s'il y a lieu d'augmenter chaque année les frais de la défense nationale. A la vérité, des procès peuvent surgir entre les gouvernements comme entre les particuliers. Ils peuvent avoir à défendre, suivant l'expression du Président de la Conférence de La Haye,

« les intérêts essentiels et l'honneur de la patrie ». Mais il en est de même pour les procès qui surgissent entre les particuliers dont la collectivité constitue la nation. Ces procès, si importants et délicats qu'ils soient, les tribunaux se chargent de les résoudre, et ils déploient dans cette besogne plus d'intelligence et de sens de la justice qu'on n'en trouve dans les torpilles et les schrapnells les plus perfectionnés. Enfin, la puissance nécessaire pour faire exécuter leurs jugements, les gouvernements pacifiques pourraient s'associer pour la leur fournir.

III

Aux charges résultant de la persistance de l'état de guerre, c'est-à-dire du vol par voie de conquête, se joignent celles des monopoles exercés par les gouvernements et leurs protégés. Les industries monopolisées par un gouvernement fournissent des articles, produits ou services, qui coûtent aux consommateurs et aux contribuables plus cher que ceux des industries de concurrence, et causent par là-même à la nation une perte ou un ralentissement des progrès de la puissance et de la richesse.

Il est assez curieux d'examiner les raisons que les gouvernements invoquent pour monopoliser, en totalité ou en partie, certaines branches de l'activité humaine.

S'agit-il de l'enseignement par exemple? C'est une industrie qui ne couvre pas ses frais et dont les déficits permanents sont comblés par la généralité des contribuables. L'Etat s'est attribué l'enseignement supérieur et moyen, à la fois comme possédant au plus haut degré les capacités intellectuelles ou morales nécessaires pour l'exercer, et comme un moyen de venir en aide aux familles qui destinent leurs enfants aux fonctions les plus élevées et généralement les plus lucratives de la société. Mais l'expérience a suffisamment démontré que l'enseignement de l'Etat n'est aucunement supérieur à l'enseignement libre et que les familles qui destinent leurs enfants aux emplois supérieurs sont, sauf de rares exceptions, assez aisées pour subvenir aux frais de leur instruction. Ce qui le prouve, c'est qu'un bon nombre d'entre elles s'adressent à l'enseignement libre, quoiqu'il soit renchéri par la part qu'il supporte de l'impôt destiné à couvrir le déficit de l'enseignement de l'Etat. L'enseignement primaire a de même un double objet: inciter les parents à remplir leur devoir envers les enfants et inculquer à ceux-ci les sentiments de patriotisme et de respect de la propriété. Mais depuis que les parents les plus pauvres ont été reconnus capables de participer au gouvernement de l'Etat, n'est-ce pas leur faire injure que de les croire incapables de remplir leurs devoirs envers leurs enfants? Quant au patriotisme et au respect de la propriété, les instituteurs de l'Etat se font-ils toujours un devoir scrupuleux de les enseigner?

S'agit-il des monopoles tels que ceux du tabac, des allumettes, des chemins de fer, etc., qui établissent un impôt particulier et parfois exhorbitant sur les consommateurs, en leur fournissant des produits ou des services inférieurs à ceux des industries de concurrence? La différence ne doit-elle pas être portée au compte du vol? N'en est-il pas de même des impôts progressifs sur les revenus, sur les successions, etc., quoique les frais de l'assurance de la vie et de la propriété des riches s'élèvent simplement en proportion de leur valeur? Si le surcroît est employé à des œuvres philanthropiques: à pourvoir, par exemple, aux frais de la vieillesse des ouvriers, n'en résulte-t-il pas encore un dommage moral et matériel? dommage moral infligé au vieil ouvrier réduit à vivre aux dépens d'autrui, dommage matériel infligé à la société tout entière par l'encouragement à l'imprévoyance, dans tous les cas, perte de puissance et de richesse.

Mais, c'est surtout en protégeant l'industrie par le tarif des douanes, que l'Etat cause à la nation et à l'humanité tout entière un dommage irréparable.

Le système qualifié de protecteur a eu toutefois, dans le passé sa raison d'être et il est le témoignage flagrant de l'évolution qui a rendu immorales et nuisibles des institutions et des pratiques justes et utiles dans un état antérieur de l'existence des sociétés. — A l'époque où le mode d'acquisition par le vol était général entre les sociétés propriétaires d'Etats, où la guerre était considérée comme l'industrie la plus légitime et la plus avantageuse, où, en même temps, les différentes catégories de produits n'avaient pour débouché que le marché national, la sécurité de l'Etat et de la Nation exigeait, d'une part, que les articles nécessaires à l'existence et à la défense de la population — tels que les subsistances et le matériel de guerre — fussent produits par elle-même, et, d'une autre part, qu'elle fût assurée de la conservation permanente de son marché. L'importation temporaire d'une marchandise étrangère causait alors un abaissement des prix, dommageable pour les producteurs auxquels succédait, lorsque la guerre interrompait le commerce extérieur, un relèvement non moins dommageable aux consommateurs. Mais la situation a changé lorsque les guerres, moins productives, sont devenues moins fréquentes. En fait, la guerre est, aujourd'hui, interdite aux petits Etats européens, et elle n'éclate plus qu'après des périodes de paix de plus en plus longues entre les grands. L'état de paix est devenu, malgré les excitations des intérêts belliqueux, l'état normal du monde civilisé. Les relations commerciales se sont multipliées entre les nations dans ces intervalles de paix de plus en plus longs, et, lorsqu'une guerre a éclaté entre deux nations, elle a cessé d'interrompre le commerce des neutres avec elles. Déjà au xviii° siècle, une ligue des neutres s'était constituée pour restreindre dans cet intérêt, les droits de la guerre. Aujourd'hui, l'adoption de la maxime que le pavillon couvre la marchandise assure, contre la guerre, le commerce international de la généralité des marchandises, à la seule exception de la contrebande de guerre. Aucune raison de sécurité ne peut donc plus être invoquée pour protéger les produits nationaux contre la concurrence des produits étrangers. Tous les consommateurs peuvent, en tout temps, être approvisionnés des articles qui leur sont nécessaires sans subir, même en temps de guerre, une hausse extraordinaire des prix. Et les producteurs, de leur côté, n'ont plus à redouter la fermeture de leurs débouchés étrangers, sauf à subir l'amoindrissement des relations commerciales causé par la guerre. Une nouvelle assiette de la production s'est ainsi peu à peu substituée à l'ancienne. Tandis qu'il fallait produire la presque totalité des articles nécessaires à la satisfaction des besoins de la population dans l'enceinte limitée de l'État, quelles que fussent les difficultés et la cherté de la production, il est devenu possible d'obtenir en tout temps, sur toute la surface du globe, ceux dont la production est la plus facile et la moins coûteuse. Mais le bénéfice de cet élargissement de la sphère de l'échange ne s'est pas arrêté là. Lorsqu'une industrie ne possédait que le marché local ou même national, elle ne comptait qu'un petit nombre de producteurs qui s'entendaient pour fixer les prix de leurs produits. Ils constituaient un monopole, à la vérité limité par la loi, mais qui leur attribuait au delà de la part des bénéfices nécessaires de l'échange. En revanche, la limitation de leur clientèle locale ou nationale les empêchait d'augmenter leurs profits en développant et en perfectionnant leur industrie par la division du travail ; l'extension de la sphère de l'échange leur a permis de les multiplier et de compenser ainsi leur abaissement : producteurs et consommateurs y ont gagné.

Cet élargissement de la sphère de la production et de l'échange devait avoir un effet analogue à celui de l'invention d'une machine nouvelle qui, en diminuant les frais de production et le prix d'un produit ou d'un service, les met à la portée d'un plus grand nombre de consommateurs.

On sait d'où provient cette diminution du prix qui permet au consommateur de réduire la quantité de produits ou de monnaie qu'il donne en échange de l'article fabriqué à l'aide d'une machine ? Elle provient de ce que l'invention a mis au service de la production une force naturelle qui n'était pas utilisée auparavant : vapeur, électricité, etc. Cette force est gratuite, sauf la rétribution de l'inventeur, le coût et l'alimentation de la machine qui la met en œuvre. Sa puissance est tellement supérieure à celle qu'elle remplace qu'un métier à filer, par exemple, fabrique dans le même espace de temps, un millier de fils de plus qu'un métier à la main. Quels que soient donc la rétribution de l'inventeur et le coût de la machine, la diminution des frais est énorme et la concurrence abaisse le prix dans la même proportion. D'où il résulte que le consommateur peut employer l'économie qu'il réalise de ce chef à acheter d'autres produits qui augmentent à la fois son bien-être et ouvrent un nouveau débouché au travail et au capital employés à les créer. D'où, en dernière analyse, augmentation de la richesse et accroissement de la population. Si l'élargissement de la sphère de la production et de l'échange vient à mettre à la disposition des consommateurs d'une nation des produits créés à moins de frais à l'étranger que les produits indigènes, par le fait d'une supériorité de la fécondité du sol ou de la capacité des producteurs, ils économisent de même la différence et peuvent l'appliquer à la satisfaction de leurs autres besoins au profit des autres industries. Ce gain qui enrichit d'une manière permanente, la nation sera toutefois acheté par une perte temporaire, si une branche quelconque de l'industrie indigène ne se met point au niveau de ses rivales et succombe. Mais si cette industrie possède une influence politique suffisante, elle en usera pour faire établir un droit protecteur qui empêchera l'entrée du produit étranger. Alors, si elle est vraiment incapable du fait de la nature ou de ses

propres aptitudes de soutenir la concurrence étrangère,
elle devra être perpétuellement protégée, ses frais de
production, ne seront pas diminués, la consommation
ne pourra réaliser de ce chef aucune économie et les
autres industries ne pourront recevoir aucun accroissement de débouchés et de profits. Si l'industrie que le
besoin de sécurité avait fait protéger contre l'importation d'un produit nécessaire est, au contraire, capable
de soutenir la concurrence étrangère, la prolongation
de la protection, après qu'elle aura perdu sa raison
d'être, lui sera d'abord nuisible, ensuite inutile. Elle lui
sera nuisible aussi longtemps que la concurrence intérieure ne suffira point pour déterminer ses progrès et
que ceux-ci seront retardés par l'obstacle que le tarif
opposera à la concurrence extérieure en protégeant son
vieil outillage contre le nouveau ; elle deviendra inutile
lorsque la concurrence intérieure se sera assez développée et sera devenue assez forte pour l'obliger à perfectionner son outillage et à abaisser ainsi ses prix au
niveau de ceux du produit étranger. Notons qu'en ce
cas, elle aura toujours l'avantage naturel d'une grande
économie de temps et de frais de transport. Mais la concurrence, qu'elle soit nationale ou étrangère, n'en est
pas moins redoutée des producteurs, car elle est à la
fois un propulseur des progrès et un régulateur des
profits. Elle oblige les producteurs routiniers à faire les
efforts d'intelligence et les frais nécessaires pour ré-

duire les prix de leurs produits au niveau de ceux de
leurs concurrents les plus capables ; elle les oblige de
même à les abaisser au taux nécessaire pour reconstituer les agents de la production avec un profit simplement rémunérateur. C'est pourquoi ils s'efforcent incessamment de rétablir le monopole dont ils jouissaient
avant son apparition, et ils y sont d'autant plus ardents
qu'il est devenu plus productif. C'est pourquoi encore
nous voyons partout se créer des monopoles sous forme
de trusts, de cartels ou de syndicats, dans le but d'élever les profits ou les salaires aux dépens d'autrui et
de ressusciter ainsi la part du vol dans l'échange.

En supposant que le propriétaire d'une entreprise de
production ou les propriétaires de plusieurs entreprises
réussissent à supprimer la concurrence et à fixer le prix
du produit à un taux de monopole, la différence constituera un impôt prélevé sur le consommateur. S'il
s'agit d'un monopole établi par un gouvernement, tel
en France que celui du tabac ou des allumettes, cet
impôt servira à rétribuer des services plus ou moins
utiles : services de sécurité ou autres. Mais il en est
autrement d'un trust ou d'un syndicat particulier ;
l'impôt, dans ce cas, ne rétribue aucun service : c'est
un simple vol.

Mais il y a encore d'autres différences entre ces deux
sortes de monopoles. Si la prohibition du tabac est
pleinement efficace, le prix pourra en être élevé d'une

manière illimitée, ou du moins n'aura d'autre limite que l'intérêt du monopoleur. Si l'élévation excessive du prix diminue la consommation du tabac, le monopole pourra même devenir moins productif qu'une industrie de concurrence. L'intérêt du monopoleur sera alors de l'abaisser jusqu'au taux qualifié de fiscal. Sous l'ancien régime, des financiers plus ingénieux qu'humains, avaient découvert le moyen d'empêcher la diminution de la consommation du sel ; c'était de la rendre obligatoire et de contraindre le consommateur à en acheter sous peine des galères. Mais cette obligation n'en diminuait pas moins, à la longue, la consommation en éclaircissant les rangs des consommateurs. A cette limitation naturelle s'ajoute, pour les trusts et les cartels une limitation artificielle : celle du tarif des douanes. Du moment où le prix s'élève au-dessus du montant du droit protecteur, la concurrence étrangère oblige à l'abaisser à ce niveau. Or, cette limite artificielle excitant le monopoleur à diminuer ses frais de production par l'agrandissement de son exploitation, il se trouve alors dans la nécessité, ou d'abaisser le prix de la totalité des produits, ou d'expédier le surplus dans les marchés de concurrence. C'est la pratique du « dumping ».

A l'imitation des trusts et des cartels des industriels les syndicats ouvriers s'efforcent aujourd'hui de fixer à leur gré les prix du travail en imposant de ce chef aux industriels consommateurs de travail un impôt égal à la différence du salaire syndical et du taux de la concurrence. Mais s'ils sont, comme aux Etat-Unis, protégés contre le travail jaune, ils ont affaire à la concurrence intérieure et extérieure du travail blanc. Comment s'y prennent-ils pour la supprimer ? En obtenant de la législation, l'interdiction de l'importation des immigrés par contrat ; en établissant d'une part une douane prohibitive à l'entrée des ateliers contre les non-syndiqués et en exerçant eux-mêmes les fonctions de douaniers, d'autre part en mettant en interdit les produits fabriqués par les non-syndiqués. A ce monopole, les industriels opposent un autre monopole en se syndiquant à leur tour. Si le syndicat ouvrier est le plus fort, il pourra élever le salaire au-dessus du taux de la concurrence ; si le syndicat des employeurs l'emporte, il pourra l'abaisser au-dessous. Mais dans l'un et l'autre cas, l'écart ne sera que temporaire. Toute hausse et toute baisse des salaires ayant pour effet de diminuer ou d'augmenter les profits d'une industrie quelconque, les capitaux s'y portent ou s'en retirent, la demande de travail augmente ou diminue jusqu'à ce que le taux particulier des salaires et des profits de cette industrie se mette en équilibre avec le taux général des salaires et des profits de toutes les industries.

Toutefois, s'il existait entre les employeurs, consommateurs de travail, et les ouvriers, producteurs de travail, une entente générale pour augmenter les profits aux dépens des salaires, ou *vice-versa*, cet état de choses pourrait se prolonger jusqu'à la ruine du capital ou la destruction du travail. On peut supposer encore que l'industrie d'un pays forme sous la protection d'un tarif des douanes un trust qui élève les prix de la généralité des produits au-dessus du taux de la concurrence, mais, dans ce cas, l'élévation artificielle des prix retombera sur les consommateurs et constituera un impôt égal au montant de la protection douanière. Cet impôt sera compensé par les bénéfices du monopole pour les participants aux trusts et aux syndicats, mais il ne fournira aucune compensation aux autres consommateurs. Ce sera un simple vol.

III

Conclusion. — A moins donc que le progrès moral ne s'élève au niveau du progrès matériel, on peut craindre que le vol sous ses formes multiples ne continue à détruire plus de richesses que n'en créent la production et l'échange.

II

QU'EST-CE QUE L'IMPOT?

QU'EST-CE QUE L'IMPOT ?

I

Le premier type de l'échange imposé est celui qui apparaît dans l'esclavage. Entre le maître et l'esclave il y a échange. Le maître exerce sur l'esclave, d'abord sans aucune restriction ou réserve, la plénitude du droit de propriété, soit qu'il l'ait capturé comme tout autre animal, soit qu'il l'ait acheté. S'il ne se nourrit pas de sa chair, comme font encore les anthropophages de l'Afrique et de l'Océanie, c'est qu'il trouve un emploi plus avantageux, la culture d'une denrée alimentaire, la construction d'une habitation, le service domestique ou la satisfaction de tout autre besoin. Il le dresse à cet emploi, et, pour certaine destination, il le mutile comme le cheval ou le taureau. Il l'oblige, sous des peines plus ou moins rigoureuses, à obéir à ses com- mandements, quels qu'ils soient. S'il s'abstient de lui infliger des pénalités qui mettent sa vie en péril, d'épuiser ses forces par un travail excessif, de le faire souffrir de la faim, etc., c'est pour ne point diminuer la valeur de cet instrument de travail. Sous l'empire de son propre intérêt, il entretient l'esclave en bon état et pourvoit à sa sécurité. Le profit que les deux parties tirent de cet échange comme de tout autre peut être inégal, quoique la différence ait été souvent moindre que les philanthropes ne l'imaginent. Celui du maître consiste dans la somme de peine que lui épargne l'esclave, déduction faite de ce qu'il lui en a coûté pour l'acquérir et de ce que lui coûtent son entretien et son dressage ou son instruction. Le profit principal de l'esclave consiste dans l'avantage qu'il tire du dressage auquel il est assujetti. Ce dressage lui cause à la vérité plus de souffrance que de jouissance, mais il profite à sa descendance en la contraignant à franchir le premier pas dans la voie de la civilisation. Ce premier pas, elle n'aurait pu le franchir elle-même, ainsi que l'attestent les tribus qui sont demeurées à l'état sauvage. On a eu une preuve manifeste de ce progrès dans la condition du nègre américain, comparée à celle du nègre anthropophage de l'Afrique. L'abolition de l'esclavage aurait été toutefois un bienfait indiscutable s'il avait été remplacé par un mode préférable de tutelle. Mais il n'en a pas été ainsi. En Afrique, où l'esclavage personnel procurait à l'esclave une sécurité et une subsistance quotidienne garanties par l'intérêt de son propriétaire, a

succédé un régime de conquête et de monopole, sous
lequel l'esclave prétendu libre, mais obligé de pourvoir
lui-même à sa subsistance et à celle de sa famille, est
assujetti à des impôts ou à des redevances en travail et
en nature, — portage et recherche du caoutchouc, —
pires que les traitements de l'esclavage et qui l'exposaient à de plus dures fatigues et à des châtiments plus
cruels, car le propriétaire de l'esclave était intéressé à
le conserver vivant et intact, tandis qu'un Etat ou une
société concessionnaire n'a aucun intérêt à ménager les
jours d'un nègre libre. En cas de refus de l'impôt, la
société est plutôt intéressée à infliger au récalcitrant
une pénalité exemplaire qui serve d'exemple visible
aux imposés, et leur imprime une terreur salutaire. Tel
est le régime qu'ont établi en Afrique les Etats civilisés
qui se glorifient d'avoir aboli l'esclavage. En Amérique,
le nègre affranchi est l'objet du mépris et des avanies
de ses libérateurs, à qui répugne son contact jusque
dans la tombe. A la vérité, c'est en masquant sous des
sentiments humanitaires des intérêts positifs et égoïstes
de domination et de protectionnisme, que les politiciens
des Etats du Nord ont affranchi les nègres en ruinant
leurs propriétaires. Ils ont fait l'admiration des aboli-
tionnistes naïfs du monde entier en accordant aux
esclaves libérés du jour au lendemain leur liberté
entière, avec la responsabilité et les exigences que
ceux-ci étaient incapables de supporter, en y ajoutant

même un supplément invraisemblable de droits politiques.

En Europe, l'esclavage a été remplacé, à la longue, par le servage, puis par la sujétion. A l'impôt sans autre limite que celle de ses forces, que fournissait l'esclave en échange de sa subsistance et de la sécurité de sa vie a succédé un impôt limité : une corvée, à laquelle s'ajoutait pour les serfs agricoles, un loyer. L'esclave devenu serf et obligé à pourvoir lui-même à son entretien eût à fournir au seigneur : 1° Un loyer tantôt individuel, tantôt collectif pour le lot de terre dont il tirait sa subsistance ; 2° une quantité de travail quotidien ou hebdomadaire, ordinairement trois jours par semaine, désigné sous le nom de corvée, en échange de laquelle le seigneur pourvoyait à sa sécurité, le préservait du meurtre ou du vol, et assurait son obéissance aux lois divines et humaines. En un mot, le seigneur gouvernait le serf, et, au besoin, l'assistait. A la corvée en travail se substitua, à la convenance mutuelle des deux parties, une somme équivalente de produits. La corvée ainsi transformée prit le nom d'impôt. D'abord acquitté en nature, l'impôt, après l'invention de la monnaie, et toujours avec la convenance mutuelle des deux parties, se transforma en un instrument échangeable contre toute espèce de produits ou de services.

Lorsque le servage fut remplacé à son tour par la sujétion, et que les services de sécurité et d'assistance

que rendait le seigneur à la population de son domaine
furent concentrés entre les mains du chef de la société
conquérante et propriétaire de l'Etat, plus tard, des délégués de la nation, l'impôt qui en était la rétribution
fut prélevé par les agents de ces propriétaires successifs
de l'Etat. Mais entre le sujet et le gouvernement du roi
ou de la nation, l'impôt ne changeait pas de nature.
C'était toujours un échange imposé, qui était dû à l'Etat,
en raison des services de sécurité et de gouvernement
dont il avait le monopole, et dont il fixait le montant
d'abord à sa volonté, ensuite avec le consentement
des délégués d'une classe, puis de la généralité de la
nation.

Cependant les dangers qui menaçaient la vie et les
biens de la population serve ou sujette, et qui étaient la
principale raison d'être de l'impôt, avaient fini, sous
l'influence de divers progrès matériels et moraux, par
diminuer à l'intérieur, aussi bien qu'à l'extérieur de
l'Etat : cette population vouée aux travaux de la production et qui constitue l'immense majorité de la nation
n'avait plus à redouter les invasions destructives des
barbares ; le seul péril qui la menaçait consistait dans
un changement de domination : à la société qui l'avait
assujettie et la gouvernait, la conquête pouvait faire
succéder la domination d'une société étrangère plus
forte ; mais, entre ces deux sujétions à des sociétés
presque également civilisées, la différence était presque

insignifiante, à moins, chose peu ordinaire, que la
population sujette ne fut attachée au gouvernement de
ses maîtres. Mais c'était une rare exception : le fabu-
liste, en disant « notre ennemi, c'est notre maître » exprimait d'habitude l'opinion populaire. Les conquérants
ne se croyant point à l'origine, intéressés à obliger la
population conquise à renoncer à ses coutumes pour en
adopter de nouvelles et à parler leur langue, elle n'avait
à souffrir que du dommage passager de la guerre, et il
arrivait parfois que le nouveau gouvernement abusait
moins de son monopole que l'ancien et se contentait
d'un impôt plus léger. Même la conquête ne dépouillait
plus complètement la société dépossédée. Les conquérants trouvant avantage à se rallier quelques-uns de
ses membres les plus influents, à leur conserver leurs
biens et même parfois leur situation et leur dignité.

Cependant les progrès qui augmentaient la sécurité
de la population serve ou sujette et ceux qui l'avaient
rendue capable de pourvoir elle-même à sa subsistance
et à son entretien, n'avaient point pour effet de diminuer
l'impôt. Car les services d'assurance et de gouvernement
que lui rendait la société propriétaire de l'Etat, seule elle
possédait le droit de les lui rendre. Elle en avait le monopole. Elle pouvait à son gré en fixer le prix, autrement dit la quantité de produits et de service qu'il lui
plaisait d'exiger d'eux, et qui remplaçait la corvée discrétionnaire de l'esclave. Toutefois, dans l'un et l'autre

cas, il y avait une limite naturelle aux exigences du maître. C'était celle des facultés contributives de l'esclave, du serf ou du sujet. Lorsque cette limite était dépassée, les forces de l'imposé s'épuisaient, et avec elles diminuaient le montant de l'impôt au détriment du maître, du seigneur, ou de l'Etat. Telle était la garantie que la nature offrait à la population assujettie, pour la conservation de sa vie et de ses moyens d'existence qu'elle avait été originairement incapable de sauvegarder elle-même. Mais, dans cette limite, l'impôt pouvait lui enlever une grosse part du produit de son travail, en ne lui laissant même qu'un minimum de subsistance.

II

Devenus libres de consommer eux-mêmes le surcroît du produit de leur travail, les esclaves passés à l'état de serfs ou de sujets furent intéressés à perfectionner leur industrie, et, par conséquent, à en augmenter la productivité. Les maîtres intelligents avaient déjà, sous le régime de l'esclavage, mis à profit cet intérêt en accordant un pécule aux esclaves laborieux. Et cette tendance au progrès devint plus générale, en dépit de l'avidité de la majorité des maîtres à augmenter l'impôt à mesure que le travail de l'imposé devenait plus productif.

A l'origine, l'impôt était unique : il consistait dans la quantité de travail, limitée seulement par la nature, imposée à l'esclave, puis dans la quantité limitée de la corvée imposée au serf. Mais lorsque la redevance en travail fut remplacée par son équivalent en produit, ensuite en monnaie, l'impôt se diversifia, d'abord suivant la nature du produit. Le cultivateur fournissait à son seigneur une part des denrées alimentaires qu'il produisait, l'artisan une part des produits de l'industrie ou du métier qu'il exerçait. L'impôt n'atteignait point, sauf exception, les instruments de travail, la terre frappée d'un loyer, l'établi du charpentier, le métier du tisserand. Car l'impôt sur ce capital se serait répercuté, dans une proportion plus forte, sur celui des produits. Mais lorsqu'à l'impôt en travail, puis en produits, succéda l'impôt en monnaie, il se proportionna à l'importance de la production attestée par l'étendue et la valeur du capital-terre, du capital-machines et outils. C'était l'impôt direct. Sous peine de décourager la production et de diminuer l'impôt lui-même, il ne devait atteindre ni la personne du producteur (capital-personne), ni son capital matériel, mais être seulement équivalent d'une proportion de produits, calculé de manière à laisser au producteur non seulement un minimum de subsistance, mais un surplus qu'il pût employer à développer sa production et à augmenter ainsi le montant de l'impôt. C'était toute une science qui avait ses techniciens, nommés financiers, mais dont les gouvernements pressés par leur besoin d'argent, n'observaient pas toujours les préceptes. Ils y ajoutèrent successivement les produits du monopole dont ils s'emparaient, le sel et le tabac, par exemple, et ils surtaxèrent les produits de grande consommation, les boissons spiritueuses, celles-ci sous le prétexte d'en restreindre l'usage immoral ou nuisible, le sucre, le café, et autres articles de confort et de bien-être, mais non indispensables à la conservation de la vie et à la multiplication de leurs imposés. Ce fut l'impôt indirect.

Mais que l'impôt fût direct ou indirect, il rétribuait en bloc les services contre lesquels il s'échangeait, quelle que fût leur nature, sécurité extérieure ou intérieure, conquêtes coloniales et autres, encouragements à la littérature, à la musique, et à la danse, etc. C'est seulement lorsque des budgets réguliers des recettes et des dépenses de l'Etat ont été dressés, que l'imposé a pu être édifié à cet égard, et savoir quelle était la proportion des services qui lui étaient rendus et leur utilité. Encore moins pouvait-il savoir si le prix fixé par le gouvernement investi du monopole de la fourniture de ses services ne dépassait pas abusivement celui qu'aurait établi la concurrence. Enfin, les budgets les mieux dressés n'ont jamais pu donner aucun renseignement sur l'incidence de l'impôt. C'est un mystère impénétrable. On établit un impôt progressif ou non sur un propriétaire ou un intermédiaire, d'après l'estimation de sa richesse et de ses profits. Mais cet impôt, que le législateur estime juste et raisonnable, et dont il prescrit le recouvrement intégral, à grand renfort d'amende et de confiscations, l'imposé, sans égard pour la volonté souveraine du législateur, peut le faire passer, sans qu'il soit possible de l'en empêcher, tantôt en partie, tantôt en totalité, et même avec un profit sur les consommateurs de ses produits ou de ses services. Et il est impossible de savoir quelle part supporte celui que l'impôt atteint, car cette part est mobile et varie d'un moment à l'autre, — et quelle part il réussit à rejeter sur autrui.

On peut cependant connaître sinon l'incidence particulière de chaque espèce de taxe, mais l'incidence générale et permanente de la totalité de l'impôt. Dans la discussion sur l'impôt sur le revenu, un orateur radical, M. Paul Coutant, disait : « Quant à l'incidence de l'impôt, il y a quelque chose que je sais fort bien, c'est que l'impôt retombe toujours sur les ouvriers. » S'il avait dit « sur le travail », ce mauvais propos eût été plus conforme aux lois économiques, non moins positives et inéluctables que les lois physiques.

Nous savons que tous les produits et services sont dus à l'association du capital et du travail. Or, le capital est le fruit d'une faculté morale, la faculté de prévoir, et d'une volonté assez forte pour résister à la tentation de consommer immédiatement le résultat de la production, et ajourner ainsi la jouissance de la consommation. Cet ajournement est motivé, d'un côté par les risques d'accidents et de maladies qui interrompent la production des choses nécessaires à l'entretien de la vie et causent une peine future supérieure à la jouissance immédiate, d'un autre côté, par la prévision de la vieillesse qui diminue, et parfois supprime, la faculté de produire. Mais en engageant cette épargne dans une branche quelconque de la production, on en perd la jouissance aussi longtemps que cet engagement subsiste, et on court le risque d'en perdre le fruit. C'est ce que signifiait l'expression des vieux théologiens : *Lucrum cessans, damnum emergens*, qui donnait la raison et démontrait la nécessité d'une compensation, autrement dit d'un intérêt supérieur ou tout au moins équivalent à la peine de l'indisponibilité du |capital et au danger du risque.

Or, que fait l'impôt ? Il enlève soit au producteur, soit au consommateur, une portion plus ou moins considérable du produit destiné, partie à la consommation immédiate, partie à l'épargne, pour l'employer à des fins moins productives ou destructives, et plus rarement à l'épargne. Quel est le résultat de cette opération? C'est de diminuer la production du capital, partant la quantité disponible pour la production, et d'en faire hausser le prix. La classe des capitalistes recouvre ainsi d'une manière générale, et peut-être avec quelque surcroît, la compensation des dommages particuliers que l'impôt a infligés à ses membres. Si l'impôt devient par trop excessif, il détermine le retrait d'une partie du capital engagé dans la production. On peut noter alors la préférence croissante des capitalistes pour les emprunts d'Etat, destinés pour la plus grande part, à des œuvres destructives. Le résultat final de ces aggravations de l'impôt, c'est le renchérissement progressif des nécessités de la vie, pour lequel l'impôt ne fournit au travail aucune compensation.

Dès l'origine, le progrès a consisté à remplacer l'échange imposé dont le maître fixait souverainement les conditions à ses esclaves, par l'échange libre dont la loi naturelle de la concurrence établit le taux au niveau nécessaire pour déterminer la production de toutes choses. Le socialisme se propose, au contraire, de faire rentrer tous les produits et services dans le domaine de l'Etat, et de ramener ainsi la généralité des industries de l'échange libre à l'échange imposé. C'est comme on le disait déjà du socialisme embryonnaire d'avant 1848, *un retour à l'esclavage.*

III

IMPOSSIBILITÉS DU SOCIALISME

IMPOSSIBILITÉS DU SOCIALISME

Nuisances de l'Etatisme et du syndicalisme.

Nous connaissons l'opération de la concurrence. Elle
agit à la fois comme un propulseur et comme un régulateur. D'une part, elle oblige incessamment les producteurs à réduire leurs prix au strict nécessaire pour
couvrir les moindres frais de la production, y compris
le moindre profit. Les concurrents qui ne se soumettent
point à cette condition en obéissant à la loi de l'économie des forces, sont exclus du marché. C'est là, sans
doute, une dure pénalité. Elle contraint les producteurs
à réduire leurs frais et leur profit, sous peine de mort
industrielle. Mais elle est indispensable pour obliger
les producteurs à faire les efforts et à s'imposer les sacrifices que nécessite tout progrès. Ces effets de la concurrence sont recueillis par les consommateurs, sous la
forme d'une diminution de la somme d'efforts et de
peines qu'occasionne l'abaissement du prix du produit.

Cette économie, ils peuvent l'appliquer à la satisfaction d'autres besoins, et il nous paraît inutile de rappeler que c'est par ce procédé que l'espèce humaine s'est élevée et continue à s'élever au-dessus des espèces auxquelles elle disputait à l'origine sa subsistance.

D'une autre part, la concurrence n'est pas seulement le véhicule nécessaire de tous les progrès qui ont fait sortir l'espèce humaine de l'animalité, elle est encore le moteur de la répartition des produits. Elle agit par une impulsion irrésistible pour attribuer à tous les coopérateurs de la production, la part qui leur revient dans ses résultats. Cette part est un point fixe vers lequel gravite le prix de toutes choses sous la pression de la concurrence. Lorsque les quantités produites et offertes à la consommation dépassent les quantités demandées d'un article quelconque, matériel ou immatériel, le prix baisse, lorsque la demande dépasse l'offre, le prix hausse. Et la baisse ou la hausse s'opère dans une proportion supérieure, progressivement, à celle de l'excès ou de l'insuffisance des quantités. Si la concurrence est libre, si aucun obstacle naturel ou artificiel ne s'oppose à son action régulatrice, le producteur obtient, par l'échange de son produit, la somme exactement nécessaire pour couvrir ses frais et réaliser un profit, c'est-à-dire pour le déterminer à produire.

C'est à cette organisation naturelle de la production et de la distribution de toutes les choses qui constituent la richesse, que le socialisme, dans l'ensemble de ses systèmes et de ses écoles, communistes ou collectivistes, se propose de substituer une organisation artificielle.

Si l'individu produisait lui-même isolément toutes les choses nécessaires à la satisfaction de ses besoins, s'il était à la fois leur producteur et leur consommateur, le problème de l'organisation naturelle ou artificielle de la production ne se poserait point; mais, sous l'influence des lois naturelles de l'économie des forces et de la concurrence, le travail s'est divisé, les industries se sont séparées, et c'est grâce à ce procédé que l'homme a pu multiplier la richesse et s'élever à la civilisation. Quoique la division du travail et l'échange soient dus à l'opération des lois naturelles de l'économie des forces et de la concurrence, nous ne croyons pas que les socialistes veulent y renoncer en dépit de son origine.

Voyons comment la production, après s'être organisée et développée par une lente et laborieuse série de progrès, se présente aujourd'hui. L'industrie humaine se partage actuellement en une multitude sans cesse croissante de branches, et chacune de ses branches comprend un nombre plus ou moins considérable d'entreprises. Chaque entreprise, petite ou grande et quelle qu'en soit la valeur, se compose d'un matériel désigné sous le nom de capital et d'un personnel qualifié de travail. Le capital comprenant l'ensemble de matières nécessaires à la recherche ou à la confection du produit se divise en deux catégories, fixe ou circulant, selon qu'il est partiellement usé ou complètement transformé dans la production. Le personnel comprend de même le travail de direction, impliquant principalement la mise en œuvre des facultés intellectuelles et morales, et le travail d'exécution dans lequel elles se joignent dans une moindre mesure aux forces physiques. Le capital et le travail sont réunis pour créer un produit et, le plus souvent, la fraction d'un produit matériel ou immatériel, mais le mobile déterminant de la fondation de l'entreprise n'est autre que le profit. Ce profit se réalise lorsque l'entreprise en sus des frais de la création du produit, obtient un surplus ou produit net. Les frais de la production avec adjonction du profit sont remboursés et couverts par les consommateurs du produit, et c'est à cette condition seulement, que l'entreprise peut subsister.

Mais, d'une part, la recherche ou la confection d'un produit exige un espace de temps plus ou moins long, la recherche peut être infructueuse, la confection vicieuse ou trop imparfaite pour que le produit soit livré à la consommation ; d'une autre part, la consommation du produit n'est pas toujours immédiate, elle s'opère graduellement suivant la demande du besoin, et elle a divers aléas : la concurrence de produits à meilleur marché ou qui conviennent mieux au consommateur, etc. Ces risques retombent sur la production. Or,

les capitalistes et les travailleurs, dont la coopération
est nécessaire à l'entreprise, ne veulent pas tous ou ne
peuvent pas attendre que le produit soit réalisé et supporter les risques de sa réalisation. Comment se résout
cette difficulté qui rendrait impossible les entreprises,
sauf celles, devenues de plus en plus rares, dans lesquelles l'entrepreneur fournit à la fois la totalité du capital et du travail ? Par un procédé ingénieux auquel
recourent les fondateurs d'une entreprise dans laquelle
ils ne veulent ou ne peuvent y engager qu'une partie
du capital et du travail nécessaires. Ils joignent à leur
qualité de producteurs de l'article, qui est l'objet de
l'entreprise, les fonctions de banquier et d'assureur. Ils
avancent et ils assurent au capital complémentaire et
au travail dont ils ont besoin, leur part du produit de
l'entreprise avant qu'elle soit réalisée, et ils l'assurent
contre les risques auxquels elle est sujette. Aux bénéfices
de leur industrie ils ajoutent ainsi ceux de l'escompte
et de l'assurance. Ceux-ci sont déduits de la part du capital complémentaire et du travail dans le produit net
de l'entreprise quand il y a produit net et profit, mais
en cas de perte, tout en continuant à jouir de l'avance,
ils ont été exonérés des risques, tandis que le capital
d'entreprise a supporté les frais de l'avance et se trouve
diminué de la perte. C'est grâce à ce procédé que les
fondateurs de l'entreprise peuvent se procurer le capital
complémentaire et le travail qui leur est nécessaire, et

à défaut desquels elle serait presque toujours impossible. Capital complémentaire et travail ne participent pas moins aux profits ou bénéfices des entreprises, sous déduction du coût de l'escompte et du montant de la prime d'assurance. Ceci, contrairement à l'opinion généralement répandue que les bénéfices de la production vont tout entiers au capital et que le travail n'en reçoit aucune part. Et cette erreur a induit, par parenthèse, l'école philanthropique des participationnistes, à vouloir lui en accorder une, même sans tenir compte des frais de l'avance et de l'assurance rejetés sur le capital d'entreprise.

Il reste à savoir comment, sous le régime capitaliste, se couvrent les frais et se réalisent les profits de la production, et comment se partagent les produits ou leur équivalent en monnaie, entre les coopérateurs, capital d'entreprise et capital complémentaire, travail de direction et travail d'exécution, qui ont contribué à les créer. C'est encore la loi naturelle de la concurrence qui remplit cette fonction régulatrice avec l'auxiliaire d'une autre loi naturelle, celle de la valeur. Sous ce régime que la division du travail et la séparation des industries ont généralisé, les produits se réalisent par l'échange. Ils sont offerts par le producteur et demandés par le consommateur. Selon que la quantité offerte dépasse la demande ou que celle-ci dépasse l'offre, la valeur des produits baisse ou hausse, et l'effet ultérieur de l'un ou de l'autre mouvement est de provoquer la diminution

ou l'augmentation de la production et de la ramener au
niveau utile. Mais au moment de l'échange, s'il s'opère
au-dessus de ce niveau ou au-dessous, il détermine un
excédent ou un amoindrissement du profit. Le propriétaire individuel ou collectif du capital d'entreprise, qui
gouverne l'affaire, et en est responsable, fait l'échange
et en reçoit le produit ou son équivalent ; mais, de
même qu'il n'a pas été le maître d'en fixer le montant,
il ne l'est pas davantage de le partager à sa guise entre
les coopérateurs de la production, capital d'entreprise,
capital complémentaire (l'un divisé en *actions* dans les
sociétés, l'autre en *obligations*), travail de direction,
travail d'exécution. C'est la concurrence qui règle le
partage et qui le règle de la manière la plus utile, à la
condition d'être libre. Toutes les entreprises existantes
ont besoin de ces diverses catégories des éléments ou
des facteurs de la production, et les demandent. Et c'est
la proportion de la quantité demandée et de la quantité
offerte qui détermine dans la généralité la part de chacune. Mais cette proportion dépend en dernière analyse
des résultats de l'échange du produit. Si la consommation est forte et s'accroît, la production se développe,
l'industrie prospère, la part de chacune des catégories
du capital et du travail dans les entreprises s'augmente ;
dans le cas contraire, elle diminue, mais toujours la
production, dans l'ensemble de ses branches, tend à se
mettre en équilibre avec la consommation.

Tel est le régime qu' s'est constitué sous l'impulsion des lois naturelles et que les socialistes ont qualifié de capitaliste. Examinons maintenant les principaux traits du régime par lequel leurs écoles veulent le remplacer. Ce sont : *la suppression de la rétribution du capital, l'égalité de celle du travail, l'attribution aux travailleurs du gouvernement des entreprises*, et démontrons-en les impossibilités.

1. *La suppression de la rétribution du capital.* — Nous savons en quoi consiste le capital et comment il se forme. Il se compose de produits épargnés. Pourquoi l'homme s'abstient de consommer immédiatement les produits qu'il crée ou qu'il obtient par l'échange ; pourquoi il épargne ? Cela tient, en premier lieu, à ce qu'il a des besoins actuels et des besoins futurs, ceux-ci résultant de sa nature et de celle du milieu où il vit, vieillesse, maladies, accidents de toute sorte ; en second lieu, du désir d'augmenter la productivité de son travail en obtenant en échange de la même somme d'efforts, une plus grande quantité de produits. C'est pourquoi on a pu dire que le capital n'est que du travail accumulé : travail matériel de production, travail moral de résistance aux appétits actuels, tel que le définissait Courcelle-Seneuil. Les produits épargnés, l'homme les consomme dans la mesure de ses besoins futurs, les emploie lui-même dans son industrie ou les prête. Dans

les deux derniers cas, il s'en prive pendant la durée de l'emploi ou du prêt, et il court des risques. C'est ce qu'exprimait cette formule des vieux théologiens en cas de prêt, lucre cessant, dommage naissant. L'épargneur ne se prive donc de la disponibilité de son capital en l'employant à son industrie ou en le prêtant, qu'à la condition de recevoir une compensation pour la privation et pour les risques : tel est le fondement de l'intérêt. Si l'industrie socialisée ne fournit pas cette compensation, si elle n'accorde aucune part ou qu'une part insuffisante au capital, l'épargneur se gardera d'en perdre la disponibilité en l'employant ou en le prêtant. De là, l'impossibilité de supprimer la part du capital dans la production pour la laisser tout entière au travail.

II. *L'égalité de la rétribution du travail.* — Dans un certain nombre d'industries, dans la profession médicale, par exemple, la direction et l'exécution des opérations de la production ne sont pas séparées, mais il en est autrement du plus grand nombre. Dans une manufacture ou un commerce quelconque, le directeur et les employés constituant le travail de direction sont peu nombreux relativement aux ouvriers chargés du travail d'exécution ; quelle que soit d'ailleurs la nature de l'industrie, la première catégorie exerce non seulement des aptitudes particulières de volonté et d'ordre, mais encore des connaissances techniques ou professionnelles. Celles-ci ne s'acquièrent dans certaines professions ou industries, que par des années d'études, des efforts persévérants et pénibles, et leur acquisition coûte une somme plus ou moins considérable d'avances de capital. Ces avances se remboursent par une augmentation de la rétribution de cette sorte de travail. Dans une Société socialisée, sous le régime de l'égalité des rétributions ou sous le mode anarchiste et communiste de la libre et intégrale satisfaction des besoins, elles seraient à la charge de la Société qui devrait pourvoir par l'impôt, aux frais d'instruction et d'entretien de cette catégorie de travailleurs. Mais quand même la société socialisée se chargerait des frais de l'instruction et de l'entretien des directeurs et techniciens de l'industrie ou des professionnels, leur donnerait-elle une compensation pour les efforts et la peine que leur a coûté l'acquisition de leurs connaissances ? Suffirait-il d'un salaire moral pour les déterminer à les acquérir ? Il suffirait peut-être à une faible élite, mais l'appât d'une rétribution matérielle supérieure à la rétribution égale pour tous les travailleurs ne serait-elle pas un excitant indispensable à la presque généralité ? Même aux ouvriers auxquels ni l'apprentissage, ni des aptitudes spéciales ne sont nécessaires ; aux ouvriers *unskilled*, quel serait l'effet de l'égalité des salaires ? N'en déplaise aux socialistes, les hommes comme les animaux eux-mêmes obéissent à la loi naturelle de l'économie des forces. L'égalité du salaire agirait comme une prime d'encouragement à la paresse. Et la production des matériaux du bien-être, partant la consommation de la société socialisée, en tombant progressivement au-dessous de celle de la société capitaliste aboutirait à la misère universelle.

III. *L'attribution au travail du gouvernement des entreprises de production.* — Nous ne pouvons nous dissimuler que le gouvernement des entreprises par le travail possède un précédent ; le suffrage universel, qui est généralement considéré comme le plus désirable des progrès, et qui régit actuellement les nations les plus civilisées. A la vérité, le suffrage universel est d'une part, vicié par le capitalisme des électeurs les moins nombreux mais les plus influents ; d'une autre part, il est incomplet, et le restera jusqu'à ce que le suffrage féminin se soit annexé au masculin. Tel quel, il fonctionne à la pleine satisfaction des délégués à la gestion des affaires de l'Etat, élus par le souverain incapable de les gérer lui-même. Seulement, à mesure que la souveraineté s'étend à une nouvelle couche sociale, fût-elle même la moins entachée de capitalisme et que ses délégués deviennent plus nombreux, on constate, contre toute attente, que le gouvernement coûte plus cher au souverain. Sans nous attarder à chercher la raison de ce phénomène nous sommes obligé de reconnaître que l'élite des nations est déjà ou sera bientôt gouvernée par les délégués d'une majorité de travailleurs. Mais il convient de remarquer que l'Etat possède une clientèle obligatoire, qu'il a beau élever le prix de ses services ou en abaisser la qualité, la nation, sa cliente, ne peut les refuser. Si ruineux que soit l'impôt, l'Etat est amplement pourvu des pouvoirs nécessaires pour la contraindre à le payer.

Il n'en est pas ainsi d'une entreprise privée, individuelle ou collective. Elle peut ne pas répondre suffisamment à un besoin, elle est sujette à la concurrence et l'on a pu dire que si elle était gouvernée comme l'Etat, elle serait infailliblement destinée à la faillite. Et notons que, chaque année, un bon nombre d'entreprises n'échappent pas à cet accident. En ce cas, le propriétaire individuel ou collectif du capital d'entreprise est responsable, obligé de supporter la perte et de payer les dettes jusqu'à épuisement de son capital. Or, si le travail est propriétaire de l'entreprise, c'est à lui qu'incombera cette obligation. C'est à lui que s'en prendront les créanciers de l'entreprise. Sous peine de ruiner le crédit et de tuer l'industrie, l'Etat devra rétablir la prison pour dettes et y enfermer les travailleurs jusqu'à ce qu'ils se résignent à fournir aux créanciers, leur quote-part de la dette de l'entreprise. Ce sera, en fait de progrès, la résurrection de l'esclavage.

Cependant, sans tenir aucun compte des impossibi-

lités auxquelles il se heurte, le socialisme fait aujour-
d'hui rapidement son chemin dans le monde, profitant
de l'ignorance des conditions naturelles d'existence des
sociétés, secondé par des appétits impatients, il est en
voie de persuader aux masses ouvrières, que l'unique
et infaillible moyen d'améliorer leur sort et de guérir
d'emblée tous leurs maux, consiste à renverser le régime capitaliste pour mettre à sa place une société
socialisée. Les socialistes les plus ardents demandent ce
progrès à une révolution, les plus modérés, et par là-
même suspects, à une évolution pacifique. Il est inutile
de dire que la révolution est considérée comme le procédé le plus expéditif et le plus sûr. A la vérité, on n'est
pas d'accord sur le système social qu'il s'agira d'adopter,
mais on se fie à la vertu féconde de la révolution pour
l'engendrer. Sans doute, il faudra triompher de la résistance de la classe capitaliste, demeurée maîtresse de la
puissance matérielle de l'Etat même sous le régime du
suffrage universel. Et l'on ne peut ignorer que des progrès de toutes sortes ont augmenté dans d'énormes proportions la puissance de l'Etat, et lui ont permis d'opposer à la révolution la mobilité presque instantanée de
l'instrument de la répression. C'est pourquoi les socialistes déguisés en pacifistes s'efforcent de désarmer
l'Etat en faisant pénétrer le socialisme dans l'armée. La
société capitaliste désarmée, on confisquera ses biens et
ses entreprises. Ce sera le Grand Soir ou le Mardi-Gras

de Proudhon. Mais après que les subsistances accumulées par le capitalisme auront été dévorées, ou, à l'exemple des grands ancêtres qui ont débarrassé les autres peuples de leurs tyrans, lorsque la révolution les aura débarrassés au même prix de la tyrannie du capital, il faudra bien, en présence des impossibilités du socialisme, revenir au capitalisme. Alors le Mardi-Gras sera suivi d'un long carême.

A côté des socialistes pressés qui ont foi dans la vertu inventive et éducatrice de la révolution pour créer et faire fonctionner un nouveau système social, et dans la puissance des bombes à la dynamite pour réduire en poussière la société capitaliste, des socialistes et même des anarchistes plus réfléchis croient à la nécessité d'une évolution pour préparer la révolution. Voici, notamment, ce qu'écrit Jean Grave, un anarchiste bien connu, dans *Les Temps nouveaux* :

« Un coup de force, la main-mise sur certains rouages gouvernementaux, peut bien faire réussir une révolution politique qui n'aura que des changements superficiels à opérer, mais une révolution qui doit changer les rapports économiques des hommes entre eux, changer les bases de la propriété, abattre toute autorité, et lui enlever les chances de se reconstituer, il n'y a pas de pouvoir assez puissant pour accomplir ce travail de Titan. Pour le réaliser dans les faits, il faut l'opérer dans les cerveaux. »

Mais, tout « en reconnaissant que la révolution ne peut accomplir des miracles et réaliser ce qui n'a pas été mûri par l'évolution », l'écrivain anarchiste est d'avis que si la révolution doit être retardée, elle n'en sera pas moins nécessaire, lorsque l'évolution aura achevé son œuvre par des transformations de l'économie de la société capitaliste. Ces transformations, les socialistes les demandent à l'extension de l'Etat, les anarchistes à sa suppression. Une nouvelle école de réformateurs, dans laquelle fraternisent des socialistes et des anarchistes, travaille en attendant à augmenter à coups de grèves, la part du travail aux dépens de celle du capital.

Comme toutes les autres entreprises, l'Etat s'efforce d'augmenter sa puissance avec ses revenus et d'étendre sa sphère d'action et d'influence. Quoique les progrès récents des agents destructifs ayant fait disparaître le danger des invasions des peuples barbares, tous les peuples civilisés développent à l'envi leur armement. Ils envahissent à leur tour et se partagent les régions du globe occupées par les barbares ou qualifiés tels et en même temps qu'ils étendent leur domaine au dehors, ils lui font une plus grande place au-dedans. Tout, en proclamant comme un droit intangible et sacré la liberté de l'industrie, ils s'ingénient à rétrécir la sphère dans laquelle elle s'exerce. Tantôt ils rétablissent les monopoles et les impôts que leurs mandataires avaient abolis dans un accès de fièvre révolutionnaire, tantôt ils font main-basse sur les œuvres de l'initiative privée chemins de fer, télégraphe, téléphones, et ne résistent qu'avec mollesse aux tentatives que leur suggèrent les socialistes, d'y joindre les mines, les raffineries de sucre, les grandes industries métallurgiques en attendant le reste. En compensation des charges croissantes que les impôts et les monopoles font supporter aux contribuables et aux consommateurs et qui pèsent d'un poids de plus en plus lourd sur la classe ouvrière, certains États ont recours à la philanthropie pour désarmer le socialisme. Ils ont commencé à établir une série de lois dites ouvrières, loi du repos hebdomadaire, loi qui reporte sur l'État et les patrons, la responsabilité des accidents du travail, loi des pensions de la vieillesse, dont le capital est appelé à supporter les frais au bénéfice du travail. Mais il reste à savoir si ces transformations, dans l'état de la société, auront pour effet de multiplier les éléments du bien-être et d'en rendre moins inégale la répartition entre le capital et le travail.

S'il s'agit de l'attribution à l'État des industries privées, l'expérience a déjà prononcé. Même dans les États les mieux ordonnés, les produits et les services de l'État coûtent plus cher que ceux de l'industrie privée et sont inférieurs en qualité. A quoi tient cette infériorité industrielle de l'État ?

La cause principale en est, sans parler de beaucoup d'autres, dans l'absence d'une responsabilité effective. Sous l'ancien régime, le chef et propriétaire de l'Etat, le roi, se disait et se croyait responsable envers Dieu. Cette responsabilité qui nous paraît aujourd'hui illusoire, était aux époques de foi efficacement sanctionnée par des peines éternelles. Le roi devenu constitutionnel a été déclaré irresponsable, et la direction de l'Etat a passé à ses ministres. Ils sont responsables devant le Parlement, mais quels que soient leurs fautes et les dommages que leur ignorance ou leur incapacité peut infliger à la nation, la pénalité la plus forte à laquelle ils soient exposés consiste dans leur démission. Encore est-elle purement temporaire, avec espoir de retour. Les propriétaires et les directeurs d'une entreprise privée, individuelle, ou collective, ont à subir en cas de faillite, une perte matérielle sans parler d'une déconsidération morale. Voilà pourquoi ils s'appliquent à diminuer leurs frais de production et à améliorer leurs produits, sans négliger de témoigner au public consommateur, de la politesse et des égards ignorés des fonctionnaires de l'Etat.

La philanthropie de l'Etat compense-t-elle son infériorité industrielle? L'obligation du repos hebdomadaire qui était considérée comme une atteinte injustifiable à la liberté individuelle, lorsqu'elle était sanctionnée par la religion, d'accord avec la nature, a-t-elle cessé d'être nuisible depuis que l'Etat l'a imposée par une loi laïque ? Cette loi a-t-elle amélioré la condition de la classe ouvrière dans la proportion des dommages et des gênes qu'elle a infligés à l'industrie et au commerce ? N'a-t-elle pas privé les travailleurs d'un supplément de bénéfices qui leur était parfois plus nécessaire que le repos ?

En revanche, la loi sur les accidents du travail en reportant sur les patrons et sur l'Etat les frais des accidents dont les ouvriers sont victimes ne leur a-t-elle pas fait un cadeau absolument gratuit ? On pourrait remarquer peut-être que l'Etat en se chargeant pour sa part des frais des accidents est obligé d'en demander le remboursement aux contribuables, travailleurs aussi bien que capitalistes. On pourrait remarquer encore que les dangers particuliers aux industries qualifiées de dangereuses et insalubres, ont pour effet d'élever le taux des salaires en proportion de l'intensité et de la durée des souffrances et des dommages que causent les accidents ou les maladies, et qu'une loi philanthropique en diminuant ces dommages doit avoir finalement pour effet d'abaisser les salaires du montant de la diminution. Mais voici, de plus, une conséquence inattendue que l'expérience est en train de révéler, c'est que la loi multiplie les accidents et en retarde la guérison, en agissant comme une cause de démoralisation de la classe ouvrière. Lorsque les ouvriers engagés dans une industrie dangereuse supportaient eux-mêmes les frais des accidents dont ils étaient victimes, ils étaient non seulement intéressés à prendre les précautions nécessaires pour les éviter, mais encore à en hâter la guérison, et leurs mutualités ne l'étaient pas moins à empêcher les fraudes et les abus qui augmentaient le taux des cotisations prélevées sur les salaires. Sous l'influence de cet intérêt collectif, elles se montraient impitoyables pour les simulateurs et pour les fainéants qui prolongeaient leur guérison à leurs dépens. L'Etat philanthrope se montre moins défiant et moins dur, d'où est résultée en Allemagne et en Hollande, une augmentation soudaine du nombre et du montant du budget des accidents. La condition de la classe ouvrière en a-t-elle été améliorée ?

Mais peut-on opposer les mêmes objections aux pensions ouvrières ? Il est difficile de simuler la vieillesse et plus encore de la prolonger, et si les pensions coûtent cher, l'aggravation des impôts sur les successions, n'en fera-t-elle pas porter le poids sur le capital ? Ne sera-ce pas, cette fois, un cadeau gratuit offert aux travailleurs aux frais des patrons et de l'Etat ? Et ce cadeau ne sera-t-il pas la juste récompense d'une vie laborieuse ? On ne contestera pas que le vieil ouvrier ait droit au repos après avoir usé ses forces physiques et morales au service de l'industrie. Mais il faut savoir d'abord s'il n'éprouverait pas une satisfaction très vive et si sa di-

gnité ne serait pas mieux sauvegardée, en se constituant
une pension après en avoir épargné et accumulé lui-
même le capital, au lieu de la devoir, en totalité ou en
partie à la charité d'autrui ? D'ailleurs, depuis qu'on
l'a reconnu capable de participer au gouvernement de
l'Etat, peut-on prétendre qu'il est incapable de se gouverner utilement lui-même en dérobant à ses appétits
dans la maturité de ses forces, la somme nécessaire à
leur déclin. D'un autre côté, n'établirait-elle pas, sous
un régime légal d'égalité politique, une inégalité naturelle entre le bourgeois pensionnant et l'ouvrier pen-
sionné ? Enfin, est-il bien avéré que les pensions ouvrières soient un don gratuit fait par le capital au travail ? La portion du capital absorbé pour la pension qui
sera fourni sous forme de subside par les patrons et par
l'Etat sous forme d'impôt (et encore celle-ci ne pro-
viendra-t-elle pas en partie du travail ?), n'en dimi-
nuera-t-elle pas la quantité disponible pour la production, tandis que celle du travail demeurera la même ?
D'où une hausse de l'intérêt et des profits, et une baisse
des salaires, qui fera récupérer au capital aux dépens
du travail le montant des pensions et peut-être au delà.
Ce n'est pas tout. L'ouvrier auquel la loi assure en
apparence une pension gratuite ou quasi gratuite, pour
les mauvais jours de la vieillesse, évitera volontiers
dans son âge mur, les efforts et la peine que l'épargne
lui impose, il laissera une carrière plus libre à ses appé-

tits, et, parfois, succombera, avec moins de résistance aux tentations de l'ivrognerie et des autres excès qui affaiblissent ses forces productives et diminuent sa capacité d'épargne. A son tour, il produira moins de capital et augmentera, par conséquent, encore aux dépens du travail, la part du capitaliste dans la production. On ne peut donc compter les lois sur les pensions ouvrières au nombre des transformations évolutionnistes, nécessaires pour préparer la révolution.

La propagande par le fait que pratiquent certains anarchistes, réputés les plus férus, est-elle plus propre à hâter la suppression de l'Etat ?

La fonction essentielle de l'Etat consiste à garantir la sécurité individuelle. Est-ce par la pratique du vol et de l'assassinat qu'on réussira à démontrer l'inutilité de cette fonction ? Certes, la justice de l'Etat laisse fort à désirer et sa police plus encore, mais la justice et la police individuelles valent-elles mieux ? Quand les intérêts ou les passions d'un individu se trouvent en conflit avec ceux d'autrui, sa justice est-elle plus efficace que celle de l'Etat, et le plus faible est-il mieux assuré de faire prévaloir son droit sur le plus fort ? Enfin, si chère et imparfaite que soit la sécurité que lui procure l'Etat, celle qu'il serait obligé de produire lui-même serait-elle plus parfaite et à meilleur marché ? Jusqu'à ce qu'une évolution morale supprime le vol et le meurtre, il sera donc nécessaire de retarder la révolution anarchique ?

Sans se désintéresser des théories socialistes et anarchistes qui préparent le bonheur à venir, le syndicalisme s'occupe d'un progrès actuel et pratique ; savoir, de l'augmentation des salaires. Et comme il est bien avéré que la part du travail ne peut s'accroître qu'au dépens du capital et *vice versa*, le capital et le travail sont naturellement ennemis, la guerre entre eux est fatale et éternelle ; et, comme dans la guerre politique, dont elle est une branche, la victoire ne peut être acquise que par la supériorité des forces. C'est en organisant les coalitions et les syndicats et en mettant en œuvre les grèves, alimentées par un trésor de guerre, que l'ouvrier peut récupérer, en attendant l'avènement du collectivisme, une partie de la rétribution qui lui est due, celle-ci ajoutée à la rétribution du capital par le surtravail imposé à l'ouvrier. Cette conception des rapports du capital et du travail sous le régime capitaliste est ancienne, mais loin de se pacifier depuis l'avènement de la liberté de l'industrie et de l'affranchissement légal des travailleurs, elle n'a point cessé de s'aggraver. On en trouvera l'explication dans les effets immédiats de la loi d'émancipation sur la condition des classes ouvrières. Auparavant, l'ouvrier agricole, même déjà affranchi du servage était resté attaché au domaine seigneurial ; l'ouvrier industriel, à l'établissement ou à la corporation qui lui fournissait la subsistance. L'un et l'autre étaient immobilisés, et beaucoup plus par des obstacles naturels que la loi n'avait pu lever que par l'obstacle artificiel qu'elle avait supprimé. Ils possédaient au moins dans quelque mesure, une sécurité provenant de cette immobilisation même. Le maître les connaissait individuellement et il était porté à les assister. L'avènement de la liberté du travail a mis fin à ces rapports dans lesquels l'assistance adoucissait la sujétion. La loi devançant la nature des choses a rendu les ouvriers indépendants, mais il n'était pas en son pouvoir d'assurer leur indépendance. Désormais, les ouvriers eurent le droit d'abandonner le domaine agricole ou l'établissement industriel auquel ils étaient attachés ; ils purent se vouer à l'industrie qui répondait le mieux à leur goût et à leurs aptitudes, et aller chercher au dehors un emploi moins pénible ou un salaire plus élevé ; ils étaient libres en droit de disposer de leur travail, mais l'étaient-ils en fait ? Ils ne connaissaient que le métier qu'ils avaient exercé de génération en génération, et, faute d'avances, ils ne pouvaient en apprendre un autre ; d'ailleurs, il leur fallait pourvoir eux-mêmes, au jour le jour, à leur entretien et à celui des êtres dont la nature et la loi les rendaient responsables, mais ils étaient retenus au sol natal par des habitudes et des liens physiques et moraux ; enfin, les communications étaient difficiles et les renseignements faisaient défaut ; les marchés du travail n'étaient pas éclairés comme ceux du capital, ils ne le sont pas encore. Les ouvriers se trouvaient en présence de la liberté du travail comme d'une machine nouvelle dont le plus grand nombre d'entre eux n'avaient ni l'esprit d'initiative ni les ressources nécessaires pour en faire usage. De leur côté, les agriculteurs et les industriels se méfiaient de cette machine nouvelle, que leur vantaient les théoriciens, mais dont ils n'apercevaient pas le merveilleux avenir. Dès le début de l'échange ils s'étaient protégés contre la liberté de l'industrie et du commerce. Les privilèges des corporations et les droits de douane leur permettaient d'élever les prix de leurs produits au-dessus du niveau auquel les aurait abaissé la concurrence. Ils s'efforcent, de même, de se protéger contre la liberté du travail. Au monopole dont la loi entreprenait de les dépouiller, ils substituent une entente corporative (1), et ils réclament des mesures destinées à empêcher la hausse des prix de la main-d'œuvre, dans l'intérêt de l'industrie nationale. Lois sur les coalitions, mise en surveillance

(1) On n'entend guère parler, dit-on, de *coalitions* entre les maîtres et tous les jours on parle de celles des ouvriers. Mais il faudrait ne connaître ni le monde, ni la matière dont il s'agit, pour s'imaginer que les maîtres se liguent rarement entre eux. Les maîtres sont en tout temps et partout dans une sorte de ligue tacite, mais constante et uniforme, pour ne pas élever le salaire au-dessus du niveau actuel. Violer cette règle est partout une action de faire trève et un sujet de reproche pour un maître parmi ses voisins et ses pareils.

ADAM SMITH, *Richesse des nations*, t. Ier, p. 81.

des bureaux de placement, défense de faire passer les ouvriers à l'étranger, etc.

Cependant, l'industrie s'était développée sous l'influence de l'accroissement général de la sécurité et de l'extension des débouchés ; des établissements s'étaient fondés en dehors du domaine des corporations, des inventeurs repoussés jadis comme des agents de perturbation pour les industries incorporées, avaient trouvé une clientèle parmi les industries de concurrence et avaient mis les produits à la portée d'un nombre croissant de consommateurs ; d'autres inventions, la navigation à vapeur, les chemins de fer, les télégraphes, aplanirent les obstacles qui entravaient la mise en communication des marchés des capitaux et des produits, et finalement, celle des marchés du travail. La demande du travail s'augmenta, les salaires haussèrent, la classe ouvrière acquit une influence politique qui lui valut son accession au droit de suffrage ; les lois sur les coalitions furent abolies. Alors, les ouvriers imbus, comme les chefs d'industrie et les capitalistes leurs commanditaires de l'esprit de monopole, s'efforcèrent d'employer le nouveau droit d'association qui leur avait été jusqu'alors refusé et dont ils s'exagéraient volontiers la puissance, à élever aux dépens du capital, le taux des salaires au-dessus du niveau où le portait la concurrence. Ils multipliaient les grèves, et la lutte entre employeurs et employés devint plus ardente. Mais les

frais et dommages de cette lutte ont pour effet inévitable
de détourner le capital de l'industrie, par conséquent la
demande de travail, et de ralentir ou d'empêcher la
hausse de salaire. On pourrait ajouter même qu'en raréfiant le capital industriel, elle contribue à augmenter
sa puissance et ses profits.

On voit donc que ni l'étatisme ni le syndicalisme ne
préparent l'évolution préalablement nécessaire à la
la révolution. Ils ne sont autre chose que des puissances
aboutissant aux impossiblités du socialisme et de l'anarchisme.

IV

DÉCLARATION HYPOTHÉTIQUE
DE LA CONFÉRENCE DE LA HAYE

DÉCLARATION HYPOTHÉTIQUE
DE LA CONFÉRENCE DE LA HAYE

Les peuples civilisés dont les gouvernements sont représentés à la Conférence de La Haye viennent de voter à une immense majorité, la déclaration suivante :

Attendu :

Que les peuples civilisés ont fini par comprendre que le mode d'acquisition des moyens de subsistance, pratiqué par les espèces inférieures est moins avantageux que la production et l'échange propre à l'espèce humaine, que ce dernier mode d'acquisition est d'ailleurs plus conforme à la destination qui lui a été assignée dans l'ordre universel,

Que les peuples barbares qui envahissaient jadis le domaine des peuples civilisés pour pratiquer à leurs dépens le mode primitif d'acquisition des subsistances par le meurtre et le vol et dont le nombre et la puissance étaient ignorés, ont maintenant cessé d'être enveloppés de mystère, que grâce aux progrès de la géographie et de l'ethnographie on connaît aujourd'hui approximativement le nombre des individus dont elles se composent et que ce nombre n'est pas même la dixième partie du contingent des peuples civilisés,

Que les progrès des sciences physiques, chimiques et mécaniques ont accru, principalement dans ces derniers temps, la puissance destructive des peuples civilisés, qui est actuellement au moins centuple de celle des barbares, incapables, au surplus de fabriquer les engins perfectionnés qu'exige la guerre terrestre et maritime,

Qu'on en a eu une preuve manifeste dans le massacre à Omdurman, d'une armée de Barbares fanatisés et réputés les plus belliqueux, par une troupe moins nombreuse de soldats civilisés, opéré sans la perte d'un seul homme; que les dangers que courent ceux-ci dans leurs luttes contre les Barbares, ne proviennent plus guère que du climat et de leurs excès alcooliques et autres,

Qu'on a vu, néanmoins, à mesure que s'est affaibli le risque des invasions des Barbares, les gouvernements des nations civilisées assujettir progressivement au service militaire les individus valides, déduction faite seulement des vieillards et des femmes, pour remplir le devoir sacré de la défense nationale,

Qu'en dépit des progrès prodigieux de la productivité du mode d'acquisition des subsistances par la production et l'échange, tandis que les guerres entreprises pour les acquérir par le meurtre et le vol sont devenues de plus en plus coûteuses et que ce dernier mode d'acquisition a continué toutefois d'être fréquemment employé, mais n'a pas cessé même d'être particulièrement honorable et glorieux,

Que, sans parler des dommages qu'infligent aux individus assujettis au service militaire, et à l'industrie nationale le temps improductivement absorbé par ce service, les budgets de la Guerre et de la Marine en temps de paix coûtent annuellement 6 milliards aux peuples de l'Europe,

Qu'en temps de guerre les frais et les dommages subis non seulement par les belligérants mais encore et de plus en plus par les neutres sur toute la surface du globe s'élèvent à des sommes dépassant sans aucune comparaison les bénéfices que peut retirer le vainqueur de l'agrandissement de son domaine, que la conquête de l'Alsace-Lorraine imprudemment imposée par le gouvernement impérial désireux de réparer l'échec de ses tentatives libérales en reculant la frontière de la France jusqu'au Rhin, après avoir coûté à la France vaincue plus de 10 milliards et infligé à l'Allemagne victorieuse un supplément annuel de dépenses militaires qui dépasse sensiblement l'accroissement de richesse et de puissance que lui vaut sa conquête,

Que le merveilleux développement du crédit public atténue toutefois la charge qu'inflige actuellement la guerre à la nation qui la subit ou l'entreprend, mais en en reportant la plus grande part sur les générations futures. Si l'on songe que la dette de 148 milliards qui grève en ce moment l'ensemble des nations civilisées, provient principalement de la guerre et de la préparation à la guerre, et qu'un conflit entre les deux triplices européennes rendrait considérablement croissante et finirait par dépasser les progrès de la richesse, on peut craindre que l'aggravation des maux de la multitude n'amène le triomphe du socialisme et de l'anarchisme qui précipiteront vers une issue fatale la civilisation si péniblement édifiée,

Que si la guerre a été considérée de tous temps comme un exercice nécessaire à la conservation et au développement des facultés morales et matérielles de l'homme, le courage, le dévouement, l'obéissance et la force physique, elle occasionne les pires excès de la bête humaine ; que des professions dangereuses et insalubres telles que la profession médicale, industrie des transports maritimes, la pêche, les mines, etc., exigent non moins que la guerre, des luttes incessantes contre des dangers mortels,

Que si l'on objecte que le risque permanent de la

guerre a suscité la création de professions et d'industries qui alimentent une partie de la population, elles n'en occupent pas cependant plus d'un dixième, même chez les peuples les plus belliqueux, et quoique les industries nécessaires à la confection, à la conservation et au renouvellement du matériel, l'entretien des soldats, du personnel de commandement et d'administration des armées sans oublier celui des diplomates employés à veiller à la conservation de la paix et au besoin à fomenter la guerre, exigent la mise en œuvre d'un capital considérable, il est hors de doute que si ce capital utilisé aujourd'hui à une besogne naturellement improductive ou, du moins, employé à un mode d'acquisition dont les frais dépassent chaque jour davantage les profits, était consacré au mode progressif de la production et de l'échange, la richesse générale de la nation, y compris la richesse particulière de la classe alimentée par la guerre, s'accroîtrait dans une proportion énorme,

Que si l'on objecte enfin qu'alors même que les nations civilisées eussent fini par comprendre que l'acquisition des moyens de subsistance par le procédé primitif du meurtre et du vol est décidément moins productif et plus aléatoire que celui de la production et de l'échange elles ne cesseraient pas, néanmoins, d'avoir des différends et des querelles, que l'ambition, l'avidité sans scrupules et parfois la mauvaise foi de certains gouvernements mettent la paix en péril, mais qu'il en est de même pour les individus et que c'est dans le but de préserver de toute atteinte « leurs intérêts et leur honneur » qu'ont été institués les tribunaux, la gendarmerie et la police. Les tribunaux sont composés d'hommes qu'une éducation spéciale a imbus de la connaissance du droit et qui ont pour mission de le faire prévaloir. Par une aberration singulière, c'est la force investie dans une armée que les gouvernements chargent de faire prévaloir le droit, en remplissant l'office d'un tribunal au lieu de celui de la gendarmerie et de la police. Et c'est l'armée la plus forte qui décide du droit. Entre les nations demeurées barbares, quoique composées d'individus civilisés :

La raison du plus fort est toujours la meilleure.

Par ces motifs :

Les membres délégués à la Conférence de La Haye ont pris les résolutions suivantes :

1º Les gouvernements représentés à la Conférence n'auront plus de relations avec celui d'entre eux qui refusera de se soumettre au verdict de leur tribunal d'arbitrage ;

2º Les membres des nations, responsables de leur gouvernement boycotteront individuellement ceux de la nation récalcitrante, leurs produits agricoles, industriels, littéraires et autres ;

3º Une armée de 120.000 hommes ayant suffi, au témoignage de l'historien Gibbon, à préserver, pendant quatre siècles les peuples civilisés de l'empire romain contre les invasions des Barbares, quoique la puissance destructive du matériel des armées civilisées ne fût pas supérieur à celle des Barbares, une armée internationale de 50.000 hommes suffira désormais, grâce aux progrès de la puissance productive et destructive des peuples civilisés à protéger la civilisation contre les invasions des Barbares.

Cette déclaration a été signée à l'unanimité par les membres de la Conférence de La Haye.

Et rédigée par

G. DE MOLINARI.

V

ANCIENS ET NOUVEAUX ARGUMENTS
DU PROTECTIONNISME

ANCIENS ET NOUVEAUX ARGUMENTS
DU PROTECTIONNISME

Le mobile auquel obéissent les protectionnistes en se servant de leur influence pour faire établir des droits de douane, c'est l'intérêt ou ce qu'ils croient l'intérêt de leur industrie. Seulement, toute entrave à la liberté des échanges ayant pour effet de nuire à d'autres intérêts particuliers, ils éprouvent le besoin de démontrer que leur intérêt est conforme à la justice et à l'intérêt général de la nation. De là les arguments dont ils se servent pour le justifier.

Sans remonter au delà des premiers développements de l'industrie moderne, nous trouvons dans le système mercantile un argument qui a longtemps paru décisif, en faveur de la prohibition ou des droits d'importation des marchandises étrangères, c'est la croyance que les métaux précieux constituent seuls la richesse, d'où il résulte qu'une nation ne s'enrichit qu'en important des métaux précieux en échange de ses marchandises et en défendant de les exporter. Il est assez singulier que cette croyance ait pu naître à une époque où la richesse se composait presque exclusivement de biens immobiliers tels que les terres, les demeures seigneuriales, les esclaves ou les serfs attachés à la glèbe, et où les métaux précieux sous forme de monnaie n'étaient guère employés qu'à l'achat des objets d'armement et d'un petit nombre d'articles de luxe. Mais il ne faut pas oublier que l'industrie de la fabrication de la monnaie était entre les mains du détenteur du pouvoir royal et des principaux seigneurs, et que les bénéfices du seigneuriage qu'ils en tiraient était une branche des plus importantes de leurs revenus. Ils étaient donc intéressés à se procurer au meilleur marché possible la matière première de la monnaie et à augmenter ainsi le profit du seigneuriage. En conséquence, ils usaient de leur pouvoir souverain d'une part pour interdire l'emploi de monnaies étrangères, et défendre l'exportation des métaux précieux, d'une autre part pour en favoriser l'importation à l'exclusion des autres produits. Le monopole de la fabrication de la monnaie ayant cessé aujourd'hui d'être pour les gouvernements une source importante de revenus, on ne recherche plus guère les raisons des pratiques auxquelles ils avaient recours pour augmenter les profits de ce monopole, en sorte qu'une des causes originaires du protectionnisme est demeurée dans l'ombre.

La nécessité de la défense de l'Etat a continué, en

revanche d'être invoquée en faveur de la protection des industries qui fournissent le matériel de guerre et les principaux articles de consommation. L'argument tiré de cette nécessité a pu être fondé à l'époque où la guerre presque à l'état permanent pouvait isoler complètement les nations, mais le développement du commerce international lui a enlevé l'autorité dont il jouissait. Le commerce a créé entre les nations des intérêts devenus assez nombreux et assez forts pour se faire respecter. Il ne dépend pas aujourd'hui de l'Etat le plus puissant d'isoler une nation et d'interrompre ses relations avec le dehors, quel que soit l'intérêt qu'il puisse avoir à l'affamer et à la priver des matières premières nécessaires à son industrie. Les intérêts pacifiques l'ont décidément emporté sur les intérêts belliqueux, en provoquant à cet égard la réforme du droit des gens. En supposant, par exemple, qu'un Etat en guerre avec l'Angleterre ne voulût pas tenir compte de cette réforme, il susciterait aussitôt, parmi les nations qui trouvent en Angleterre un immense et fructueux débouché pour leurs produits agricoles et autres, une nouvelle Ligue des neutres (1). Aussi l'argument que le péril de la famine en cas de guerre fournissait aux protectionnistes a-t-il perdu toute valeur.

(1) Voir « Les progrès réalisés dans les usages de la guerre », *Questions d'Economie Politique et de Droit public*, tome II, p. 277.

Que la protection soit indispensable d'abord pour préserver la nation de la perte de sa monnaie, par conséquent de sa richesse, ensuite pour l'empêcher de mourir de faim en cas de guerre, c'étaient deux arguments capables de faire la plus vive impression sur les esprits et dont la perte devait sembler irréparable. Mais il en restait un troisième qui pouvait à la rigueur y suppléer savoir, la nécessité non seulement de défendre l'industrie nationale contre la concurrence de l'étranger, mais encore de multiplier ses branches pour subvenir autant que possible aux besoins de la consommation. Car c'était une expression passée à l'état d'axiome, et dont tout le monde se sert, à l'exception de quelques économistes, qu'on paye un tribut à l'étranger en lui achetant ses produits. Nous verrons tout à l'heure ce qu'il en faut penser.

Sans doute une nation en progrès a une tendance naturelle à ajouter à son industrie de nouvelles branches. Elle peut y trouver un emploi profitable pour l'accroissement de ses capitaux et de sa population. Mais c'est à la condition que son sol, son climat et ses aptitudes soient propres à l'exercice d'une nouvelle industrie, sinon, il sera plus avantageux de continuer à s'en procurer les produits par l'échange de ceux des industries existantes. Car l'échange ne donne pas les siens gratis. Mais deux sortes d'intérêts ne tardent pas à agir pour mettre fin à ce mode d'approvisionnement, intérêt plutôt illusoire du personnel financier de l'Etat qui découvre dans une nouvelle industrie dont l'éclosion a été hâtée par la protection la matière d'un nouvel impôt, intérêt positif des capitalistes ingénieux à chercher des profits extraordinaires. Ces deux intérêts s'associent pour élever une barrière contre l'importation des produits étrangers. Une nouvelle industrie s'improvise à l'abri de cette muraille douanière. Elle procure, sinon au gouvernement national auquel un droit purement fiscal sur le produit étranger aurait fourni un impôt équivalent, du moins aux capitalistes qui l'ont fondée, des bénéfices immédiats et plantureux, des bénéfices de monopole. Aussi longtemps que le prix du produit ravi à l'étranger peut être porté au niveau du droit protecteur, ces bénéfices s'élèvent bien au-dessus du taux de la concurrence. C'est au point qu'ils ne manquent pas d'attirer dans le pays les producteurs étrangers dont la muraille douanière a supprimé le débouché et qui compensent largement la perte de ce débouché en écrémant les profits du monopole. A la vérité, le développement de la concurrence intérieure a pour effet de diminuer à la longue ces profits. Alors il arrive d'habitude que les entreprises fondées par le capital étranger sont vendues à haut prix et passent entre les mains des nationaux, auxquels la décadence du monopole cause une fâcheuse déception.

La situation est un peu différente lorsqu'une industrie nationale déjà existante reçoit un surcroît de protection qui enlève brusquement à l'industrie étrangère une portion de son débouché. C'est ce qui est arrivé à l'époque où la hausse du tarif a fermé les colonies françaises à l'importation des cotonnades anglaises et américaines, au profit des industries de la métropole. C'était à la fois une confiscation infligée à ceux qui les produisaient et un nouvel impôt prélevé sur ceux qui les consommaient. Quoique cette confiscation soit opérée au détriment d'une industrie étrangère, elle n'en est pas moins une atteinte à la propriété. On peut en dire autant de l'impôt perçu sur les consommateurs coloniaux ou métropolitains et qui consiste dans la différence entre les prix de l'industrie protégée et ceux de l'industrie étrangère. Cet impôt est-il autre chose qu'un tribut, réel cette fois, payé à une industrie nationale qui vend cher les produits que l'industrie étrangère fournissait auparavant à bon marché? Mais il reste à savoir si ce sacrifice imposé aux consommateurs en faveur d'un intérêt particulier est conforme à l'intérêt général de la nation. En achetant plus cher un produit protégé qu'il obtenait jusqu'alors à bon marché, le consommateur est obligé d'augmenter la dépense que lui causait la satisfaction du besoin auquel répond ce produit. Il ne peut donc consacrer à la satisfaction de ses autres besoins qu'une somme moindre de toute la différence. D'où il résulte que le débouché acquis à l'industrie protégée détermine une diminution égale des débouchés de toutes les autres industries. A quoi les protectionnistes répondent que cette diminution n'est que temporaire, que l'industrie nationale créée par la protection ne tarde pas à sortir de l'enfance, à produire et vendre à aussi bon marché que l'industrie étrangère qu'elle a remplacée. Voyons ce que vaut cette réponse. Si les intérêts qui ont poussé à la confiscation de l'industrie étrangère pour profiter du monopole de l'industrie nouvelle à ses débuts n'ont pas tenu compte de son impropriété au sol, au climat, etc., elle ne pourra jamais soutenir la concurrence de ses rivales et devra toujours être protégée. Ce sera un tribut qu'elle prélèvera à perpétuité sur les consommateurs et par contre-coup une perte de débouché qu'elle infligera aux autres industries : avec une privation pour les consommateurs, une diminution de richesse pour la nation. Admettons cependant que les protectionnistes soient trop soucieux des intérêts nationaux pour leur causer ainsi un dommage permanent dans un intérêt particulier et temporaire, qu'ils ne demandent aux consommateurs que les sacrifices nécessaires pour protéger l'enfance d'une industrie adaptée au sol, au climat, etc., et qu'aussitôt que l'industrie protégée aura grandi et atteint sa pleine et vigoureuse virilité, ils s'empresseront de l'abandonner à elle-même. Ces promesses rassurantes qui ont désarmé les consommateurs et même un bon nombre d'économistes, comment ont-elles été tenues ? D'abord l'enfance des industries protégées s'est prolongée au delà de toutes prévisions. Garanties contre la pression de la concurrence extérieure, elles ont négligé, comme on aurait dû s'y attendre, de faire les efforts et de s'imposer les sacrifices nécessaires pour l'affronter ; ensuite, lorsque la concurrence intérieure a commencé à les y contraindre, elles ont plutôt employé leur influence grandissante à se dérober à leurs promesses qu'à les tenir.

Les protectionnistes ont d'ailleurs découvert de nouvelles raisons de conserver et même d'augmenter les tarifs de douane appliqués aux industries qui défient toute concurrence: la première consiste à étendre leurs débouchés par la conclusion de traités de commerce, la seconde à les rendre maîtres des prix par la création de monopoles sous forme de trusts ou de cartels.

A mesure qu'une industrie se développe et multiplie ses produits, le marché intérieur cesse de lui suffire. Il faut qu'elle cherche un débouché à l'étranger, sous peine de limiter sa production et ses profits. Mais les peuples civilisés, qui seuls sont assez riches pour lui offrir un marché de quelque valeur, ferment de plus en plus hermétiquement leurs frontières. En revanche, ils ont eux aussi des industries qui ont besoin d'agrandir leurs débouchés. Cela étant, on peut s'arranger. Des deux parts, les industries les plus fortes et politiquement les plus influentes ont intérêt à augmenter leur clientèle, fût-ce aux dépens des plus faibles. Elles poussent à la conclusion d'un traité d'échange, qualifié de traité de commerce, en abaissant réciproquement les droits qui barrent l'entrée des produits des industries les plus intéressées à étendre leurs débouchés. Il faut, bien entendu, en opérant cet échange, se garder d'ouvrir la porte aux produits qui leur font concurrence. Elles ont, d'ailleurs, soin d'y veiller. C'est aux dépens des industries plus faibles, ou moins politiquement influentes, que s'abaisse le tarif. Cependant les négociateurs du traité en débattent avec acharnement les conditions et les prix. Car ils sont convaincus, en leur qualité de protectionnistes, que tout abaissement de tarif en augmentant l'importation d'une marchandise étrangère, cause à la fois un désastre particulier et une perte générale. Aussi un protectionniste subtil a-t-il découvert un procédé ingénieux pour éviter la perte partielle que causent les traités de commerce et même pour les employer à renforcer la protection de l'ensemble des industries nationales ; c'est d'exhausser préalablement le niveau du tarif général, de manière à rendre illusoire en fait, sinon en apparence, les réductions partielles de droits consenties par les négociateurs. Malheureusement, cette invention, n'ayant pu être garantie par un brevet, n'a pas manqué d'être aussitôt imitée, et la France seule par une inexplicable négligence, a tardé à faire la réforme douanière nécessitée par ce progrès.

Cependant, l'Angleterre libre-échangiste se trouve à

cet égard dans une situation pire encore que celle de la France. Ayant supprimé la généralité des droits protecteurs de ses industries, elle n'a plus rien à donner en échange pour obtenir des nations protectionnistes qui l'entourent des réductions de tarif. Elle ne peut plus conclure de traités de commerce. Elle est obligée de demander l'extension de ses débouchés uniquement à des efforts coûteux et pénibles qui permettent à ses produits de franchir les obstacles des tarifs protecteurs. Et à mesure qu'ils y réussissent davantage, on exhausse les droits de douane même dans ses propres colonies. C'est là, comme on sait, un des arguments les plus suggestifs dont s'est servi M. Chamberlain pour provoquer le rétablissement du régime protecteur. Certes, l'obstacle que les nations protectionnistes opposent à l'extension du commerce britannique est des plus sérieux, et cependant ce commerce a continué à s'étendre plus que jamais. Comment s'expliquer cette anomalie ? Par les deux effets diamétralement opposés de la protection : l'un d'empêcher les produits étrangers d'entrer, l'autre, les produits nationaux de sortir. Toutes les nations civilisées se disputent aujourd'hui des marchés de consommation, mais, dans cette lutte, les industries des nations protectionnistes ont apporté, comme un poids mort, des charges artificielles dont la protection augmente leurs prix de revient, tandis que les industries des nations libre-échangistes ne supportent rien de plus que leurs charges naturelles. On est ainsi amené à se demander si le protectionnisme des nations concurrentes de l'Angleterre ne contribue pas plus à augmenter ses débouchés qu'à les restreindre. C'est ce qui expliquerait l'extension continue de son commerce extérieur, en dépit de l'exhaussement croissant des murailles protectionnistes. L'Angleterre a aujourd'hui le monopole du libre-échange. Toutefois, à côté de ses avantages, ce monopole a ses inconvénients. Au mesure qu'il se prolonge, il produit son effet ordinaire : le ralentissement du progrès, que l'on constate dans quelques-unes des industries britanniques. Le retour au régime protecteur aggraverait cette cause de retard tandis que l'extension du libré-échange chez les autres nations la ferait disparaître, et c'est pourquoi l'Angleterre, malgré le profit qu'elle tire de ce monopole, est intéressée à l'extension du libre-échange.

Autant les libres-échangistes ont de foi en l'utilité de la concurrence et s'efforcent de l'étendre, autant les protectionnistes la traitent en ennemie et travaillent activement à l'interdire. Après s'être bornés à prohiber la concurrence extérieure, ils s'efforcent aujourd'hui de supprimer la concurrence intérieure et ils constituent dans ce but aux Etats-Unis des trusts; en Allemagne des cartels. C'est une nouvelle utilité des tarifs protecteurs qui est apparue et deven   en plus sensible à mesure que le dévelop ement de la   ncurrence inté-

rieure abaissait davantage les prix et diminuait les profits
de la protection. Tantôt par la persuasion, tantôt par la
contrainte, des esprits audacieux et peu scrupuleux ont
entrepris de se rendre maîtres des prix sur le marché
intérieur. Ils ont édifié de monstrueux monopoles tels
que les trusts du sucre, du pétrole, de l'acier, du
cuivre, etc., qui ont passé au travers des toiles d'arai-
gnées des *Anti-trusts-laws* et dont l'influence politique
est assez puissante pour rendre intangible le tarif ultra-
protecteur : le père des trusts. Aussi bien que les cartels,
les trusts n'ont pas eu seulement pour conséquence
d'élever les prix et de créer d'énormes fortunes aux
dépens des consommateurs, ils ont produit un effet
inattendu par la pratique du *dumping*. Obligés de produire des masses croissantes sous peine de ralentir la
mise en œuvre de leur colossal outillage, les trusts en
écoulent le surplus sur les marchés étrangers et vendent
ainsi à bon marché au dehors ce qu'ils vendent cher au dedans. Et comme la plupart de ces produits, le fer et l'acier,
par exemple, servent de matières premières à une foule
d'industries, le système institué pour sauvegarder l'industrie nationale contre l'industrie étangère finit par protéger l'industrie étrangères contre l'industrie nationale.

Il nous paraît inutile d'insister sur la réfutation des
arguments protectionnistes. Anciens ou nouveaux ce
sont des arguments de parade. Les plus ardents défenseurs du tarif protecteur ne les prennent pas au sérieux

et ne se font aucun scrupule, à l'occasion, de pratiquer le libre-échange. Témoin cette jolie anecdote que raconte Henry George dans son livre : *Protection et libre-échange*. « Il y a quelques mois je me trouvais la nuit « avec quelques autres voyageurs dans le wagon des « fumeurs de l'express de la Pensylvanie au Pacifique. « Un des passagers rapporta qu'arrivant un jour d'Eu- « rope avec une malle pleine de cadeaux pour sa femme, « il s'adressa à l'inspecteur en lui disant d'un air signi- « ficatif qu'il était fort pressé. Ah ! vous êtes pressé, et « pour combien ? » dit l'employé. — Pour dix dollars. » « L'inspecteur jette un coup d'œil rapide sur la malle. — « Ce n'est pas beaucoup de presse pour tout ce qu'il y a « là-dedans. » Je lui donnai dix dollars de plus, dit le « narrateur, et il marqua la valise à la craie, comme vue « et bonne à passer. Un autre raconte que, dans une « circonstance semblable, il avait placé une magnifique « pipe de telle sorte qu'elle fut le premier objet à frap- « per les regards de l'inspecteur lorsqu'il ouvrirait la « valise ; celui-ci s'était extasié sur la beauté de la pipe ; « Elle est à vous », lui dit-il, et la valise passa à la craie. « Le troisième nous dit qu'il posait tout simplement « un billet de banque bien en vue sur les bagages. « Quant au quatrième, son plan consistait à chif- « fonner un billet et à le glisser dans la main de l'ins- « pecteur, en même temps qu'il lui remettait la clef.

« Ainsi donc voilà quatre hommes respectables et

« dans les affaires, comme je le sus par la suite ; l'un
« un métallurgiste, l'autre un marchand de charbon en
« gros, et les deux autres des industriels ; des hommes
« par conséquent d'une moralité et d'un patriotisme au
« moins égaux à la moyenne, lesquels non seulement
« étaient d'avis qu'il n'y avait pas de mal à esquiver le
« paiement des droits, mais faisaient sans aucun scru-
« pule un faux serment et regardaient comme une
« excellente plaisanterie de corrompre les employés de
« la douane. J'eus alors la curiosité d'amener la conver-
« sation sur le chapitre du libre-échange, et je décou-
« vris que tous les quatre étaient des protectionnistes. »

En résumé, c'est sur des influences politiques beaucoup plus que sur des arguments économiques que se
perpétue le protectionnisme.

VI

1908

1908

I

La hausse générale des prix, tel est le phénomène économique qui s'est produit d'une manière continue depuis une dizaine d'années et particulièrement dans le cours de la dernière. Aux Etats-Unis, on l'a évaluée à 35 0/0, tandis que la hausse des salaires a été moindre de moitié. En Europe, on constate partout le même phénomène. Cette augmentation croissante des prix des nécessités de la vie, sans oublier les articles de luxe, peut être ramenée à deux causes principales : l'une économique, la baisse de l'or, devenu l'étalon monétaire de la généralité des peuples civilisés ; l'autre politique, l'accroissement démesuré des dépenses publiques, en partie stériles, sinon destructives, telles que celles des budgets de l'armée et de la marine, en partie moins productives, provenant de l'accaparement progressif des services et des industries que l'Etat dérobe à l'activité privée et à la concurrence. Nous ne possédons pas de données certaines sur le montant de la dépréciation de l'étalon monétaire et l'influence qu'elle a exercée sur les prix, mais nous savons qu'une augmentation relativement faible de la production de l'argent, aggravé à la vérité par la démonétisation partielle de ce métal, en a fait tomber le prix de plus de moitié (de 60 shell. à 27 ou 28). Nous savons aussi que la production annuelle de l'or, qui ne dépassait pas environ 500 millions en 1885, s'est élevée à 2.057 millions en 1907, mais, dans ce même intervalle, le développement de l'industrie, et, en dépit du protectionnisme, des relations internationales, peut-être encore la transformation des banques nationales en trésors de guerre, ont accru la demande de l'or et en ont atténué la baisse. Néanmoins la découverte et l'exploitation par des procédés perfectionnés, d'un surcroît de gisements .r''ères ne peuvent manquer de déprécier graduellement l'étalon monétaire dont la stabilité est nécessaire aux échanges dans l'espace et plus encore dans le temps. C'est une question qui réclamera chaque jour davantage l'attention des économistes.

II

Cependant la solution de cette question rencontrera, selon toute apparence, moins de difficulté que celle de la réduction des dépenses publiques, partant de la diminution des impôts qui élèvent les prix de toutes choses et augmentent les difficultés de la vie de la multitude. En ce moment plus que jamais, l'accroissement des dépenses de l'État est, au contraire, partout à l'ordre du jour et met dans tous les pays civilisés les budgets en déficit. En France, elles ont quadruplé en moins d'un siècle, le budget vient d'atteindre le chiffre colossal de 4 milliards, et dans les autres pays la progression des dépenses de l'État est de même en voie de dépasser les ressources de la nation.

En France, dit M. Caillaux ministre des Finances (1), l'augmentation des dépenses pendant cette période (1897 à 1907) a été de 430 millions, ce qui est sans doute un joli denier, mais représente seulement un accroissement de 52 0/0.

En Allemagne, l'augmentation est de 1,060 millions pendant la même période, soit 48 0/0. En Angleterre, l'augmentation des dépenses est de 47 0/0 et elle se traduit par 50 millions de livres, soit 1,250 millions ajoutés au budget. En Italie, elle s'élève à 23 0/0 et elle ajoute 410 millions au budget.

Les causes de ce phénomène sont faciles à trouver. D'abord, comme dans toutes les autres entreprises, la maison souveraine ou la classe dominante ou nation propriétaire de l'État aspire à augmenter sa puissance, l'étendue de son domaine et le chiffre de ses profits

(1) Séance du Sénat, du 15 décembre.

moraux ou matériels. Ensuite, par la nature même de ses revenus, l'Etat peut satisfaire les mobiles les plus répandus sinon les plus élevés de l'immense majorité de l'espèce humaine, et voilà pourquoi les fonctions publiques sont toujours plus demandées qu'offertes. Nous avons peur qu'il n'en soit encore ainsi à l'avenir, et que les Français ne demeurent sourds à l'éloquente allocution que leur a adressée le rapporteur du budget, M. Poincaré.

Tâchons, a-t-il dit, de ne pas trop encourager autour de nous la mendicité électorale et tâchons de guérir peu à peu le pays de cette paresse morne, de cette atonie de la volonté, et de cet affaissement du caractère qui détermine un si grand nombre de Français à vivre, que dis-je, à vivre, à végéter sous la protection de l'Etat, c'est-à-dire au dépens de ceux qui travaillent, qui agissent et qui pensent.

Rétribués au moyen de l'impôt, que le contribuable, comme son devancier le serf, est obligé de fournir sous peine de poursuite et d'amende, quelles que soient l'utilité et la qualité des services que lui rend l'Etat, les fonctionnaires possèdent, avec un prestige flatteur, une sécurité qui fait généralement défaut aux employés des industries privées. Car celles-ci ont affaire à une clientèle libre que toute hausse de prix diminue et que la concurrence peut ruiner du jour au lendemain. En outre, les fonctionnaires de l'Etat se procureront des moyens d'existence au prix d'un travail généralement moins prolongé, moins dur (et parfois voisin d'une sinécure), que celui qu'exige des entrepreneurs placés sous la pression de la concurrence. On peut donc craindre que l'action des volontés et l'affaissement des caractères ne continuent à recruter le fonctionnarisme.

L'avènement du régime constitutionnel n'a pas eu le mérite de fermer cette plaie des finances publiques. Sous ce régime, les ministres dépendent des députés et les députés dépendent des électeurs. Or, à mesure que le droit électoral s'étend, il devient nécessaire de multiplier les fonctions publiques pour satisfaire les électeurs devenus plus nombreux. Et lorsque le suffrage féminin s'ajoutera au suffrage masculin, on verra selon toute apparence, doubler le nombre des fonctionnaires. Les travaux propres à la femme seront, à leur tour, fonctionnarisés. Ce sera un pas décisif vers l'étatisme.

Le protectionnisme a des effets complémentaires de ceux de l'étatisme ; aux impôts de l'Etat, il ajoute un supplément de taxes perçues au profit des industriels dont il augmente les profits, et des propriétaires fonciers dont il grossit les rentes, mais qui ont l'avantage de n'être point visibles. Le mot protection, si heureusement choisi, en résume les effets bienfaisants. N'est-il pas évident pour la généralité des intelligences que les produits importés de l'étranger diminuent le débouché de l'industrie nationale, et que la quantité du travail qu'ils représentent vaudrait aux ouvriers nationaux plus de salaires, partant plus de bien-être, et à la nation un accroissement de richesse ? Ne faut-il pas pour réfuter cet argument favori des protectionnistes, une connaissance de l'économie de l'industrie humaine plus complète et plus sûre que celle des effets visibles de la protection ? N'est-il pas clair, quoi qu'en disent les astronomes, que le soleil tourne autour de la terre et non la terre autour du soleil ?

L'étatisme et le protectionnisme ont engendré des systèmes encore plus parfaits qu'eux-mêmes, qui débarrasseront les sociétés de tous les maux qui les accablent sous le régime capitaliste et conduiront les hommes à un honheur universel, infaillible et même obligatoire. Ces systèmes auxquels le spirituel auteur de *Jérôme Paturot à la recherche de la meilleure des républiques*, M. Louis Reybaud, ancien collaborateur de notre journal, ont acquis une énorme clientèle et tous les jours grandissante. Par nouveau perfectionnement, ils sont en train aujourd'hui de modifier leurs procédés. Aux moyens révolutionnaires, dangereux et aléatoires, les socialistes les plus intelligents et les plus pratiques, ont substitué les moyens parlementaires, depuis que le suffrage universel leur a ouvert les parlements où ils sont à l'abri des coups et libéralement appointés, d'autant plus qu'en qualité de mandataires du peuple, ils jouissent du privilège d'augmenter eux-mêmes leurs appointements. Toutefois, des progrès d'une autre sorte ont contribué à déterminer ce changement. Les chemins de fer et la télégraphie électrique, en permettant au gouvernement de mobiliser et de concentrer leurs forces, ont singulièrement diminué l'efficacité des moyens révolutionnaires et les ont réduits à l'état de vieilles machines. Le gouvernement russe ne vient-il pas d'avoir raison de la révolution dans ses deux capitales comme sur les points les plus éloignés de son immense empire? Et sa victoire a rempli ses prisons et peuplé la Sibérie de l'élite de l'armée des vaincus. Dans les onze premiers mois de cette année, n'a-t-il pas achevé d'en détruire les restes par 1.691 arrêts de morts et 663 exécutions? En France, la Confédération générale du travail, la C. G. T., seule a conservé une pleine confiance dans les moyens révolutiounaires, en les modernisant par l'hervéisme.

Les moyens parlementaires moins bruyants, sont peut-être plus dangereux, sans être moins décevants pour la cause qu'il s'agit de socialiser. Les lois dites ouvrières en augmentant les charges et les gênes de l'industrie améliorent-elles le sort des populations qui en vivent? L'impôt progressif et la confiscation des successions, en atteignant le capital, ne se répercuteront-ils

Molinari   7

pas sur le travail ? Les grands chefs du socialisme eux-
mêmes ne sont pas complètement rassurés sur l'avenir
qu'ils préparent. Ne font-ils pas souvenir du propos
cynique attribué à Louis XV : *Après moi le déluge !*

III

L'année qui vient de finir n'a point vu se dissiper les
difficultés financières et autres dans lesquelles se débattent les gouvernements et encore moins s'alléger le
poids des charges que supportent les contribuables et
les consommateurs. En Allemagne, le gouvernement
impérial a demandé un supplément d'impôts de
625 millions qui pèseront principalement sur la boisson
des gens dont la nourriture est déjà lourdement taxée.
En échange, il a doté la nation d'un armement maritime qu'il a jugé indispensable à sa sécurité et à la conservation de la paix. Mais voici que l'augmentation de
la sécurité de l'Allemagne a diminué celle de l'Angleterre. Dans l'opinion d'un illustre homme de guerre,
Lord Roberts, il ne va pas falloir moins d'une armée de
600.000 hommes recrutés par conscription, et d'une
dépense supplémentaire de 20 millions sterlings pour
préserver l'Angleterre d'une invasion allemande. A
l'exemple de l'Allemagne, et toujours pour mieux
assurer la conservation de la paix du monde les Etats-

Unis, la France, l'Italie s'efforceront de mettre leur armement maritime au niveau de son armement terrestre. Les protectionnistes ont continué en Suède, en Suisse, en France, à élever et à compléter leurs tarifs des douanes. En Italie, l'Etat confiant dans sa supériorité industrielle a enlevé les chemins de fer à l'industrie privée ; en France, il a repris, en attendant mieux, les chemins de fer de l'Ouest ; en Angleterre, le Parlement a adopté les lois sur les retraites ouvrières, sur la journée de huit heures dans les mines : en Belgique, le Parlement a accepté le cadeau onéreux de l'Etat du Congo, etc., etc. ; mais voici un fait inquiétant et qui pourrait bien n'être pas sans rapport avec l'augmentation générale des dépenses publiques et privées, c'est le ralentissement à peu près général du mouvement de la population. En France, la mortalité a même dépassé la natalité. Une commission a été nommée pour aviser aux moyens de combler cet inquiétant déficit des contribuables. Une prime d'encouragement aux familles nombreuses a été proposée, mais si cette mesure empruntée au protectionnisme a servi à multiplier les vers-à-soie, elle n'a pas eu à Rome, et récemment en France, même sous Louis XIV, la même efficacité.

Quoique le libéralisme soit privé de l'appui secourable des gouvernements, il n'a pas cessé de lutter vaillamment contre le protectionnisme et le socialisme. Le Congrès des *free trade*, réuni à Londres au mois d'août, a trouvé de nombreux et zélés adhérents, venus d'Italie, de France, de Belgique, des Etats-Unis et même d'Australie.

Mais nous avons fait aussi des pertes sensibles. Parmi les collaborateurs et les amis que l'année 1908 nous a enlevés, nous citerons ce noble caractère et cet esprit vigoureux et original : l'amiral Réveillère.

VII

GUERRE DE TARIFS

GUERRE DE TARIFS

La protection est ancienne ; elle provenait d'abord de l'absence de communications et de l'hostilité des différentes fractions de l'espèce humaine. Elle provint ensuite des diverses barrières et des fortifications dans lesquelles s'enveloppait chaque tribu ou nation. Dans les intervalles de paix, l'invasion des produits étrangers occasionnait des perturbations qui troublaient temporairement la production et mettait en péril les multiples branches dont l'existence était nécessaire à la consommation régulière. C'est ainsi qu'au xvi° siècle, comme le rapporte Ouin-Lacroix, malgré l'opposition des consommateurs séduits par le bon marché temporaire des produits anglais, dans le court intervalle entre deux guerres de la France et de l'Angleterre, les ouvriers des ateliers de draps s'insurgèrent contre l'entrée des tissus anglais. Des faits du même genre se produisirent, à mesure que les communications devinrent plus faciles,

aussi longtemps que le progrès diminua efficacement,
et d'une manière définitive les frais de la production.
Dans l'industrie cotonnière, par exemple, les frais et les
prix diminuant des deux tiers, il en résulta l'apparition
d'une nouvelle couche de consommateurs auparavant
réduite à des étoffes rudes et incommodes léguées de
père en fils. Les nouvelles étoffes fabriquées à la mécaniques étaient protégées contre les étoffes de l'Inde, produites à bon marché, et contre celles que fournissait
l'Angleterre, grâce aux inventions de Watt et d'Ark-
wright. La sortie d'Angleterre des machines était pro-
hibée, sous des peines sévères. On ne pouvait s'en procurer que par contrebande : je l'ai constaté moi-même à
l'époque où leur sortie était encore interdite, quoique
la multiplication des machines eût fait baisser le bénéfice de la fraude.

Mais il n'était pas question, en cette période, de protéger les ouvriers ; on s'efforçait seulement de ravir à
l'Angleterre ses industries plus en avance que celles du
Continent. Autant la sortie des machines était dure-
ment réprimée, autant celle des ouvriers était libre,
même désirée par les gouvernements étrangers qui
accueillaient avec faveur les industriels et les ouvriers
anglais lorsqu'ils apportaient des procédés plus économiques de travail. D'une enquête commencée en 1828,
à propos de la répercussion du tarif de 1822 sur l'industrie du fer en France, il ressortait, outre l'aggrava-

tion de frais de 50 millions sur une production qui pouvait alors y être obtenue à aussi bon marché qu'en Angleterre (1) la constatation de ce fait extrèmement curieux : « que le nouveau capital engagé depuis 1822 dans la production du fer, avait servi principalement à salarier des ouvriers anglais. Cela s'explique aisément. La loi de 1822 accordant une prime considérable à la production du fer à la houille, la plupart des usines qui s'étaient établies depuis cette époque avaient adopté les procédés anglais ; elles fabriquaient au coke ou à la houille, ou bien encore avec un mélange de combustible végétal et de combustible minéral. Mais pour pratiquer ces procédés à peu près inconnus en France, il fallait des travailleurs exercés. Les maîtres de forges en firent venir à grands frais d'Angleterre. Nous voyons dans l'enquête (2) que les salaires des ouvriers anglais atta-

(1) Histoire du tarif : *les Fers, les Houilles, les Céréales,* par G. de Molinari. Guillaumin et Cie, éditeurs, Paris, 1847.

(2) Témoignage de M. Boignes, propriétaire des mines de Fourchambault :

D. — Entretenez-vous des ouvriers anglais ? et dans quelle proportion ?

R. — Nous entretenons aujourd'hui vingt ouvriers anglais, savoir : dix pudleurs, dix lamineurs ou machinistes. Nous en avons eu proportionnellement un plus grand nombre ; ce nombre décroîtra encore, à mesure que les ouvriers français deviendront plus habiles.

D. — Quelle est la différence des salaires pour les uns et les autres ?

7*

chés à nos forges étaient de moitié plus élevés que ceux des ouvriers français. Ainsi, chose digne de remarque, la protection accordée à l'industrie du fer eut pour résultat de procurer de larges bénéfices aux travailleurs anglais

R. — Nous donnons : aux pudleurs anglais, 13 francs par 1.000 kilogrammes ; aux pudleurs français, 9 francs ; aux lamineurs anglais, 7 francs ; aux lamineurs français, 5 francs.

D. — La différence dans les résultats du travail compense-t-elle la différence du prix ?

R. — Oui ; les ouvriers français, ayant moins d'habitude et de dextérité, nous font perdre, en consommation plus grande de combustible, et en plus grand déchet de fonte, au delà de ce que nous leur donnons de moins.

D. — Croyez-vous les ouvriers français propres à obtenir les mêmes qualités ?

R. — Les ouvriers venus d'Angleterre, ayant été élevés dès l'enfance dans les forges, ont acquis, en se jouant, une habitude qui leur profite. Quand les enfants d'ouvriers français auront la force de supporter le travail, ils seront aussi bons ouvriers que les Anglais ; mais ceux que nous avons appliqués à ces opérations avaient de 22 à 25 ans quand nous les avons pris.

(Enquête, page 65.)

Témoignage de M. Wilson, administrateur des mines du Creusot.

D. — Quel nombre et quelle espèce d'ouvriers entretenez-vous pour la fabrication du fer ? quelle était la proportion des ouvriers anglais et des ouvriers français ?

R. — 126 ouvriers, savoir : 28 pudleurs, 6 chauffeurs, 12 lamineurs et 80 servants. La première année de l'établissement, à l'exception des simples manœuvres, tous ces ouvriers étaient Anglais. La seconde année, nous avons commencé à employer des pudleurs français qui se sont assez bien formés. Dès 1827,

que nos fabricants se disputaient, et, en même temps, d'accroître la misère de nos ouvriers, à qui les bras étrangers venaient faire concurrence. Et cependant, on avait voulu (on l'affirmait du moins) protéger le *travail national*. On avait, en vérité, bien réussi. Remarquons encore que les travailleurs, ainsi embauchés en Angleterre, ne fixaient point leur demeure dans le pays. Par ce fait même que leurs salaires étaient élevés, ils pouvaient réaliser, en quelques années, des économies considérables et aller vivre, dans l'aisance, parmi leurs

nous employions moitié d'ouvriers français pour le pudlage, mais nous n'avons jamais employé à Charenton des ouvriers français pour le laminage. Les pudleurs anglais gagnaient 14 francs par 1.000 kilogrammes, et les pudleurs français 10 francs. Le pudleur anglais peut faire 800 kilogrammes dans sa journée de 12 heures, le pudleur français en fait 700. Ainsi le pudleur anglais gagnait 11 fr. 20 par jour, et le pudleur français 7 francs. Le lamineur anglais était payé à raison de 10 francs par 1.000 kilogrammes de fer ; il en produisait 80.000 kilogrammes par semaine. Il recevait ainsi 800 francs par semaine, sur quoi il avait à payer tous les frais de servants et d'aides ; j'estime qu'il lui restait pour son salaire environ 100 francs par semaine.

D. — Est-ce que le salaire des ouvriers français s'est élevé au taux des ouvriers anglais, ou le salaire des ouvriers anglais est-il descendu au taux des ouvriers français ?

R. — Il y a eu au contraire diminution sur le salaire des ouvriers français eux-mêmes ; et les uns et les autres ne gagnent plus que 8 francs pour le pudlage de 1.000 kilogrammes de fer.

compatriotes. On sait, au reste, que telle est la coutume des ouvriers anglais que le système protecteur attire journellement sur le Continent, tantôt pour fabriquer le fer ou les machines, tantôt pour fabriquer le coton et le lin. Ils retournent chez eux, en emportant leur bonne part des profits extraordinaires de ces industries, que nous nous faisons gloire d'avoir *ravies à l'Angleterre*. Sans doute, on n'aurait pas à se plaindre du concours de ces aventuriers du travail, s'ils venaient féconder des industries qui ne coûtassent rien au pays ; mais, nous le demandons, n'est-il pas absurde de créer des privilèges, des monopoles nationaux, dont les étrangers profitent? Pour que les lois dites protectrices du travail national cessassent d'être un non-sens, ne faudrait-il pas qu'elles protégeassent le travailleur aussi bien que le produit, le capital? Y avait-il justice, par exemple, à protéger les capitaux et l'industrie de nos maîtres de forges contre les capitaux et l'industrie de leurs concurrents d'Angleterre, sans protéger en même temps le travail de nos ouvriers contre le travail des ouvriers anglais? Nous ne serions pas fâché de savoir quelle est, sur ce point, l'opinion des partisans de la protection (1)? »

(1) Les ouvriers américains ont parfaitement compris que l'on produit l'élévation des salaires non point en raréfiant les produits, mais en raréfiant les bras. Aussi le parti des *natifs* a-t-il demandé qu'un droit de 10 dollars (55 fr. 50) par tête, fût prélevé, à l'entrée, sur chaque émigrant européen.

Les salaires des classes ouvrières étaient alors laissés libres à la concurrence tandis que les profits des industriels étaient protégés contre les produits étrangers. La bourgeoisie exerçait à ce moment une domination exclusive (1). Depuis, la situation a changé. La classe

(1) Voici ce que nous écrivions en 1847, cela ne semblerait-il pas d'hier ? « Depuis l'avènement de la liberté du travail, toutes les industries ont successivement transformé, amélioré leurs procédés de production ; naguère emprisonné dans l'étroite alvéole du système restrictif, l'esprit humain a pris soudainement un rapide et large essor ; il a cherché et trouvé des méthodes plus sûres, des moyens plus parfaits que ceux dont il s'était jusqu'alors contenté pour exploiter le magnifique domaine ouvert à son activité..... Mais ces progrès bienfaisants, ces progrès qui améliorent la vie de l'homme ne s'accomplissent point sans modifier profondément les conditions d'existence de l'industrie. Nous voyons, depuis cinquante années, disparaître successivement les petites exploitations sous la concurrence des grandes, nous voyons l'atelier se fermer lorsque la manufacture vient à s'ouvrir, la boutique faire place au magasin et la diligence céder le pas à la locomotive. Quelques esprits s'effraient de ces perturbations continuelles, ils s'apitoyent sur le sort des ouvriers à qui les changements de l'industrie enlèvent leur pain quotidien, et ils demandent des lois destinées à assurer la vie des hommes que le progrès menace. D'autres, observant le développement colossal des associations qui exploitent aujourd'hui économiquement la plupart de nos grandes industries, se sont mis à trembler devant cette puissance nouvelle née d'un globule de vapeur ; ils l'ont vue envahissant les premières places de la société moderne, monopolisant la fortune publique, et ils ont réclamé des garanties, des lois contre la *féodalité industrielle.*

Avons-nous besoin de dire que ces terreurs sont chimé-

ouvrière armée du suffrage universel qui, grâce au nombre, lui donne une influence prépondérante, continue bien à contribuer à la protection des produits,

riqués? Avons-nous-besoin de dire que le progrès n'est point nuisible à l'ouvrier et qu'il n'enfante aucune sorte de féodalité? Sans doute, le progrès déplace une foule d'existences, il oblige incessamment les travailleurs à passer d'un petit atelier dans un atelier plus vaste, mais ce changement n'est-il pas favorable à l'ouvrier déplacé au lieu de lui être funeste? Si le progrès a pour inévitable et constant résultat d'augmenter la somme des produits obtenus à l'aide d'une même quantité de travail, la masse des producteurs n'obtient-elle pas, à chaque progrès nouveau, plus de choses utiles, sans avoir besoin de dépenser plus d'efforts, sans être obligée de travailler davantage? Chaque progrès n'augmente-t-il pas le revenu effectif de tous les travailleurs, y compris ceux qu'il déplace, et peut-on se plaindre d'un déplacement qui amène une augmentation de revenus, et, par conséquent, de bien-être? A vrai dire, la transition est brusque, et l'ouvrier ignore le plus souvent où a jailli plus abondante la source de travail qui vient de tarir sous sa main; mais n'est-ce pas à lui à s'enquérir, à se tenir au courant des fluctuations du marché du travail? Si ce marché n'est pas éclairé, si l'ouvrier ne sait point où le travail est demandé et où il est offert, à qui la faute? Les industriels, les négociants, les banquiers, n'ignorent point, certes, le cours des denrées ou le cours de la Bourse.

S'il est absurde de rendre le progrès responsable des chômages de la classe ouvrière, il ne l'est pas moins de lui imputer la formation d'une féodalité nouvelle. Le progrès exige sans doute des agglomérations considérables de forces, de capitaux, il oblige les hommes à constituer de vastes associations pour accomplir économiquement les rudes labeurs de la production, mais peut-on dire que ces associations aient, e

mais elle a commencé à vouloir aussi protéger les salaires. En France, il y a déjà un certain nombre d'années, les travailleurs étrangers ont été taxés sous forme

elles-mêmes, un caractère féodal? Le signe essentiel de la féodalité c'est l'*exclusion*; or, les associations industrielles n'ex-
cluent personne; elles donnent accès dans leurs rangs à tout
homme qui possède des économies et qui veut les faire fruc-
tifier; elles acceptent le petit capital, fruit du patient labeur
du pauvre, comme le gros capital, superflu du riche. Elles
constituent ainsi, non point une aristocratie, une féodalité,
mais une véritable *démocratie industrielle*.

A une condition toutefois, à la condition qu'on ne leur accordera aucun privilège exceptionnel, à la condition qu'on les
obligera à subir la commune loi de la liberté. Toute dérogation à cette loi protectrice des masses, tout privilège, soit intérieur, soit extérieur, accordé à une industrie, engendre
aussitôt une inégalité, il élève une classe d'hommes en abaissant toutes les autres, et son action est d'autant plus dangé-
reuse, d'autant plus funeste qu'il soulève au-dessus de la masse
abaissée, des intérêts plus agglomérés, plus unis. Expliquons
notre pensée. Si un droit protecteur est alloué à une industrie
morcelée, individualisée, il en résultera assurément un grand
dommage pour la nation; chacun payera trop cher de la différence des prix à l'intérieur et à l'étranger les produits de cette
industrie, mais on ne verra point la classe des producteurs
protégés réaliser, d'une manière permanente, des bénéfices
exceptionnels. La concurrence intérieure, la concurrence individualisée, empêchera les profits de l'industrie protégée de se
maintenir longtemps au-dessus du taux ordinaire des profits
industriels. Il y aura perte d'un côté, il n'y aura pas surcroît
de gain d'un autre. Si, au contraire, l'industrie à laquelle la
protection est accordée, se trouve exploitée sur une vaste
échelle, par de puissantes associations, alors la situation sera

de déclaration du séjour. Car, quoique M. Léon Bourgeois ait ajouté au vocabulaire, le mot solidarisme, il n'a guère cours pour les ouvriers étrangers, et moins

changée, alors le privilège engendrera inévitablement un *monopole*. Les associations privilégiées pourront aisément s'entendre pour *régler* les prix de leurs denrées, et nécessairement elles les fixeront à un niveau plus élevé que celui de la libre concurrence ; elles gagneront tout ou partie de la différence, et le taux de leurs actions montera au-dessus du niveau général des actions industrielles, tandis que les consommateurs seront doublement spoliés, par la protection d'abord et sans profit pour personne, par le monopole ensuite et avec profit pour les monopoleurs.

Ainsi pourra se constituer, ou pour mieux dire, ainsi s'est constituée déjà, partiellement du moins, une sorte de féodalité industrielle, féodalité exclusive en ce sens qu'en absorbant la meilleure part des fruits du travail des masses elle les empêche de monter jusqu'à elle, mais féodalité bien fragile, car il suffira d'ouvrir les portes à la concurrence libre, il suffira de détruire les dernières entraves apportées à la liberté du travail au dedans, à la liberté des échanges au dehors pour la priver de son monopole, et par conséquent du tribut abusif qu'elle prélève sur la nation. Alors les grandes associations de capitaux pleinement soumises à la loi régulatrice de la concurrence cesseront d'être redoutables, elles ne seront plus que d'admirables et bienfaisants véhicules de production. Ce ne sont pas des lois, c'est de la liberté qu'il faut contre la féodalité industrielle.

Voilà ce que tout le monde devrait comprendre aujourd'hui, grâce aux lumières que la science économique a déversées sur la vaste arène du travail, et voilà, néanmoins, ce que bien peu d'esprits consentent à accepter. On est prévenu contre le *laisser faire*, et la première chose à quoi l'on songe quand

encore, du reste, pour les non-syndiqués, renards ou sarrasins.

Mais aujourd'hui nous ne nous occuperons que de ce qui a été récemment fait à la Chambre par le vote de la loi frappant d'un impôt les industriels occupant des ouvriers étrangers, loi contre laquelle s'élèvent de nombreuses plaintes. Voici, entre autres, l'Association libre des compositeurs et typographes de Bruxelles qui « proteste énergiquement contre le projet de taxation ouvrière dont seraient victimes nos camarades travailleurs contraints d'aller gagner leur vie hors frontière, et qui tend, en quelque sorte, à ranger ces prolétaires dans la catégorie des bêtes de somme qui, elles aussi, sont *imposées par tête* ». L'adoption par le Sénat de cette mesure irait à l'encontre des intérêts du pays aux charges duquel contribuent largement les industriels du Nord. Dans une *Lettre du Nord* publiée par l'*Indépendance belge*, nous lisons ceci : « Lille occupe cinquante mille Belges. Roubaix et Tourcoing emploient la main-

surgit un monopole, c'est à appeler non point une liberté nouvelle, mais une restriction de plus. Les uns veulent *réglementer* le monopole, d'autres, se croyant plus progressifs, veulent l'*organiser*, comme si le monopole n'avait pas été mis au monde par les réglementateurs et perfectionné par les organisateurs ! On arrive ainsi, — et maintes fois l'expérience en a été faite, — non point à détruire le monopole, l'abus, mais à le fortifier par d'autres monopoles, par d'autres abus,

d'œuvre belge dans des proportions égales. Depuis Dun-
kerque, d'ailleurs, jusqu'aux environs de Paris, tout le
nord agricole emploie, aux périodes de grands travaux,
les ouvriers belges, plus communément appelés « Flamands » en raison de leur langage. L'impôt proposé, et
qui sera proportionnel au nombre d'ouvriers étrangers
employés par le contribuable, sera certainement de nature à réduire dans une mesure regrettable l'importation en France de la main-d'œuvre belge. Toutefois, il
convient de remarquer qu'il sera bien difficile à ceux
qui y avaient recours de ne point continuer à le faire.
L'ouvrier agricole français, dans le nord, est plus exi-
geant que le belge, tant au point de vue salaire qu'au
point de vue nourriture. De plus, le rendement en travail du belge est incontestablement supérieur. Il est
docile et ne redoute ni les vents froids de la saison des
betteraves, ni les soleils de plomb de l'époque des mois-
sons. Enfin la population agricole locale est absolument
insuffisante à effectuer, même avec des machines, le labeur qu'impose notre culture intensive. Longtemps,
donc, on verra encore les « Flamands » loués pour la
moisson, venir en France le pic sur l'épaule, un sac de
toile bleue invariablement noué au manche de l'outil.
Le paysan septentrional, qui les craint un peu pour la
violence batailleuse dont ils font parfois montre, après
boire, estime trop néanmoins leurs qualités de probité
et d'énergie pour reculer devant une taxe, d'ailleurs

inévitable (1). Quant à la main-d'œuvre plus spéciale-
ment industrielle, il paraît difficile d'affirmer que le
nouvel impôt est destiné à battre en brèche l'introduc-

(1) On sait que déjà en 1904 on présenta une proposition
législative tendant à limiter la proportion d'ouvriers étrangers
employés dans les exploitations agricoles et à frapper les patrons d'une taxe spéciale pour chaque ouvrier étranger pris à
leur service. De tous les problèmes agricoles celui de la main-
d'œuvre est l'un des plus difficiles à résoudre ; la désertion des
campagnes, alors que la culture devient chaque jour plus
intensive, les grèves de journaliers le compliquent encore. Les
travaux des champs comportent des périodes de fiévreuse activité et des saisons mortes. Un agriculteur ne saurait conserver
à l'année tout le personnel nécessaire pour la moisson, les
fourrages, l'arrachage des betteraves, etc. Il y a donc nécessité
absolue, dans les pays à culture intensive, de s'assurer un
personnel sédentaire et fixe pour les travaux courants ou la
tenue de la forme et un personnel hors cadre venant du dehors
en nombre et à date déterminés pour les grands travaux. C'est
pourquoi depuis la fin d'avril jusqu'en novembre, les grandes
fermes de Seine-et-Marne, Seine-et-Oise, Aisne, Oise, Pas-de-
Calais, Nord, Eure, etc., ne trouvant pas sur place les travailleurs requis, emploient de nombreuses équipes d'ouvriers
belges, bretons et quelquefois suisses. Les Bretons rayonnaient
presque exclusivement, en 1906, dans les départements desservis par le réseau de l'Ouest et cela grâce à la gratuité du
retour ; ils passaient pour enclins à changer de fermes. Les
Belges se montrent beaucoup plus stables, revenant presque
chaque année à la même exploitation. Ils proviennent du Hai-
naut, des pays wallons et de la Flandre occidentale. L'âge des
travailleurs varie entre 18 et 30 ans. Les engagements se font,
sans aucun intermédiaire, par correspondance entre l'ouvrier
et le fermier. L'ouvrier écrit en janvier ou février au fermier

tion en France d'ouvriers belges. Le jour, en effet, ou
Lille, Roubaix, et Tourcoing voudraient renoncer à
ceux-ci, ces trois villes devraient instantanément fermer

chez lequel il a déjà travaillé ou à celui auquel il veut offrir
ses services en indiquant le nombre de camarades, parents ou
amis avec lesquels il s'engagera pour la campagne et la date à
laquelle il sera libre de s'engager ; l'accord se conclut sans
autre formalité. Fréquemment, les Belges se constituent en
équipes pour effectuer à forfait et en un temps donné des travaux à la tâche. Si, craignant un retard, l'agriculteur adjoi-
gnait à ce groupe un ou plusieurs ouvriers, les Belges constituant l'équipe l'obligeraient à s'en séparer ou à prendre pour
l'avenir l'engagement de ne plus recourir à ces autres travailleurs.

En général la main-d'œuvre bretonne revient à un prix légèrement inférieur à celui de la main d'œuvre belge. En
moyenne, on paie à la tâche, pour les travaux de la betterave,
consistant en deux binages, l'arrachage et le chargement,
100 francs de l'hectare. Un homme est nécessaire pour le
binage de deux hectares de betteraves. Pour la moisson, les
prix à la tâche payés aux Belges ou aux Bretons sont variables,
la difficulté du travail étant en rapport avec la bonne ou la
mauvaise tenue de la récolte. Les prix, à la tâche, peuvent
varier pour ce motif entre 35 francs de l'hectare pour les blés
qui se tiennent bien et 75 ou même 80 francs de l'hectare pour
les blés roulés. Le rentrage se paie en outre 10 francs l'hectare. Le prix à la journée est de 3 francs alors que le travail à
la tâche rapporte au moins 4 francs.

Le fermier fournit le logement : une pièce unique servant de
dortoir et de réfectoire commun et n'ayant pour tout mobilier
qu'un lit de camp avec paillasses et couvertures. En nombre
de fermes on a déjà fait des améliorations sérieuses sous ce
rapport. Belges et Bretons ne dépensent pour leur nourriture

plus de la moitié de leurs usines. Il n'est pas jusqu'aux tramways qui devraient cesser en partie de circuler, une bonne part de leur personnel étant recruté parmi les « Flamands », jugés plus dociles et plus souples que les autochtones. En réalité, le nouvel impôt sur la main-d'œuvre étrangère est une nouvelle manière de faire peser des charges fiscales en plus grand nombre sur le Nord que sur le Midi. Ses effets désastreux se feront

et leur entretien que le strict nécessaire afin de rapporter chez eux la plus grosse part de leurs gains ; il n'est pas rare qu'ils en épargnent plus des trois quarts mais à ce régime ils se débilitent facilement. Dans presque toutes les fermes, le fermier fournit gratuitement, deux fois par jour, le bouillon ou la soupe, le cidre dans les pays à cidre. Les ouvriers achètent le pain et autres denrées, le fermier se portant garant vis-à-vis du boulanger de cette fourniture. Souvent aussi le vin est fourni, à la ferme, au prix coûtant.

Depuis quelques années beaucoup de Belges viennent aux environs de Paris avec leurs femmes qui sont employées à la cueillette de la fraise ou à d'autres travaux moyennant 2 francs par jour. Cette immigration ouvrière sert à combler les vides produits par l'exode de la population rurale vers la grande ville, en se fixant à la campagne et en y faisant souche elle fournit aux fermes voisines la main-d'œuvre permanente. Elle forme actuellement en maints villages la majorité de la population. — Remarquons en terminant que Bretons et Belges s'entendent généralement assez mal lorsqu'ils sont ensemble et qu'il suffit que les uns veuillent une chose pour que les autres en décident différemment.

(Renseignements extraits d'un article de M. Marcel Vacher dans *La Vie à la Campagne* du 1er octobre 1906).

sentir dans le coffre-fort de l'industriel septentrional, mais ils s'arrêteront là et ne franchiront la frontière que très insensiblement ». — Si nous en croyons une information de Mons, plusieurs industriels du nord de la France, des Belges pour la plupart, ont l'intention d'établir leurs usines le long de la frontière de Belgique, si le vote de la Chambre française relatif à la taxe sur les ouvriers étrangers est ratifié par le Sénat.

En voulant réserver aux ouvriers indigènes le travail national, la France suscitera le mécontentement des autres nations, quoique les travailleurs trouvent maintenant, par l'augmentation de la facilité des communications, des marchés du travail qui leur étaient inaccessibles. C'est ainsi que les ouvriers italiens ont trouvé un ample débouché dans la République Argentine. Ils s'y rendent en masse — leur nombre est actuellement de plus de sept mille — pour y faire la moisson, car ils ont, pour y aller, des navires de retour qui, ayant apporté des grains et d'autres denrées en Europe, préfèrent, au lieu de retourner à vide, transporter à bas prix des émigrants temporaires. Leurs pays y gagne un surcroît de bons salaires qu'ils n'auraient point obtenus en subissant la concurrence de leurs compatriotes ainsi que le quasi monopole de leurs propriétaires. Ceux-ci y perdent la différence, mais ils sont incités à employer des machines qui économisent du salaire. A la vérité, les ouvriers flamands ont la plus grande peine à se créer de nouveaux débouchés parce qu'ils sont retenus par des habitudes séculaires. Mais, à l'exemple des ouvriers italiens, la différence des salaires finira par les attirer dans les pays neufs. Déjà le Brésil fait en Belgique des réclames destinées à provoquer l'émigration et à faire concurrence au Canada et à la République Argentine. Les uns et les autres préfèrent attirer le bon et solide travailleur belge, plutôt que les Bulgares, les Syriens et les Grecs.

Les gouvernements civilisés ont commencé à protéger les ouvriers. Ils ont même prohibé les ouvriers de couleur. Le gouvernement américain vient d'interdire aux travailleurs japonais l'entrée des États-Unis. En Australie, on défend la venue des ouvriers hindous qui, cependant, sont aussi sujets de l'Angleterre, à plus forte raison y défend-on celle des Jaunes, bien que les Australiens n'aient pas à être trop fiers de leur ascendance.

Les gouvernements n'ont pas cessé non plus de protéger les profits des industriels ; ils taxent aujourd'hui plus que jamais les produits étrangers. En France, on vient d'élever le tarif sous prétexte de le mettre à l'unisson de celui des autres pays protectionnistes, ce qui n'a pas manqué de soulever les réclamations des producteurs étrangers. Les protectionnistes paraissent avoir moins de patriotisme que de souci de leurs intérêts ; ils sollicitent des accroissements de droits, au risque même de mécontenter non seulement des nations amies, telles que la Belgique et l'Angleterre, mais encore des populations qu'on avait toujours tenu jusqu'à présent à ménager. « L'émotion provoquée en Allemagne par le relèvement des droits sur certains articles, lisons-nous dans le *Journal des Débats*, s'est doublée, en pays annexés, d'un étonnement douloureux de voir les législateurs français négliger aussi facilement les intérêts de deux provinces autrefois françaises. Cette attitude est absolument contraire aux traditions observées en France depuis près de quarante ans. On ne peut l'expliquer que par l'ignorance complète des questions économiques internationales dont fait profession la majorité radicale. Les produits alsaciens, que le nouveau tarif douanier frapperait particulièrement, sont les jambons désossés, augmentés de 25 à 40 francs (n° 17 *ter* du projet) ; le gibier (lièvres et chevreuils), de 20 à 25 francs (n° 18 *bis*) ; le houblon, de 30 à 35 francs (n° 160) ; la gélatine en feuilles, exempte jusqu'ici et frappée d'un droit de 10 francs (n° 326) ; les outils, etc. Mais les droits dont on a chargé certain article tendraient à faire croire qu'on cherche à léser à dessein les intérêts alsaciens. Le fromage connu sous le nom de « fromage de Munster » est le produit exclusif des hautes vallées des Vosges. Le nouveau tarif, avec sa spécialisation à l'infini, ne frappe que très légèrement les fromages d'Angle-

terre, de Hollande et de Suisse. L'élévation des droits
est uniquement dirigée contre les fromages « allemands ». Or, l'Allemagne n'exporte pas de fromage
en France, et c'est uniquement le « Munster » alsa-
cien que le tarif voté par la Chambre entend toucher.

Les Belges sont parmi ceux qu'atteint le plus fortement l'exhaussement du tarif, puisqu'ils sont frappés
jusqu'à concurrence d'environ 800 millions de francs.
C'est pourquoi les protectionnistes belges ont immédiatement songé à riposter à cette élévation de droits par
une guerre de tarifs. La guerre de tarifs n'est qu'une
forme de la guerre et ceux qui l'ont déclarée y perdent
toujours quelque chose. Quoiqu'ils espèrent bien que
leur adversaire y perdra davantage, elle se termine souvent par une déception. Les protectionnistes belges se
proposent d'élever les droits sur les vins et sur les articles de mode de France. Mais il faudrait oser mettre
des droits presque prohibitifs pour décourager les Flamands d'acheter les vins de Bordeaux, et les Wallons
de boire les vins de Bourgogne. Déjà, à vrai dire, on
vend en Belgique des quantités de vin du Rhin et de la
Moselle, et les « weinstübe » sont en train de se popu
lariser en maintes villes belges. Les articles de modes
de Paris, s'ils devaient supporter des droits excessifs,
finiraient par être supplantés par les modes de Berlin,
ce que faciliterait grandement le défaut d'élégance des

Molinari   8

modes françaises actuelles. Tel serait le résultat d'une guerre de tarifs engagée entre la France et la Belgique. Elle risque de ne faire guère plus d'honneur au patriotisme des protectionnistes français qu'à leur rapacité.

VIII

LA CONCURRENCE LIMITÉE ET SES EFFETS

LA CONCURRENCE LIMITÉE ET SES EFFETS

Supposons qu'aucune nation ne soit entourée d'une
muraille douanière, en un mot, que les douanes n'existent pas, quel sera le résultat? C'est que les hommes
qui peuplent ces nations recevront les produits agricoles et autres au meilleur marché possible et que chacun des objets qui font partie de leur consommation
sera le fruit d'une moindre quantité de travail et
d'effort. Et chaque fois qu'un progrès abaissera le prix
des choses, la quantité du travail nécessaire pour les
obtenir diminuera. Mais il n'en est point ainsi. Il n'est
pas de contrée qui ne possède des douanes, tantôt pour
augmenter ses revenus, tantôt pour ajouter à ceux des
producteurs. Ces douanes sont mobiles, parfois on
élève celles qui accroissent les revenus de l'Etat, parfois on les abaisse. Il en est de même pour les taxes qui
exhaussent ou réduisent les droits protecteurs sur certaines industries. On ne peut donc pas dire que les con-

8*

sommateurs obtiennent les produits qu'ils utilisent au meilleur marché possible puisqu'ils sont surchargés des impôts que perçoit l'Etat et de ceux que s'attribuent les bénéficiaires de la protection. Mais les douanes ont un autre inconvénient : elles renchérissent les articles protégés et par conséquent augmentent les prix des matières consommées dans l'intérieur aussi bien qu'au dehors. En sorte que les producteurs sont obligés d'abaisser leurs prix à l'étranger pour soutenir la concurrence des articles produits par les autres nations. Même il arrive que les consommateurs indigènes paient plus cher les choses qu'ils consomment que leurs industriels ne peuvent les vendre à l'étranger. De plus les gouvernements accordent des primes à ces articles et par là contraignent les acheteurs du pays à payer en sus l'impôt qui correspond à la prime d'exportation. De manière que les consommateurs indigènes sont taxés pour que les étrangers payent leurs produits à meilleur marché. Les douanes sont encore nuisibles dans leur mobilité parce que tantôt on les élève, tantôt on les abaisse pour des motifs qui n'ont rien d'économique. Aussi voit-on éclater des guerres économiques pour des raisons politiques. Une partie des produits de la nation avec laquelle on est en querelle sont surélevés : il en résulte qu'une partie du capital et du travail deviennent inactifs. Comme la même déperdition existe pour les contrées qui ont déclaré la guerre, c'est une double perte qui atteint à la fois le capital et le travail des nations en conflit. Seulement le capital peut se réfugier sur des milliers d'articles ou d'entreprises tandis que le travail n'a ordinairement qu'une profession ou tout au plus deux. Il est donc condamné à subir les horreurs du chômage jusqu'à ce que le travailleur ait la chance d'embrasser quelque autre profession. Cela n'empêche pas les prétendus hommes d'État ou les politiciens largement appointés et qui ne subissent aucun dommage du fait de la guerre économique de la déclarer allègrement sous prétexte de sauvegarder la dignité de l'État.

*

Les produits plus ou moins indispensables à la vie qui font l'objet de la consommation sont le produit de deux facteurs : le capital et le travail. D'où provient le capital ? Il provient de l'épargne faite sur la consommation des résultats de la production. Cette épargne a pour cause, soit de pourvoir à la vieillesse des producteurs, soit à la naissance et à l'entretien de leurs enfants. Il s'ensuit qu'une partie des bénéfices de la production est réservée par l'épargne et constitue le capital ; de là est la raison de l'intérêt. En effet, en se désaisissant d'une partie de ce capital pour l'investir dans une industrie, ou pour le prêter, l'épargneur se prive et court des risques qui doivent être compensés par une rémunération qui constitue l'intérêt. Si cette rétribution est inférieure à la privation et aux risques, on cesse de l'employer ou de la prêter. Si elle est supérieure, le taux pourra s'exhausser d'autant plus que le capital est plus rare ou qu'on peut l'utiliser avec un plus gros profit. C'est ainsi qu'on explique que dans l'antiquité ou dans les pays neufs on ait vu s'élever le taux de l'intérêt au-dessus du montant du capital. De nos jours, la production des capitaux s'est multipliée. Ils dépassent actuellement le montant de ce qui est employé dans certains pays, tels que la France et l'Angleterre, et sont exportés au dehors. Toutefois, cette exportation est limitée. Si elle est libre à certains égards, les gouvernements l'empêchent à d'autres. Ils se bornent, par exemple, à autoriser des émissions d'emprunts à certains gouvernements, tandis qu'ils les favorisent à d'autres. On peut constater que la plus grande partie de ces emprunts est utilisée à augmenter les appareils de guerre, alors qu'il ne reste qu'une part plus ou moins réduite pour les œuvres de production. Si l'on évaluait le montant du capital qui est employé par le gouvernement et par les gouvernements d'autrui, on devrait restreindre une part plus considérable de celle qui est employée chaque année à la production indigène et à l'exportation des œuvres productives.

La production est l'œuvre du capital et du travail.
Nous venons de voir en quoi consiste le capital, voyons
maintenant ce qu'est le travail.

L'employé ou l'ouvrier ne peut travailler qu'à la condition d'entretenir ses forces productrices. La production exige l'emploi de ces forces et le repos pendant une
partie de la journée. En échange, il obtient une rétribution qualifiée ordinairement de salaire. Comme, d'ha
bitude, il ne possède rien ou parfois seulement un faible
appoint de capital, sa rémunération lui est avancée et
assurée contre les risques. Telle est la situation. Si le
salaire dépasse les frais de nourriture et d'entretien, il
peut y pourvoir et se reproduire. Si son gain est inférieur à ce qui est nécessaire à sa subsistance, il souffre
et finit par s'éteindre. Le capitaliste qui entreprend une
industrie et qui a besoin d'ouvriers doit donc leur
fournir un salaire qui dépasse plus ou moins leurs besoins, et il est obligé de leur accorder une quantité
plus ou moins forte des produits, si même il ne les partage point avec eux. Notons cependant que la somme
qu'il obtient doit dépasser le montant des frais qui sont
afférents au capital, sinon il est obligé de renoncer à
l'industrie, car il n'obtient pas un profit. La rétribution

du travail est, de la sorte, bornée par celle qui est nécessaire au capital.

Sous l'ancien régime de la production, le travail était, à l'origine, approprié au possesseur du capital. Plus tard, il est devenu libre, à charge pour le travailleur de pourvoir lui-même à ses frais d'existence et d'entretien. Le capitaliste qui entreprend une industrie est intéressé à n'abandonner que la plus faible quantité des résultats de la production aux travailleurs, car sa part en est d'autant diminuée, tandis, au contraire, que l'ouvrier s'efforce d'en retenir une somme plus élevée. Tel a été depuis le début le dissentiment qui a éclaté entre les capitalistes employant des ouvriers et les ouvriers eux-mêmes. Cette ancienne tactique des employeurs est aujourd'hui celle des ouvriers. Les entrepreneurs plaçaient leurs industries au milieu d'une population ouvrière nombreuse et usaient d'abord de tous les moyens pour réduire le taux des salaires en raison du nombre des ouvriers qui avaient besoin de travail pour subvenir à leurs frais d'entretien. Ils combinaient toujours leurs efforts afin d'empêcher les ouvriers d'aller chercher ailleurs du travail, en vue de prévenir la hausse du salaire, ou bien ils interdisaient, sous de rigoureuses pénalités, aux ouvriers de s'associer pour exiger une plus forte paye, et dans ce but, ils usaient de leur influence auprès du gouvernement pour interdire les coalitions. Pour parvenir à cette fin, ils s'efforçaient de décourager les bureaux de placement des travailleurs, tandis qu'ils s'ingéniaient à étendre le placement de leurs produits et à en obtenir ainsi le taux le plus rémunérateur. La situation a changé aux dépens des industriels ; les lois sur les coalitions ont été abrogées et les ouvriers sont devenus libres de chercher partout le salaire le plus haut. Ils se sont alors efforcés d'obtenir la part totale des produits de l'industrie : on les voit maintenant tendre à la confiscation des entreprises industrielles et se fier, pour cela, à leur nombre. Pour en arriver à leurs fins, ils dédaignent même tout ce qui, d'autre façon, contribuerait à rendre leur sort meilleur. Les plus radicaux négligent tout ce qui pourrait améliorer leur existence, soit par une consommation plus économique du montant de leurs gains, soit par une élévation partielle de leur salaire. Employant encore d'autres moyens pour atteindre leur but, nous les voyons former des syndicats ou des unions pour obliger les patrons à n'occuper que des syndiqués ; ils vont même jusqu'à interdire la consommation des produits qui sont l'œuvre des non-syndiqués. Enfin, ils ont accaparé les bureaux de placement en mettant à l'index ceux qui voudraient placer des ouvriers non-syndiqués. En dernier lieu, ils prohibent les ouvriers de couleur, indiens ou chinois, et même ceux des autres pays fussent-ils blancs. On voit par là que le travail n'a point, comme le capital et les produits, une organisation qui élève le taux du montant de leur rétribution et qu'il est inférieur, sous ce rapport, au commerce des produits et du capital. Il faudrait accroître les salaires de manière à procurer aux travailleurs un bénéfice régulier qui dépasse les frais d'entretien et de reproduction. Mais telle est la condition du travail et son infériorité vis-à-vis du capital, en dépit de l'importance du rôle qu'il joue dans la production, qu'on recourt à la philanthropie en cas de baisse excessive du salaire, au lieu d'aviser à son déplacement utile, tel par exemple, que l'émigration temporaire que l'on commence à mettre en pratique en Italie et dans les pays surpeuplés.

*
* *

Nous avons dit que les résultats de la production se partagent entre le capital et le travail. Les socialistes les plus intransigeants déclarent qu'ils devraient aller tout entiers au travail et que le capital n'a droit à aucune rétribution. Les socialistes les plus modérés lui accordent une rémunération. Les hommes d'État, M. Millerand entre autres, qui ont fait leur éducation parmi les socialistes, sont d'avis que les travailleurs ne participent en rien aux bénéfices de la production et ils pensent que les capitalistes devraient leur en accorder une part. Cela prouve qu'ils ignorent en quoi consiste le salaire, faute probablement d'éducation économique. Tout entrepreneur pourvu d'un capital ou de crédit qui organise une entreprise quelconque, agricole, industrielle ou artistique, doit d'abord engager les ouvriers nécessaires à l'exécution de ses opérations ; il pourrait en partager avec eux le montant et ainsi en obtenir le rendement le plus élevé. Mais le plus grand nombre des travailleurs ne possède point les ressources nécessaires pour attendre les résultats de la production, ou ne peuvent pas en courir les risques. C'est pourquoi le salaire comprend d'abord la rétribution du travail et ensuite la déduction de l'avance faite aux ouvriers jusqu'à ce que le produit soit réalisé et, de plus, la couverture des risques auxquels le producteur est exposé, de quelque étendue que soient ces risques. Le capital supporte non seulement les risques qui lui sont afférents, mais encore ceux qui concernent les ouvriers, et les salariés supportent le montant de cette déduction comme les obligataires supportent le montant de la rétribution des actions. N'en déplaise à M. Millerand, les ouvriers n'ont aucun droit à la totalité des résultats de la production, car le capital devrait supporter l'avance et les risques couverts par le travail, ce qui serait injuste et équivaudrait à une charité obligatoire. Voilà cependant le cadeau que M. Millerand veut faire aux ouvriers aux dépens du capital.

*
* *

Mais les doctrines économiques paraissent parfois à certains aussi douteuses que sont, à nos yeux, nuageuses les théories socialistes. N'avons-nous pas vu tout récemment un économiste, et non des moindres, abandonner les principes qu'il est chargé d'enseigner au point d'affirmer que les subventions et les primes sont nécessaires pour encourager l'accroissement de la principale branche de la population humaine dont il fait lui-même partie, alors qu'il est d'avis que les subventions sont nuisibles à la marine marchande tout autant que les primes servant à encourager la multiplication des vers à soie. Les principes ne sont point fautifs mais on peut trouver erronés ceux qui les exposent.

*
* *

En définitive, le socialisme n'est autre chose que la guerre au capital. Toutes les réformes dont les socialistes ont pris l'initiative ont eu pour but de le dépouiller, soit par l'impôt sur les successions qui élève jusqu'à 30 0/0 la part de l'Etat dans les héritages, en attendant mieux, soit par des monopoles, ceux de l'alcool et des assurances, entre autres, soit en allouant au travail, aux dépens du capital, des pensions et des sub-

sides aux travailleurs vieillis sans se douter qu'ils
l'affaiblissent en lui accordant des pensions (en Angleterre de 400 millions, et en France de 100 millions)
aux frais des industriels et de l'Etat. En Angleterre, les
ouvriers — à part les trade-unionistes subventionnés
par les protectionnistes — se sont aperçu que le fardeau
pèserait trop lourdement sur leurs budgets en enché-
rissant le blé et la viande. En Belgique, les gouvernants
ont mis la viande à bon marché hors de la portée du
peuple, compensant ainsi avec profit les lois philanthropiques dont on les vante d'avoir pris l'initiative.
Ajoutons qu'en France, les législateurs ont réglementé
la journée de travail aux dépens des industriels et des
commerçants en imposant des gênes aux employeurs et
aux ouvriers eux-mêmes. Mais, sauf au ministre du
Travail et à la bureaucratie pullulante des radicaux et
des socialistes appointés, les ouvriers comprendront tôt
ou tard qu'ils ont payé trop cher les réformes dont ils
ont en réalité couvert les frais. Ils finiront par s'apercevoir que le socialisme n'est qu'une colossale mystifi-
cation.

IX

LE PROBLÈME DE LA DÉPOPULATION

LE PROBLÈME DE LA DÉPOPULATION

On ne connaît qu'approximativement le problème de la population dans l'antiquité. Les peuples anciens ont presque tous disparu. On ne sait qu'à peu près l'histoire intime des Assyriens et même des Grecs et des Romains les hommes d'élites qui brillaient autrefois, philosophes ou guerriers, n'ont pas laissé de descendance. On ne peut dire si ces populations ont succombé dans des guerres civiles ou étrangères. Elles ont été remplacées par d'autres peuples, tant Bourguignons, Vandales, Goths, etc., sortis de la Germanie, que Huns et Magyars provenant de l'Asie. Le passé nous montre ainsi une succession de nations qui se sont communiqué les unes aux autres les bienfaits de la civilisation.

Aujourd'hui, le problème de la dépopulation se présente un peu partout, mais particulièrement en France, avec une grande acuité. On cherche les moyens d'enrayer la décroissance de la natalité. C'est ainsi que nous voyons un médecin éminent et un économiste distingué s'efforcer de fixer certaines populations, tout au moins la population française qu'il serait dommage de voir disparaître et remplacer par d'autres races. Les procédés qu'ils préconisent pour remédier à la diminution des naissances consistent en définitive, en un accroissement de l'impôt.

Actuellement, la population française est d'environ 39 millions. Ils voudraient la voir augmenter d'un million chaque année. Et pour atteindre ce but, on propose « profitant du goût des Français pour les fonctions publiques, de réserver absolument toutes ces fonctions aux pères ou mères de trois enfants (vivants) ou davantage » sans s'inquiéter s'ils sont aptes ou non à les remplir, puis d'allouer « une prime de 500 francs, payable en deux annuités, pour la naissance du troisième enfant vivant et de chaque enfant au delà, par ménage de souche française ; cela pourrait coûter au Trésor de 150 à 175 millions. »

Mais d'abord ils ne réfléchissent pas que le nombre d'hommes sortis de l'enfance et en voie de devenir valides se comptent par millions pendant 10 et 15 années pendant lesquelles ils coûtent sans rapporter. La population serait appauvrie du montant de l'impôt évalué à 175 millions. Elle devrait récupérer cette avance et on n'a jamais vu que l'augmentation de l'impôt enrichisse la nation.

Et ce serait un appauvrissement progressif, car même une somme de 200 millions serait insuffisante pour compenser les frais d'instruction supérieure qu'exige la préparation aux professions libérales : médecin, avocat, ingénieur, etc., et même fonctionnaire. Le pays la regagnerait peut-être plus tard par une augmentation de ses ressources mais celles-ci sont beaucoup plus limitées que celles de l'Amérique ou de la Russie ; le sous-sol de la France est peu abondant et il est douteux que son commerce puisse s'étendre d'une manière indéfinie. Sa population est donc forcément limitée et les remèdes proposés contre sa décroissance ne pourraient que l'accélérer.

A notre avis, le gouvernement est le plus parfait artisan de la dépopulation et nous croyons que l'impôt qu'il devrait établir, à moins d'être excessif, n'aurait aucune efficacité sur les rangs supérieurs de la population. Il en coûte de 28 à 30.000 francs, au moins, pour former les jeunes gens aux professions libérales. Assurément une partie de cette somme est gaspillée, l'enseignement supérieur étant généralement organisé dans des grandes villes telles que Paris où les distractions abondent, mais aussi les programmes d'études sont parfois arriérés ; on oblige de futurs avocats ou médecins à apprendre le latin, voire le grec, et même la totalité de leur science, tandis qu'il leur suffirait souvent de connaître la pratique de leur art ou de la spécialité qu'ils auraient choisie. Le reste de la science pourrait être économiquement négligé, et ainsi une partie de la somme nécessitée pour leur instruction serait épargnée.

Mais les frais de l'éducation imposée aux jeunes hommes réagit sur l'autre sexe en provoquant la hausse des dots compensatrices de ces avances et de leur mise en œuvre (1). — Et on voudrait, en sus, lui imposer la fatigue des maternités répétées ! — On ne se rend pas toujours compte des répercussions de la philanthropie de l'Etat et des lois qu'elle inspire.

Mais la philanthropie d'Etat occasionne d'autres pertes de population ; dans les classes inférieures en abrégeant le temps où les parents peuvent user des services de leurs enfants : 1° par l'obligation scolaire jusqu'à un âge fixé ; 2° par la limitation de la durée du travail ; 3° par le service militaire. L'instruction, aussi bien primaire que supérieure, est devenue d'autant plus coûteuse qu'on a érigé, un peu partout, des palais scolaires ; les inconvénients des lois sur la durée du travail des

(1) Qui n'aurait quelque preuve à donner de cette assertion ? Et combien sont nombreux les jeunes gens qui aimeraient à se montrer désintéressés en matière de mariage mais, élevés en vue de devenir un jour notaires, avoués, ou pourvus d'une charge quelconque, sont obligés de prier les amis et connaissances de leur trouver la femme dont la dot la leur procureront ? Leur éducation ne les pousse-t-elle pas ainsi vers l'arrivisme ?

femmes et des enfants sont bien connus et ont privé la classe ouvrière d'un appoint de ressources qui lui était fort utile ; quant au service militaire, il est si impopulaire (1), particulièrement chez les paysans, que beaucoup se mutilent pour s'y soustraire.

Des primes de 500 francs ne peuvent avoir une influence quelconque que sur les éléments inférieurs de la population, les moins désirables, que leurs vices et leur imprévoyance ne portent que trop à se multiplier sans frein, assurés qu'ils sont de toujours s'entendre à exploiter la bienfaisance publique ou privée.

L'impôt qu'il faudrait établir devrait être excessivement élevé, nous l'avons déjà dit, pour compenser les pertes que la philanthropie d'Etat occasionne aux classes inférieures, sans parler du renchérissement artificiel qu'il causerait aux classes supérieures. C'est pourquoi nous avons pu dire que le gouvernement est le principal artisan de la dépopulation. Et qu'il suffirait peut-être que le gouvernement n'abrégeât pas, par des charges trop lourdes, la durée de l'existence normale du peuple qui lui est confié, pour remédier à la dépopulation.

Le vrai moyen, c'est la diminution générale de l'im-

(1) D'après le rapport adressé par le ministre de la Guerre au Chef de l'Etat, le nombre des insoumis qui, en 1907, était de 4.905 fut, en 1908, de 11.782 ; en 1909, le chiffre des réfractaires atteignit 17.253.

pôt. Mais celui-ci est regardé comme intangible (1). Cependant sa diminution provoquerait l'augmentation de la population jusqu'à la limite marquée par le contingent des ressources du pays et par l'activité de ses habitants.

(1) Nous ne mentionnons que pour mémoire l'abaissement des tarifs de douane.

X

L'AUTOMOBILE EST-ELLE UNE RICHESSE ?

L'AUTOMOBILE EST-ELLE UNE RICHESSE ?

L'automobile est-elle une richesse ? Il ne semble pas qu'on puisse en douter. Cependant, comme toutes les inventions, celle-ci n'est pas née, sans causer des dommages immédiats à un certain nombre d'intérêts. De même que les chemins de fer, en remplaçant les diligences et en enlevant leur clientèle aux aubergistes des grandes routes, les métiers mécaniques en se substituant aux métiers à la main, l'éclairage au gaz en mettant à la vieille ferraille, les quinquets, les lanternes et les mouchettes, etc., etc., ont été dommageables aux propriétaires, aux capitalistes et aux ouvriers des industries ainsi révolutionnées par le progrès, l'automobilisme ne s'est pas fait sa place dans le monde sans déranger des situations acquises. Un changement s'est opéré dans les habitudes de la consommation, et la distribution des dépenses des consommateurs. Ceux dont le revenu ne s'était pas augmenté depuis l'invention de

l'automobilisme, ont dû en modifier la répartition.
Après avoir reconnu, à tort ou à raison, qu'une automobile leur serait plus utile ou leur procurerait plus
d'agrément que d'autres articles de leur dépense ordinaire, ils ont consulté leur budget et se sont décidés à
faire des économies compensatrices aux dépens de
quelques-uns de leurs fournisseurs accoutumés, bijoutiers, orfèvres, antiquaires, marchands de tableaux,
couturiers, etc. Ceux-ci n'ont pas manqué de jeter les
hauts cris et de protester énergiquement contre les féli-
citations officielles que les ministres ont adressées aux
inventeurs et aux fabricants d'automobiles, en décla-
rant qu'ils avaient ouvert une nouvelle source de richesse :

« Ce n'est point vrai, disent-ils, l'automobile n'est
point une source nouvelle de richesses pour le pays ;
on s'illusionne ; sa prospérité trompe ; on ne voit
qu'elle, mais on ne voit pas les ruines qu'elle fait à
ses côtés ; sa prospérité est faite de ces ruines ; ce
que la France gagne d'un côté, elle le perd de l'autre. »
Un curieux a voulu savoir si ces protestations étaient
fondées, et il a interwievé, pour en avoir le cœur net
un fabricant d'automobiles et trois économistes. Nous
laisserons de côté l'opinion de l'automobiliste, à qui on
pourrait dire : « Vous êtes orfèvre, monsieur Josse. »
Mais les économistes qui ne sont pas orfèvres ont émis
une opinion moins contestable. Aux yeux de M. Leroy-

Beaulieu, l'automobile est, pour la France, une richesse et un bienfait. M. Yves Guyot est d'avis que nous lui devons l'argent et le panache. « Laissons, dit-il, le panache et parlons argent ; en ne ne prenant que le chiffre des exportations, 140 millions en chiffres ronds et en le capitalisant à 10 0/0, il représente un capital de près d'un milliard et demi — ce qui, en supposant que le commerce intérieur soit seulement égal au commerce extérieur, porte à trois millards au moins la valeur capitale de l'automobile. »

En revanche, M. Charles Gide a, sinon exprimé un doute, du moins fait des réserves :

Il est certain, a-t-il dit dans son interview avec le curieux, que l'automobile est extrêmement prospère, qu'elle a créé autour d'elle de nombreuses prospérités ; on lui doit des usines immenses et actives, elle emploie des milliers d'ouvriers ; son commerce est abondant et fortuné... mais il y a des contre-coups. L'argent qui va vers elle ne va pas ailleurs ; ce n'est pas parce que l'automobile est brusquement sortie toute carrossée du cerveau créateur de nos ingénieurs que soudainement la fortune de tous s'est trouvée augmentée au point de permettre à chacun de faire face, sans trou dans le budget familial, aux dépenses qu'entraînent l'achat, l'usage et l'entretien d'une automobile. Ce qu'on a pris pour elle, on l'a enlevé à d'autres obligatoirement. Oui, mais il y a les exportations, dira-t-on ! C'est de l'argent qui entre. Qui entre, oui, mais on oublie celui qui est sorti. La France a exporté pour 138 millions en 1906 ; c'est magnifique, certes. Mais il faut déduire de ces 138 millions, les millions de matières premières que nous avons été chercher à l'étranger, le charbon que nous en avons fait venir pour nos usines, les machines-outils que nous avons achetées à l'Allemagne, et à l'Amérique, et vous verrez que, tout compte fait, il reste bien peu de chose, car, tandis qu'on venait acheter nos automobiles, on n'achetait plus cent autres produits de luxe entièrement créés chez nous. Même au point de vue psychologique, il y a des réserves à faire ; chacun ne peut goûter dans sa vie qu'une somme limitée de sensations ; le temps consacré à celle de l'automobilisme — (et je les crois très grandes) — est pris au détriment de certaines autres : les théâtres, les musées, la lecture..... Il y a un proverbe qui dit : « Tout ce qui brille n'est pas or. » J'y pense un peu à propos de l'automobile. »

En résumé, la question se pose ainsi : L'automobilisme est-il une nouvelle source de richesse, en d'autres termes plus précis : son actif dépasse-t-il son passif ?

Pour résoudre cette question, il faudrait examiner les résultats des inventions qui ont élevé l'espèce humaine au-dessus de l'animalité inférieure. Sans remonter si haut, il nous suffira de rechercher ce que nous devons à celles qui se sont si prodigieusement multipliées depuis un siècle, et qui ont créé la grande industrie. Tout d'abord nous serons frappés de ce fait que la population a doublé et que la richesse a au moins quintuplé dans l'ensemble des nations appartenant à notre civilisation. A quoi tient cette augmentation extraordinaire, mais inégale, de la population et de la richesse ? C'est évidemment à ce que le travail de l'homme est devenu plus productif, c'est à ce qu'en échange de la même somme d'efforts et de peine, il a pu, en employant le nouvel outillage que lui fournissaient les inventeurs, créer une quantité incomparablement plus considérable des produits qu'il obtenait auparavant à l'aide du matériel grossier que lui avaient légué les siècles. Et telle a été cette différence de productivité, que, malgré la perte résultant de la mise à la réforme de l'ancien outillage et les frais d'acquisition du nouveau, la richesse des nations industrieuses et épargneuses s'est accrue au point qu'en France, par exemple les contribuables alimentent régulièrement, et sans trop se plaindre, un budget octuple (près de 4 milliards au lieu de 4 à 500 millions) (1) de celui qui leur paraissait écrasant au xviiie siècle. On s'expliquera ce phénomène en calculant l'augmentation de la productivité de quelques-unes des industries que le progrès a trans-

(1) En 1775, les dépenses réduites par Turgot ne s'élevaient qu'à 414.445.163 livres. Charles Gomel. Ministères de Turgot et de Necker.

formées. Michel Chevalier l'évaluait de 1 à 180 pour la mouture du blé, et à un chiffre plus élevé pour la filature et le tissage des étoffes. La fabrication des tricots lui fournissait un exemple plus saisissant encore : une femme, habile à tricoter à la main, fait 80 mailles par minute : avec le métier circulaire, elle peut en faire 480.000, la progression est de 1 à 6.000. D'après MM. Wheeler et Wilson, il faudrait pour confectionner une chemise d'homme, quatorze heures, vingt-six minutes du travail d'une couturière ; il suffit d'une heure seize minutes avec la machine à coudre. Celle-ci faisant 640 points à la minute dans la toile fine, une ouvrière n'en fait que 23, vingt-huit fois moins (1). Ces progrès ont eu des conséquences de deux sortes, directes et indirectes. En augmentant la production des industries sus mentionnées, ils ont abaissé le prix de leurs produits et les ont mis à la portée d'un plus grand nombre de consommateurs. C'est une de leurs conséquences directes, sans parler des autres. En procurant une économie aux consommateurs, sur l'achat de leur pain, de leurs tricots ou leurs chemises, ils leur ont permis d'employer cette économie à l'acquisition d'autres articles de nécessité ou de confort, et de contribuer ainsi au développement des industries qui les produisent.

(1) Introduction aux rapports du jury international de l'exposition de 1867. Cité dans l'*Evolution économique du xix* siècle*, p. 5.

C'est une conséquence indirecte, non moins favorable à l'accroissement de la production partant de la richesse. Les inventions qui ont transformé l'industrie des transports, par la création des chemins de fer et de la navigation à vapeur, ont eu des effets directs et indirects plus féconds encore. En accélérant la vitesse et en abaissant le prix du transport des hommes et des marchandises, ces véhicules perfectionnés ont, non seulement procuré à leur clientèle une économie considérable de temps et d'argent, mais ils ont eu, en outre, une influence particulière qui tient à leur nature et qui a singulièrement accru leur valeur productive, en étendant la sphère de l'échange.

A l'immense majorité des industries dont la lenteur et la cherté des transports limitaient étroitement les débouchés, ils ont ouvert le vaste marché du monde. L'extension de la sphère de l'échange a permis de diviser davantage le travail et d'employer une machinerie de plus en plus puissante ; elle a rendu accessibles à l'émigration, à l'agriculture et à l'industrie des peuples civilisés, de vastes régions dont les ressources attendaient la main de l'homme pour être utilisées. Enfin, à l'actif des inventions qui ajoutent à la force limitée de l'homme les forces illimitées des agents naturels, la vapeur, l'électricité, les affinités chimiques, il faut mentionner la diminution des frais de l'emploi de ces puissants auxiliaires, provenant de l'augmentation de cette partie de la richesse qni constitue le capital. On ne produit que par la coopération du travail et du capital. Toute production exige l'avance de la somme nécessaire à la subsistance du personnel, à la création ou à l'entretien du matériel de l'entreprise, jusqu'à ce que le produit soit réalisé. Cette avance, qui constitue le capital, se crée par l'épargne et, n'en déplaise, aux socialistes, ne peut se créer autrement. Mais l'épargne implique la nécessité, pour l'épargneur, de soustraire à la satisfaction de ses besoins actuels une partie des résultats de la production à laquelle il coopère, partant une privation. Cette privation est d'autant plus pénible que la production est moins abondante. Or, toutes les inventions qui ont accru la productivité de l'industrie ont diminué l'acuité de cette privation, et en rendant l'épargne plus facile, ont augmenté l'abondance de capitaux. La quantité en a au moins décuplé depuis un siècle, et malgré l'accroissement de la demande, le prix de leur emploi ou de leur location, le taux de l'intérêt a baissé, en apportant ainsi une facilité de plus au développement de la production et à la multiplication de la richesse.

Revenons maintenant à l'automobilisme et voyons si comme toutes les autres inventions qui ont si prodigieusement accru la productivité de l'industrie humaine, il produit plus de richesse qu'il n'en détruit, en d'autres termes, si son actif dépasse son passif. Si, au point de vue psychologique, on peut contester la valeur de la sensation de plaisir du 80 ou du 100 à l'heure, s'il faut en déduire la sensation de peine que causent aux bénéficiaires de ce plaisir les frais et les remords de l'écrasement des piétons innocents, en revanche, on ne peut nier l'utilité de l'épargne de temps due à l'accélération de la vitesse. Un médecin peut, dans sa journée, faire, en automobile, deux fois plus de visites qu'en fiacre, augmenter son gain de moitié et employer cet accroissement de gain à satisfaire plus amplement ses besoins matériels et moraux, partant, à développer la clientèle et les profits des industries qui y pourvoient. Le même résultat sera acquis au profit de ses malades si, à défaut de syndicat, la concurrence l'oblige à diminuer le prix de ses visites.

Un autre résultat, non moins considérable, de cette apparition d'un nouveau véhicule rapide, a été de stimuler le progrès de ceux auxquels il est venu faire concurrence ; l'automobilisme n'a certainement pas été sans influence sur l'accroissement récent de la vitesse des chemins de fer, l'épargne de temps et les bénéfices que procure cette épargne, et peut-être contribue-t-il plus efficacement que les courses et le pari mutuel à l'amélioration des races de chevaux, sans oublier le confort des fiacres et la politesse des cochers.

Cette même concurrence que les producteurs d'articles de luxe dénoncent aujourd'hui comme ruineuse, pourra

bien aussi réserver des bénéfices inattendus et largement compensateurs de leurs pertes, aux plus intelligents et aux plus avisés d'entre eux. Elle excitera les
bijoutiers et les orfèvres à renouveler et à varier davantage leurs modèles, les antiquaires à perfectionner la
fabrication des momies, les marchands de tableaux à
découvrir de vieux chefs-d'œuvre et à encourager les
jeunes artistes à en produire de nouveaux, les couturiers et les modistes à attirer la clientèle par un surcroît
d'élégance de leurs créations ou mieux encore par une
diminution de prix qui étende leur marché et multiplie
leurs profits.

On voit donc qu'en sus des bénéfices particuliers que
l'initiative de ses inventeurs et de ses fabricants a valu
à la France, en la dotant d'une nouvelle et fructueuse
branche d'industrie, l'automobilisme a contribué à
l'augmentation générale de la richesse (1).

(1) On peut d'autant plus l'affirmer que les perfectionnements apportés successivement aux moteurs ont permis à l'aviation de prendre, en ces derniers temps, un essor surprenant.
Au milieu de 1910, on comptait déjà, paraît-il, 185 aviateurs
ayant monté 300 monoplans ou biplans. Mais le nombre va
sans doute promptement augmenter, puisque les chantiers ont
construit un millier d'appareils et que 300 autres environ ont
été fabriqués à l'étranger. Les premiers constructeurs sont
en train de faire fortune : un monoplan Blériot revient à
3.000 francs, on le vend, dit-on, 26.000 francs. L'année passée
on se procurait un de ces appareils pour 10.000 francs ; mais

le prix a augmenté avec les demandes qu'on ne peut satisfaire,
il faut se faire inscrire à l'avance.

Mais si l'on remontait à l'enchaînement de ces deux industries, on constaterait que si c'est l'automobile qui a fait rendre
plus pratique l'aviation, c'est de la bicyclette que sortit l'automobile et que sans la pédale qu'inventa Michaux, trop oublié,
rien de tout cela ne serait.

XI

LES TRADES-UNIONS, LES TRUSTS ET LE LAISSER FAIRE

LES TRADES-UNIONS, LES TRUSTS
ET LE LAISSER FAIRE

I

Le développement de la grande industrie a eu pour effet d'augmenter les dimensions des entreprises et par là-même de rendre de plus en plus inégale la situation des chefs d'industrie et des ouvriers, pris individuellement. Nous nous souvenons de l'époque où l'ouvrier qui commettait l'imprudence de réclamer une augmentation de salaire était immédiatement mis à la porte. Si la réclamation était collective, les réclamants s'exposaient aux pénalités des lois sur les coalitions et ces pénalités étaient dures. Nous avons assisté en 1845, au procès des ouvriers charpentiers accusés de s'être entendus pour faire hausser leur salaire : malgré l'éloquent plaidoyer de leur illustre défenseur, M° Berryer, les meneurs de la coalition furent condamnés à cinq ans de prison. Cependant, les lois sur les coalitions avaient été abolies en Angleterre vingt ans auparavant

10*

et elles l'ont été en France vingt ans après ; elles ont aujourd'hui disparu partout ; mais les chefs d'industrie qu'elles protégeaient contre les ouvriers ne se sont pas résignés de bonne grâce à leur abandon. Pendant longtemps, ils se sont refusés à traiter avec les ouvriers associés, et les plus récalcitrants ont banni impitoyablement de leurs ateliers les ouvriers unionistes. Les unions ne s'en sont pas moins multipliées, et elles englobent actuellement en Angleterre environ 27 0/0 (1) de la population ouvrière des industries manufacturières et minérales, 29 0/0 (2) aux Etats-Unis. Il a bien

(1) Le nombre des personnes adultes engagées dans l'industrie dans le Royaume-Uni est de 6.960.000 d'après le census de 1891. En admettant que la population industrielle n'ait pas augmenté, hypothèse inadmissible, le chiffre de 1.920.000 membres des *Trade-Unions* représente 27 0/0, un peu plus du quart.

(2) On peut se demander, dit M. Carroll D. Wright, dans quelle mesure les travailleurs de notre pays sont organisés. Il est facile de répondre à cette question. Les Chevaliers du travail, avec leur 150.000 membres en chiffres ronds, la Fédération américaine du travail, représentant 500.000 individus, et l'Union américaine du travail qui compte 150.000 travailleurs, forment un total de 800.000 associés. D'après les évaluations les plus autorisées, il y aurait, en outre, 600.000 ouvriers environ affiliés aux différentes organisations locales qui n'ont point adhéré à la Fédération américaine du travail ni à aucun des ordres qui en dépendent, pas plus qu'aux Chevaliers du travail, ni à l'Union américaine des chemins de fer. Cela fait un total de 1.400.000 membres pour toutes les associations ouvrières du pays, dont la plupart se recrutent dans les indus-

fallu compter avec elles. Et dans bon nombre d'établissements, non seulement les chefs d'industrie ont cessé d'expulser de leurs ateliers les ouvriers unionistes, mais ils ont substitué aux engagements individuels de travail, des contrats collectifs avec les unions.

Mais, — et telle est la nature protectionniste de l'homme, — après avoir subi la loi des industriels, les ouvriers ont voulu la leur faire. Lorsque les industriels se croyaient les plus forts, ils refusaient d'employer des ouvriers unionistes ; lorsque les ouvriers, à leur tour, se sont crus les plus forts, ils ont prétendu empêcher les industriels d'employer des non unionistes. De là des luttes violentes, des grèves et des lock-outs, qui causaient à l'industrie d'irréparables dommages. Toutefois, en Angleterre, cette expérience a porté ses fruits, et comme se plaisait à le constater un membre

tries manufacturières et mécaniques. Or, dans ces industries, on comptait 4.712.622 personnes employées en 1890 ; le nombre des ouvriers faisant partie des associations ouvrières du pays formait donc 29,71 0/0 du total de la population ouvrière de ces industries. Ces chiffres ne doivent pas être considérés comme tout à fait exacts, car il existe beaucoup de sociétés d'ouvriers et d'ouvrières qui ne sont pas de véritables *trade-unions*, sociétés dont l'objet principal est de procurer des secours matériels à leurs membres, ou organisées dans un but purement économique ou d'éducation, sans prendre aucune part au mouvement ouvrier général.

du bureau du travail de Washington, M. Maurice Low, les unions se sont assagies, la période de lutte à outrance a pris fin :

« C'était, disait-il, une période d'agitations et de troubles continuels. Les meneurs étaient des hommes qui s'efforçaient d'envenimer les rapports de leurs unions avec les employeurs. Ils croyaient, et un bon nombre d'entre eux presque honnêtement, que le seul moyen d'améliorer la condition des membres de la grande armée du travail consistait à semer la désunion et à entretenir l'esprit de mécontentement. Cette période est passée. Le meneur belliqueux a été remplacé en Angleterre par un meneur qui n'est pas moins courageux, mais qui est certainement plus intelligent. Le nouveau meneur a employé ses loisirs et son intelligence à étudier les questions industrielles, et il comprend que si l'ouvrier veut améliorer sa condition, gagner de bons salaires et avoir un emploi assuré, il doit conserver des rapports amicaux avec son employeur, se mettre en grève aussi rarement que possible, et ne rien faire pour entraver la marche des affaires, augmenter les frais de production et venir, par cette conduite déraisonnable, en aide à la concurrence étrangère. Malheureusement, ajoutait M. Maurice Low, il n'en est pas ainsi aux Etats-Unis, les relations entre le capital et le travail n'y sont pas aussi cordiales qu'en Angleterre, c'est pourquoi les grèves y sont plus fréquentes et sont conduites des deux côtés avec une plus grande animosité. »

C'est pendant que la lutte se calmait en Angleterre qu'elle devenait plus acharnée aux Etats-Unis, que les grèves se multipliaient et qu'elles causaient des dommages qui se chiffrent par milliards (1). Nous trouvons dans le *Journal of commerce* de New-York, un aperçu de la situation peu rassurante qu'ont faite à l'industrie américaine ces conflits qui vont s'aggravant, chaque jour, entre le capital et le travail.

« Les organisations du travail, lisons nous dans ce très libéral et très intelligent journal, s'efforcent de supprimer la liberté individuelle d'action parmi les ouvriers et de les amener à traiter avec leurs employeurs par l'entremise d'un pouvoir centralisé aux mains d'un petit nombre d'hommes. Presque invariablement les unions sont gouvernées par quelques fonctionnaires et membres de comités qui représentent rarement la ma-

(1) D'après une étude de M. Carroll D. Wright, commissaire général du travail, pendant les vingt années qui ont pris fin au 31 décembre 1900, il y a eu 22.293 grèves dont 14.457, soit 63 0/0, ont été déclarées par les *labor-unions*. Elles ont fourni aux grévistes 16.174.000 dollars. Sur les grèves faites par les unions, 52,86 0/0 ont échoué. Les pertes résultant des grèves en vingt ans furent d'un côté 257.863.000 dollars en salaires, plus 16.174.000 de fonds versés pour soutenir la grève ; du côté des employeurs, 122.731.000 dollars, soit un total de 396.769.000 dollars.

jorité réelle de leurs membres. Les règlements sont faits
et mis en vigueur par un petit groupe de chefs belliqueux et la foule est obligée d'obéir passivement à leurs
ordres. Les unions de la même industrie sont associées
par des délégués à un Conseil central qui dicte prati-
quement leurs actes, et, les unes et les autres, forment
des Associations nationales ou internationales, qui s'emparent de l'autorité suprême... Ce n'est plus une démocratie, mais une oligarchie, presque une autocratie de
chefs, et, comme résultat, une tendance croissante au
despotisme.

« Non seulement le travail organisé s'attache à supprimer l'indépendance et l'exercice de la volonté individuelle dans ses propres rangs, mais il fait sentir son
pouvoir tyrannique aux employeurs et aux ouvriers
non organisés. Au moyen des grèves sympathiques et
du boycottage, aussi bien que par des encouragements
indirects au mépris de la loi et à la violence, il a commencé à établir un régime de terreur dans la commu-
nauté industrielle. Dans l'industrie du bâtiment de
New-York, il a causé de véritables désastres et étranglé
l'industrie de la construction. A la fin, les employeurs
se sont révoltés et organisés à leur tour, et grâce à cette
organisation, après avoir subi de lourdes pertes, ils
l'ont emporté sur les unions. Ce succès a encouragé
partout les employeurs à former des associations, et les
a conduits, sur l'initiative de la Convention de Chicago,

à les affilier et à constituer une organisation nationale. Simultanément, il s'est créé un mouvement général ayant pour objet de fédérer les industries manufacturières et mécaniques contre l'ensemble des unions d'ouvriers. Ce mouvement a été inspiré par le besoin de se défendre contre l'abus du pouvoir des unions, et il aura certainement pour effet d'y remédier. Mais il ne faut pas que les employeurs imitent la tactique des unionistes, en centralisant leurs pouvoirs et en portant atteinte à la liberté des ouvriers. Le but qu'ils doivent poursuivre, c'est de protéger la liberté des employés aussi bien que des employeurs et tel est, en effet, leur programme. Ce programme a pour devise : *the open shop* en opposition avec *the closed shop* (boutique ouverte et boutique fermée) c'est-à-dire l'emploi d'ouvriers unionistes et non unionistes sans distinction... Et on ne doit pas l'interpréter comme une guerre à l'unionisme. Ce serait un autre abus et un autre mal. Ce n'est pas l'unionisme qu'il faut combattre, mais les abus de l'unionisme. »

Ces conseils sont fort sages, mais dans l'état d'excitation des esprits, il est douteux que l'entente se fasse entre les deux partis, ou, si elle se fait, ce sera, comme la chose est arrivée à Chicago, contre les consommateurs. Un rédacteur de la *Revue des revues* M. Claude Anet, a raconté de quelle façon s'est opérée cette entente.

« Il y avait, dit-il, des charretiers en charbon, et, en face, des associations de marchands de charbon à qui appartiennent charrettes et chevaux pour la livraison du charbon. Ils se faisaient la guerre ; le public payait le charbon bon marché. Après quelques luttes coûteuses, les chefs du Syndicat et de l'Association se réunirent pour parlementer et finirent par signer une convention secrète qui portait que l'Association s'engageait à ne jamais employer d'autres charretiers que les charretiers syndiqués et ces derniers à ne jamais travailler que pour les membres de l'Association... Une fois délivrés de la crainte de voir des rivaux profiter de la concurrence pour écouler leur marchandise avec un bénéfice honnête, les marchands associés augmentèrent le prix du charbon de 40 0/0 et les charretiers s'allouèrent de généreux gages. En 1903, ils gagnaient de 125 à 150 francs par semaine... »

Seulement, M. Claude Anet, suivant en cela une habitude commune aux protectionnistes et aux socialistes, n'a pas manqué d'accuser la liberté d'avoir suscité cette combinaison véreuse. « O sainte liberté du travail, s'écrie-t-il, voilà de tes coups ! Ecole vénérée de Manchester, où es-tu ? » Et M. Jules Domergue, l'*alter ego* de M. Méline, de venir aussitôt à la rescousse et de rendre responsable des ententes criminelles, dénoncées par M. Claude Anet, « la religion économique du laisser faire et du laisser passer ».

« En vain, dit-il les faits lui ont apporté, de toutes parts, les démentis et les déboires accumulés. Gardons-nous de conclure que c'est la doctrine qui pèche par la base ! Apprenez que ce sont les faits qui ont tort. La pleine et parfaite application du système ne saurait manquer de remettre les choses en leur équilibre normal, pour le plus grand bien et pour le plus grand profit des intéressés, c'est-à-dire du plus grand nombre... Et les affirmations de ces bons apôtres se produisaient et se perpétuaient d'autant plus à l'aise, que l'organisation du vieux monde n'avait point encore permis l'expérimentation pleine et parfaite de leurs axiomes. Mais cette expérimentation, dans toutes les conditions requises, elle est justement en train de se faire au nouveau monde. »

N'en déplaise à ce bon apôtre du protectionnisme, ce n'est pas de la religion économique de la liberté que se sont inspirés les auteurs des ententes criminelles de Chicago, c'est du fétichisme du monopole qui a été aux Etats-Unis la religion économique des industriels avant d'être celle des ouvriers. Ce sont les apôtres de cette religion malfaisante qui ont transformé les trusts en instruments d'exploitation et les *trade-unions* en machines de guerre. Et, comme nous allons le démontrer encore une fois, au risque de nous répéter, c'est la liberté, le laisser faire de l'école vénérée de Manchester,

Molinari 11

qui pourra seule remédier aux maux causés par les monopoleurs des Trusts et des Unions, mettre fin à l'exploitation des consommateurs et rétablir la paix entre le capital et le travail.

II

En associant ou en fusionnant plusieurs entreprises, les fondateurs des trusts ont réduit, dans quelque mesure, les frais de production de leur industrie, et, sous un régime de complète liberté des échanges, cette réduction des frais devait, naturellement, profiter aux consommateurs. Tel a été le cas en Angleterre, où les trusts sont obligés de lutter sans protection aucune contre la concurrence étrangère. Mais, il en a été autrement aux Etats-Unis, où le tarif Mac Kinley perfectionné par M. Dingley a fermé autant que possible les frontières aux produits étrangers. Là, c'est bien moins pour abaisser leurs prix de revient que pour élever leurs prix de vente de tout le montant de la protection du tarif que les trusts ont été fondés. L'expérience a montré, en effet, que la concurrence intérieure, en abaissant les prix, diminue parfois très sensiblement les avantages de la protection. C'est ainsi que nous voyons en France le prix du blé protégé ne dépasser fréquemment que de 3 ou 4 au lieu de 7 francs, le prix des marchés libres de l'Angleterre et de la Belgique. Les fondateurs des trusts américains se sont, en conséquence, proposé pour but principal, sinon unique, la suppression de la concurrence intérieure. Ils n'y ont réussi qu'en partie, à cause de l'énorme étendue du marché de l'Union, mais quelques-uns n'en sont pas moins parvenus à y augmenter, dans des proportions considérables les prix de leurs produits et le taux de leurs bénéfices. Seulement, comme l'a remarqué l'auteur très informé de l'*Empire des affaires*, M. Carnegie, il leur fallait, pour obtenir pleinement ce résultat, produire sans interruption et par masses. Aux prix élevés qu'ils imposaient aux consommateurs, le marché intérieur ne suffisant pas pour absorber la totalité de leur production, qu'ont-ils fait ? Ils ont exporté aux prix de la concurrence et même au-dessous l'excédent de leurs produits. C'est la pratique que l'on a désignée sous le nom de *dumping*. Mais cette pratique n'était pas seulement nuisible aux industries concurrentes de l'étranger, elle l'était encore aux industries américaines auxquelles les produits des trusts servaient de matières premières. Si les industries des machines, de la quincaillerie, etc., auxquelles le trust de l'acier, par exemple, faisait payer ce métal 32 dollars, tout en le vendant 24 en Allemagne, pouvaient supporter, sans trop de dommage, cette exaction sur le marché intérieur, où elles étaient fortement protégées, il leur devenait impossible de lutter à l'étranger contre des concurrents favorisés par le tarif différentiel du trust. Cette pratique véreuse, à laquelle s'ajoutaient d'autres abus, a provoqué une violente réaction contre les trusts. Comme d'habitude, on a demandé au gouvernement le remède à ces abus. Dans 33 Etats, des lois plus sévères les unes que les autres ont été faites pour réfréner le monopole des trusts, et, comme d'habitude aussi, elles n'ont rien réfréné du tout. Quoique les protectionnistes s'accordent à affirmer que la question du tarif n'a aucun rapport avec celle des trusts, l'opinion publique commence à comprendre que le seul moyen efficace d'avoir raison de ce monopole, c'est de supprimer la muraille douanière derrière laquelle il s'abrite, autrement dit, c'est d'ouvrir le marché aux produits étrangers et de laisser faire la concurrence.

Les trade-unions ressemblent aux trusts par un point essentiel : le penchant au monopole, et ce penchant vicieux appelle le même remède, la concurrence. Seulement, les trusts ont sur les unions l'avantage d'être protégés par la loi : tandis qu'en associant ou en fusionnant des entreprises isolées, ils suppriment la concurrence intérieure, et s'emparent ainsi du monopole du marché, le tarif des douanes garantit ce monopole contre la concurrence étrangère. Les trade-unions, en associant les ouvriers isolés, ont, de même, mis fin à la concurrence qu'ils se faisaient entre eux ; mais celle que leur font les ouvriers non unionistes, — demeurés encore plus nombreux que les unionistes, — a continué de subsister. Car aucune douane ne protège les unions contre cette concurrence étrangère. Elles sont réduites à se protéger elles-mêmes et elles le font à leur manière. Témoin cette réponse que rapporte M. Claude Anet, du secrétaire du Syndicat des charretiers à un journaliste qui lui demandait s'il restait des charretiers non syndiqués à Chicago :

« Je n'en connais pas, répondit le secrétaire, à moins qu'ils ne soient à l'hôpital. »

Ce mode de protection a bien, à la vérité, le défaut d'être illégal, tandis que la protection douanière est, au contraire, établie par la loi et sanctionnée par la force publique, mais, comme si le gouvernement avait compris l'injustice de cette inégalité de traitement à l'égard de deux monopoles de même nature, il laisse volontiers les syndiqués enseigner la fraternité aux non-syndiqués. Dans cette situation, le taux et les conditions de l'échange du travail contre un salaire se débattent d'habitude entre deux monopoles : celui de l'Union des ouvriers qui accapare le travail, et celui de la coalition des industriels qui accapare le salaire. Après une lutte plus ou moins prolongée, le plus fort de ces deux monopoles l'emporte, jusqu'à ce que le vaincu se croie de nouveau assez fort pour prendre sa revanche. Avons-nous besoin d'ajouter que c'est l'industrie qui paie les frais de la guerre ?

De même que l'unique remède au monopole des trusts réside dans la suppression de la douane qui le protège, c'est l'abandon des pratiques douanières des ouvriers syndiqués qui pourra seul mettre fin aux conflits engendrés par le monopole des syndicats.

Il faut remarquer que ce régime de monopole a été, pendant des siècles, celui de la généralité des industries et que la concurrence n'est devenue que graduellement la loi régulatrice du prix des choses. Les marchés ont été limités par des obstacles de toutes sortes, et nulle part encore la liberté du travail n'a été complétée par une entière liberté de l'échange. Partout les marchés des produits sont limités par des barrières douanières ; aux Etats-Unis et même ailleurs, les marchés du travail ne le sont pas moins par l'esprit de monopole des ouvriers syndiqués. Or, c'est seulement dans un milieu libre et suffisamment étendu que la concurrence peut rempli son office de régulateur. Elle le remplit au moyen d'une série d'intermédiaires, indépendants des producteurs et des consommateurs et d'un vaste système de publicité qui éclaire le marché et dirige les mouvements de l'offre et de la demande. C'est ainsi que les prix des produits qui possèdent un marché général, tels que le coton, la laine, le blé, se fixent d'une manière automatique, sans débat, sans marchandage et sans qu'aucune manœuvre d'accaparement puisse les porter à un taux supérieur à celui où l'établit la concurrence. Voilà où nous acheminent les progrès qui élargissent le marché des échanges, en dépit des obstacles que l'esprit de monopole des industriels protectionnistes et des ouvriers syndicalistes, s'évertue à dresser pour le restreindre. Mais, en attendant, « le laisser faire et le laisser passer » qui n'existe pas, peut-il être rendu responsable des désordres et des maux causés par le monopole qui existe, lui, et qui est même mieux portant que jamais ?

XII

L'ÉVOLUTION DU SALARIAT

L'ÉVOLUTION DU SALARIAT

On peut partager en trois périodes l'histoire des rapports des entrepreneurs et des ouvriers, des salariants et des salariés, sous le régime de la liberté de l'industrie, bien qu'il n'y ait entre ces périodes aucune ligne de démarcation, nettement tracée. La première va de la naissance de ce régime à l'époque de la transformation des moyens de communication et de l'abrogation des lois sur les coalitions. Elle est caractérisée par la prépondérance générale du salariant dans le contrat d'échange du travail contre un salaire. La seconde est marquée par la lutte de plus en plus ardente des deux parties : c'est une période de guerre dans laquelle les salariants s'efforcent *per fas et nefas* de conserver leur prépondérance ou de la ressaisir, les salariés de l'acquérir. Dans la troisième, bien qu'elle commence seulement à poindre, on peut déjà prévoir que leurs rapports se pacifieront par l'ajustement utile et équitable de l'offre et de la demande du travail, sous l'impulsion de la concurrence agissant dans un milieu de plus en plus étendu et libre.

I

Si le régime de la servitude qui a été, dès la naissance de l'industrie, celui du travail manuel, livrait l'ouvrier à la domination parfois tyrannique d'un maître, il avait l'avantage d'assurer son existence. Cette assurance imposée, il la payait au prix de sa liberté, mais dans l'état de sa mentalité et des circonstances du milieu où il vivait, on peut se demander s'il eût été capable de s'en passer. Il s'y soumettait généralement sans résistance, et c'est seulement à mesure que sa capacité de pourvoir lui-même aux nécessités de son existence s'est accrue, qu'il a commencé à la trouver trop onéreuse et cherché à s'en affranchir. De même, c'est lorsque les propriétaires de domaines agricoles, de métiers ou d'industries, ont pu se procurer le travail libre en quantité suffisante et au-dessous du prix que leur coûtait l'assurance de la vie de leurs esclaves ou l'assistance de leurs serfs, qu'ils ont cessé de s'opposer à leur libération et en ont pris même fréquemment l'initiative. Ce progrès se serait donc accompli naturellement, de lui-même, au moment et dans la mesure où il eût été avantageux aux deux parties, et peut-être les maux qui ont suivi l'avènement de la liberté du travail, eussent-ils été évités si la Loi n'était pas intervenue pour l'imposer, sans avoir égard à l'état de la mentalité des affranchis et aux circonstances du milieu où ils vivaient. Bref, en cette matière comme en bien d'autres, on peut se demander si l'intervention de l'Etat n'a pas été plus nuisible qu'utile.

Quelle était, en effet, la situation respective des employeurs et des employés à l'époque où les liens de dépendance mutuelle qui les unissait encore, — quoique ces liens se fussent successivement affaiblis, — ont été brusquement rompus par la loi ? Cette situation était essentiellement inégale. Les entrepreneurs d'industrie étaient protégés à la fois contre les consommateurs auxquels ils vendaient leurs produits et contre les ouvriers dont ils achetaient le travail. Cette double protection, dont ils étaient redevable à leur influence dans l'Etat, avait pour instruments, d'une part, la législation douanière, d'une autre part, les lois sur les coalitions. La législation douanière fournissait aux entrepreneurs d'industrie le moyen d'élever, au-dessus du taux naturel de la concurrence, le prix des articles de consommation contre lesquels les ouvriers échangeaient leur salaire. Le surcroît de profit que cette législation protectionniste procurait à ses bénéficiaires était ainsi acquis, au moins pour la plus forte part, aux dépens du salaire, dont le pouvoir d'achat se trouvait diminué d'autant. Les lois sur les coalitions, en interdisant aux ouvriers de s'associer pour débattre les prix et conditions de l'emploi de leur travail, les plaçaient, vis-à-vis de l'employeur, dans une situation inégale, car ils étaient plus pressés de lui vendre leur travail qu'il ne l'était de leur acheter. Comme le remarquait Adam Smith, « à la longue, il se peut que le maître ait autant besoin de l'ouvrier que celui-ci a besoin du maître, mais le besoin du premier n'est pas si pressant. » Quoique l'ouvrier fût libre de par la loi de débattre les prix et conditions que lui offrait l'employeur, en fait, il était généralement obligé de les accepter sans débat. Est-il besoin d'ajouter que l'employeur s'efforçait naturellement d'obtenir la plus grande quantité de travail comme de toute autre marchandise en échange de la plus petite somme de monnaie, autrement dit du salaire le plus bas. A la vérité, dans les localités où l'industrie se partageait entre plusieurs entreprises, l'ouvrier pouvait profiter de la concurrence des employeurs, auxquels les coalitions étaient interdites comme à lui-même; mais ainsi que le remarquait encore Adam Smith, « les maîtres sont en tous temps et partout dans une sorte de ligue tacite, mais constante et uniforme, pour ne pas élever le salaire au-dessus du taux actuel. Violer cette règle est partout une action de faux frère. » L'ouvrier

était libre, sans doute, de se dérober à ce monopole tacite, en allant offrir son travail dans quelque autre foyer
d'industrie, mais il ne possédait ni les ressources, ni
les informations nécessaires à son déplacement. En fait
donc, il demeurait, comme auparavant, à la merci de
l'employeur avec cette circonstance aggravante, que
celui-ci était dégagé de toute obligation à son égard et
pouvait au besoin lui opposer la concurrence d'ouvriers
étrangers. Car les lois qui prohibaient l'importation des
produits à l'étranger, ne s'appliquaient pas au travail ;
le profit de l'industriel était protégé, le salaire de l'ouvrier ne l'était point. Enfin, la législation fiscale ache-
vait l'œuvre d'inégalité de la protection douanière et
des lois sur les coalitions, en multipliant et en aggravant les impôts indirects sur les articles de grande consommation, qui atteignait dans la plus forte proportion
la classe ouvrière.

On s'explique donc que le salaire soit trop souvent
tombé, sous l'influence de ces circonstances du milieu,
au-dessous du taux nécessaire au bon entretien et à la
reproduction du capital des forces productives de l'ouvrier. Peut-être ce salaire aurait-il pu suffire à la rigueur, si les ouvriers avaient généralement possédé la
capacité mentale qu'exige la responsabilité naturellement attachée à la liberté, mais la loi n'avait pas fait
de distinction entre les capables et les incapables ; elle
avait imposé également aux uns et aux autres le même

régime, sans rechercher si ce régime, qui était visiblement bienfaisant pour ceux-ci, n'allait pas être nuisible à ceux-là.

S'il est incontestable que l'abolition des privilèges des corporations et des derniers restes du servage des travailleurs attachés aux exploitations agricoles et minières a efficacement contribué aux progrès qui ont donné naissance à la grande industrie dans le cours du XVIII° siècle, et augmenté dans des proportions extraordinaires la richesse des nations civilisées, si la liberté du travail a donné en même temps aux ouvriers d'élite la possibilité de s'élever aux plus hauts rangs de la hiérarchie industrielle, en revanche, on ne saurait dire qu'elle ait amélioré, d'une manière instantanée, la condition de la multitude, comme se l'imaginaient les croyants en la toute-puissance de la Loi. Abandonnée à elle-même, sans posséder encore la capacité mentale qu'exige le self government, dans un milieu où l'exercice de la liberté se heurtait à tout un ensemble de charges et de restrictions artificielles, aussi bien que d'obstacles naturels, elle s'est montrée impuissante à pourvoir aux exigences impératives de cet état nouveau ; comme la richesse, la misère s'est propagée dans des proportions auparavant inconnues. A la charité privée devenue insuffisante, il a fallu joindre l'assistance publique. Mais l'expérience n'a pas tardé à démontrer que la charité, et encore moins l'assistance, ne sont pas des remèdes, qu'elles aggravent même le mal qu'elles ont pour objet de guérir, en détendant le ressort de l'activité et de la prévoyance individuelles. Alors, aux espérances démesurées qu'avait fait concevoir le nouveau régime, a succédé une réaction non moins excessive ; on a proclamé la faillite de la liberté, et au self government imposé indistinctement aux capables et aux incapables, les socialistes ont opposé des systèmes qui se résolvaient dans l'asservissement des uns et des autres.

II

Cependant, les circonstances du milieu se modifiaient à l'avantage de la classe ouvrière, sous l'impulsion des progrès qui augmentaient la productivité de l'industrie. Les entreprises se multipliaient à mesure que les produits créés à moins de frais devenaient accessibles à un plus grand nombre de consommateurs et, à mesure qu'elles se multipliaient, elles se faisaient davantage concurrence, tant pour l'achat du travail que pour la vente des produits. Les ligues tacites dont parlait Adam Smith s'organisaient plus difficilement et elles se rompaient lorsque l'affluence des commandes rendait le besoin de travail plus pressant. D'ailleurs, la transformation des moyens de transport allait bientôt donner aux ouvriers la possibilité de se dérober à ces monopoles locaux. A dater de l'avènement des chemins de fer et de la navigation à vapeur, et malgré l'absence des agents de mobilisation à l'usage des produits et des capitaux, l'émigration intérieure aussi bien qu'extérieure, d'exceptionnelle est devenue normale, et le taux du salaire sur un marché progressivement agrandi, a de moins en moins ressenti l'influence déprimante du monopole. Et tandis que les socialistes ne voyaient de remède aux maux de la classe ouvrière que dans la suppression de la liberté, les économistes demandaient ce remède à son extension. Ils réclamaient et finissaient par obtenir l'abrogation des lois sur les coalitions qui empêchaient le salaire de s'élever au taux naturel de la concurrence et de la réforme de la législation douanière protectionniste qui en abaissait le pouvoir d'achat.

Mais les réformes ne sont fécondes et durables qu'à la condition d'avoir été faites auparavant dans les esprits. Quel était l'état mental des industriels et des ouvriers à l'époque où ont été abrogées les lois sur les coalitions? Sous le nouveau régime de liberté que la loi venait d'établir, leur mentalité demeurait telle que l'avait faite le régime séculaire du monopole. Accoutumés à user de la supériorité de leur pouvoir sur les ouvriers dans l'échange individuel du travail contre un salaire, les industriels ne purent d'abord se résoudre de plein gré à traiter avec les ouvriers associés. Non seulement ils refusaient de débattre les conditions de cet échange avec les coalitions, les unions ou les syndicats, mais ils excluaient de leurs ateliers les ouvriers qui en faisaient partie. Ce n'est qu'à la longue, lorsqu'aux coalitions, temporaires et mal pourvues de ressources, ont succédé des unions et des syndicats permanents, suffisamment munis de capitaux, qu'ils se sont résignés à traiter avec eux.

Mais le même esprit de monopole et de domination qui animait la classe dirigeante de l'industrie n'était pas moins répandu et moins vivace dans la classe ouvrière. A mesure que leurs associations se sont multipliées et sont devenues plus puissantes, les ouvriers ont entrepris à leur tour d'imposer leurs conditions aux industriels. De même que ceux-ci, au temps où ils étaient les plus forts, où dans des marchés étroitement limités, ils avaient affaire à une multitude famélique, usaient de leur monopole de fait pour exiger un maximum de travail en échange d'un minimum de salaire, sans se préoccuper de savoir si ce salaire suffisait ou non à la conservation et à la reproduction du capital de forces productives des ouvriers, les unions et les syndicats se sont proposé pour objectif un maximum de salaire en échange d'un minimum de travail, sans s'inquiéter davantage de savoir si cet excès de leurs exigences ne causerait pas la ruine des industriels et la destruction de l'industrie.

Entre les industriels, accoutumés à une prépondérance séculaire, et les ouvriers, maintenant pourvus du puissant instrument de l'association, les uns et les autres, animés du même esprit de monopole et de domination, la guerre était donc inévitable. Elle s'est propagée dans toute l'étendue du domaine de la production, en s'aggravant à mesure que les ouvriers ont acquis davantage les ressources nécessaires pour l'engager et la poursuivre.

Nous avons maintes fois décrit le mécanisme et la tactique de cette guerre civile du capital et du travail. Elle a pour objectif la domination du marché du travail et elle procède par un double accaparement : accaparement du travail par les ouvriers, du salaire par les industriels. Quel but se proposent les ouvriers en se mettant en grève et en choisissant de préférence le moment où les commandes affluent, où, par conséquent, leur travail est le plus nécessaire ? C'est d'obliger l'industriel à accepter les conditions qu'il leur plaît de lui imposer, sous peine de subir le dommage résultant de la privation de cet agent indispensable de la production. S'il estime que ce dommage dépasse celui que lui causera l'acceptation des conditions de grévistes, il consentira probablement à se soumettre, provisoirement du moins, à leurs exigences. Mais pour obtenir ce résultat, pour remporter cette victoire, les grévistes doivent écarter absolument la concurrence des ouvriers du dehors. Or, sous un régime de liberté de travail, il

est rare que les industriels ne trouvent pas à les remplacer, en augmentant au besoin légèrement le taux du
salaire. Il faut donc que les grévistes interdisent à
la concurrence l'accès des ateliers, dans lesquels ils
ont fait le vide, et qu'ils s'attribuent le droit exclusif d'approvisionner de travail, comme les industriels
s'attribuent celui d'approvisionner de leurs produits, le
marché national. Seulement, les grévistes n'ayant pas
de douane à leur service, remplissent eux-mêmes l'office
de douaniers, en employant les procédés adaptés à ce
genre d'office. Les industriels ne manquent pas de se
plaindre — et ils se plaignent avec raison — de cette
atteinte à la liberté du travail, mais il ne leur vient pas
à la pensée qu'ils se rendent coupables d'un méfait analogue, en mettant en œuvre leur influence politique,
pour interdire l'accès du marché national aux produits
étrangers, afin d'élever, de même, artificiellement, le
prix de leurs produits au-dessus du taux naturel de la
concurrence. Ils portent ainsi atteinte à la liberté de
l'échange, non moins respectable que la liberté du travail, dont elle est le complément nécessaire.

A cette pratique protectionniste, les grévistes en
joignent une autre, certainement moins répréhensible,
en échelonnant les mises en interdit des entreprises
d'un même foyer d'industrie. Grâce à cet expédient ingénieux, ils peuvent alimenter la caisse de la grève à
mesure qu'elle s'épuise, au moyen des subventions

que leur accordent, — naturellement, à charge de revanche, — les ouvriers des entreprises qui demeurent en activité. Seulement, à cette tactique, les industriels en ont opposé une autre, celle du *lock-out* ou de la fermeture générale des ateliers. C'est une mesure cruelle, et qui atteint souvent des ouvriers qui ne sont point de connivence avec les grévistes, mais c'est la guerre !

Au moment où nous sommes, cette guerre se poursuit dans toute l'étendue du monde industriel et les grèves récentes de l'Italie et de Marseille attestent même qu'elle est plus violente que jamais. Cependant on peut déjà en prévoir la fin. Ce n'est pas que le même esprit de monopole et de domination ait cessé d'animer les deux adversaires, que les industriels aient renoncé à imposer aux ouvriers, et les ouvriers aux industriels, les prix et conditions de l'échange du travail contre un salaire. Mais le développement continu de toutes les branches de la production, les progrès merveilleux des moyens de transport, et l'extension des marchés du travail qui est la conséquence naturelle de cette évolution industrielle, leur montre chaque jour plus clairement l'impossibilité de soustraire le salaire à l'opération régulatrice de la concurrence.

Comment la concurrence règle aujourd'hui le prix des produits et des capitaux investis dans les choses, malgré les obstacles naturels et artificiels qui limitent encore et troublent sa sphère d'action ; pourquoi les organes nécessaires qu'elle s'est créés pour remplir cette fonction régulatrice font encore défaut au capital investi dans l'homme, c'est ce que nous avons examiné dans des études précédentes que nous allons brièvement résumer.

III

A mesure que les produits et les capitaux se sont multipliés et que l'extension de leurs marchés de consommation a obligé de les porter dans des localités et des régions plus éloignées de leurs foyers de production, le besoin d'instruments et d'agents de mobilisation s'est davantage fait sentir. Comme à tous les autres besoins, il a été pourvu à celui-là aussitôt qu'il est devenu assez fort et assez pressant pour déterminer, par l'appât d'un profit rémunérateur, la création et le développement de l'appareil destiné à y pourvoir. Les instruments de communication maritimes et terrestres se sont multipliés et perfectionnés sous l'impulsion de la demande de plus en plus active qui en était faite ; la navigation à vapeur, les chemins de fer, la télégraphie et la téléphonie électriques ont couvert le globe d'un réseau nerveux, en libérant ainsi les mouvements de la concurrence de l'obstacle naturel des distances et ne laissant debout que les obstacles artificiels, créés par l'imbécile avidité de l'homme. En même temps et pour satisfaire au même besoin, se multipliaient les intermédiaires nécessaires à l'apport des produits et à l'éclairage des marchés, maisons, sociétés, bourses de commerce, organes de publicité de toute sorte. Grâce à cet appareil de mobilisation, nous avons vu décupler, en moins d'un siècle, la circulation des produits, leurs marchés déborder des frontières des États et n'avoir plus d'autres limites que celles de notre globe. Ne recevons-nous pas aujourd'hui des Antipodes, du blé, de la viande et des fruits ? Or, quels sont les résultats de cette évolution industrielle et commerciale dont nous commençons seulement à apercevoir la portée ? Ce n'est pas uniquement de multiplier les matériaux de la vie et du bien-être, en les rendant accessibles au grand nombre, c'est encore d'en opérer la distribution d'une manière de plus en plus équitable et utile. Comment, en effet, s'établissent les prix des grands articles de consommation, les céréales, le coton, la laine, les métaux, le charbon, etc., qui ont aujourd'hui à leur service, sur le vaste marché du monde, les instruments et les agents de mobilisation nécessaire à l'opération régulatrice de la concurrence ? Ils s'établissent sans lutte et même sans débat, d'une manière purement mécanique, d'après l'évaluation de la récolte ou du montant de la production disponible, d'une part, des besoins de la consommation de l'autre. Et, sauf la différence des frais

de transport et des droits de douane, ils sont sensiblement les mêmes dans toutes les parties du monde,
maintenant unifié. De plus, ils tendent incessamment,
sous l'impulsion de la loi naturelle de la valeur associée
à celle de la concurrence, à s'abaisser au niveau des
moindres frais de la production. Lorsque la quantité
produite demeure au-dessus des besoins de la consommation, le prix s'élève dans une progression telle,
qu'il devient aussitôt avantageux d'en augmenter la
production ; lorsque la quantité est surabondante, le
prix s'abaisse dans la même progression et la production se ralentit. C'est une gravitation économique, qui
ramène continuellement le prix au taux nécessaire
pour que la production puisse subsister, ni plus ni
moins.

L'extension des marchés et leur mise en communication de plus en plus rapide et presque instantanée par
la multiplication et le perfectionnement des instruments
et des agents de mobilisation ont amené un résultat
analogue, mais plus complet encore dans la distribution
des capitaux investis dans les choses. Tandis que sur
les marchés resserrés et isolés de l'ancien régime industriel, les capitaux se mobilisaient encore moins que les
produits et que dans la plupart de ces marchés un petit
nombre de capitalistes tenaient, le plus souvent, les
emprunteurs à leur merci et leur prêtaient à usure, en
dépit des lois limitatives du taux de l'intérêt, nous

voyons aujourd'hui le marché des capitaux égaler sinon
dépasser en étendue celui des produits de grande consommation. C'est par milliards que se chiffre l'exportation
des capitaux des pays où la production est abondante,
l'Angleterre, la France, la Belgique, la Suisse, etc.,
dans ceux où elle est rare. Et telle est le nombre et la
puissance des instruments et des agents de mobilisation
à leur service, télégraphes, bourses, banques et organes
de publicité de tout ordre, telle est la rapidité de leurs
opérations, que la tendance à l'unification du taux de
l'intérêt est plus générale et plus accentuée encore que
celle du prix des produits. Les différences ne proviennent plus guère que de l'inégalité des risques.
Aussitôt que dans un pays ou dans une industrie le
capital reçoit une rétribution qui dépasse le taux nécessaire ou tombe au-dessous, les capitalistes desservis
par ce merveilleux appareil de transmission et d'informations presque instantanées y portent leurs fonds
ou les en éloignent jusqu'à ce que le niveau soit ré-
tabli.

C'est ainsi, par l'opération régulatrice des lois naturelles de la concurrence et de la valeur, que les produits et les capitaux se distribuent et que leur prix tend
à se fixer de la manière la plus utile dans le vaste
marché du monde.

IV

Le capital incorporé dans l'homme, le capital humain ou personnel, est régi par les mêmes lois naturelles que le capital investi dans les choses. Malheureusement, les conditions dans lesquelles l'ouvrier se trouvait placé, à l'époque où il est devenu propriétaire de son capital de forces productives, étaient fort différentes de celles des propriétaires des autres catégories de capitaux. Comme le remarquait Adam Smith, l'homme était alors « de toutes les espèces de colis, le plus difficile à transporter ». Libre en droit, — non toutefois sans des restrictions de diverses sortes, — de porter son travail sur le marché où le prix en était le plus élevé, l'ouvrier possédait rarement les moyens d'user de cette liberté. Il était confiné dans la localité où il était né, où, de génération en génération, il avait été attaché par les liens de la servitude et où sa rétribution était réglée par une coutume séculaire. Cet état de choses ne pouvait disparaître du jour au lendemain, et l'avènement légal de la liberté du travail n'eut pas, en effet, le pouvoir de le changer, comme par un coup de baguette. Nulle part, il n'a déterminé une hausse immédiate et directe des salaires. Cette hausse, qui s'est opérée dans le cours du XIXe siècle, a été due, mais seulement d'une manière indirecte et successive, à l'augmentation de l'industrie, dégagée des entraves du régime réglementaire, à l'accroissement de la concurrence des industriels pour demander le travail, qui en a été la conséquence, enfin, mais à un moindre degré, à l'élargissement des marchés ouverts aux ouvriers pour l'offrir. A un moindre degré, disons-nous, car les intermédiaires qui étaient les agents de l'élargissement des marchés des produits et des capitaux, proprement dits, faisaient défaut au travail.

Ce n'était pas que le besoin d'intermédiaires fût moindre pour le placement du travail que pour celui des produits et des capitaux, mais aux obstacles naturels que rencontrait la création de ce rouage nécessaire, s'ajoutaient les obstacles artificiels que lui opposait l'intérêt particulier des industriels. Intéressés à payer le travail devenu libre le moins cher possible, ils recouraient, pour atteindre ce but, au même procédé dont ils usaient pour abaisser le prix des matières premières : la prohibition à la sortie. L'article 417 du Code pénal qui assimile à un crime le transports des ouvriers à l'étranger (1), et la mise des bureaux de placement

(1) Art. 417 du Code pénal : quiconque, dans la vue de nuire à l'industrie française, aura fait passer en pays étrangers des directeurs, commis ou des ouvriers d'un établissement, sera puni d'un emprisonnement de six mois à deux ans, et d'une amende de 50 francs à 300 francs.

sous l'autorité discrétionnaire de la police étaient inspirés par cet intérêt protectionniste. On pourrait
s'étonner que cette hostilité contre les bureaux de placement ait passé ensuite aux ouvriers, si l'on n'en
trouvait l'explication dans les conditions d'existence
précaires qui leur étaient imposées et la déconsidération
que ce régime de suspicion leur attirait. Pour en compenser les risques et les dommages, il leur fallait bien
élever le prix de leurs services, au détriment des ouvriers. De là, leur réputation d'exploiteurs et le préjugé
auquel ils étaient en butte.

Si l'on remonte à la source des préjugés contre les
intermédiaires, on la découvrira, au surplus, toujours
dans quelque dommage originaire, communément
aggravé par l'intervention de la loi pour y remédier, et
dans le ressentiment, légitime ou non, que ce dommage
a provoqué.

Telle a été notamment l'origine du préjugé contre les
marchands de grains, non moins général et enraciné
que le préjugé contre les bureaux de placement.
D'abord, peu nombreux dans des marchés étroits et
isolés par des obstacles naturels et artificiels, les marchands de grains y possédaient un monopole de fait qui
leur permettait d'acheter le blé à vil prix aux cultivateurs, au moment où ils étaient pressés de le vendre
pour payer leurs fermages et leurs redevances ; puis,
après avoir ainsi accaparé la plus grande partie, sinon

la totalité de la récolte, d'en mesurer la vente, de manière à faire hausser artificiellement le prix à un taux excessif. Ajoutons, que la réglementation à laquelle l'autorité les assujettissait d'habitude, en écartant l'esprit d'entreprise et les capitaux de leur commerce, ne pouvait que renforcer leur monopole et aggraver le mal. La situation a changé lorsque les obstacles qui rétrécissaient et isolaient les marchés ont été aplanis. Devenus plus nombreux dans des marchés élargis, les marchands de grains se sont fait chaque jour une concurrence plus serrée, tant pour acheter que pour vendre, et cette concurrence a eu pour effet naturel d'élever les prix pour les producteurs et de les abaisser pour les consommateurs. Dans ces marchés de concurrence, les manœuvres d'accaparement qui pouvaient procurer des profits usuraires dans les marchés du monopole, ont échoué chaque fois qu'elles ont été tentées. Telle a été, il y a quelques années, la tentative d'accaparement des blés américains, qui a abouti à la déconfiture de l'accapareur, M. Leiter. Dans le vaste marché du monde, maintenant unifié, le prix du blé se fixe par l'opération des lois de la concurrence et de la valeur, en raison de l'état des récoltes et des approvisionnements d'une part, des besoins de la consommation de l'autre, sans qu'il soit possible de les fausser. C'est un prix impersonnel qui s'établit, pour ainsi dire, d'une manière automatique, sans débats et sans marchandage. Le préjugé contre les marchands de grains n'en a pas moins longtemps survécu aux circonstances qui l'avaient fait naître, et dans les pays arriérés, téls que la Russie, où il s'associe d'ailleurs à la haine des Juifs, il n'a pas cessé de provoquer des scènes de pillage et de meurtre.

Le préjugé contre les intermédiaires du placement du travail a la même origine et il est demeuré encore plus répandu et plus vivace. Cependant, l'expérience des grèves a commencé, quoique lentement, à faire comprendre aux ouvriers qu'ils sont obligés de compter avec la concurrence, que, dans un marché et dans un moment où l'offre du travail dépasse la demande, toutes les manœuvres pour faire hausser artificiellement le salaire, — boycottage, picketing, violences contre les ouvriers dissidents ou concurrents, *pieds noirs* ou sarrazins, — demeurent infructueuses, et que toute grève, engagée dans ces circonstances, est condamnée à un échec certain. De là, deux tendances nouvelles qui se manifestent dans les unions et les syndicats appartenant aux régions supérieures du travail, l'une qui consiste, sinon à renoncer aux grèves, du moins à ne les engager ou à ne les appuyer qu'après une mûre appréciation de l'état du marché, l'autre à régulariser le marché, au moyen d'agences de placement et de viatiques alloués à leurs membres en quête de travail.

En Angleterre, les dépenses de grèves qui absorbaient d'abord la plus grande partie du budget des dépenses

.. s Trade-Unions, n'y figurent plus maintenant que .. ur environ 20 0/0. Les grèves doivent être autorisées, sinon aucun secours n'est accordé aux grévistes. La plupart des unions américaines ont établi la même règle, et l'*Union des chemins de fer*, par exemple, déclare qu'elle considère les grèves, comme désastreuses, pour le patron et pour l'ouvrier (1). Même règle encore en France dans les syndicats des travailleurs du livre, des mécaniciens et des mouleurs en métaux (2). Aussi,

(1) L'*Union américaine des chemins de fer* a entrepris de protéger les plus humbles de ses membres dans l'exercice de tous leurs droits, mais si elle s'engage à respecter religieusement tous les droits de ses membres, elle entend n'accueillir aucune demande extravagante, aucune proposition déraisonnable. Elle part de cette idée, que tous les différends peuvent être résolus d'une manière satisfaisante, et que de bonnes relations peuvent s'établir et se maintenir entre employeurs et employés ; que le service peut être considérablement amélioré, et que la nécessité de recourir aux grèves, aux lock-outs, aux boycottages et à la mise en quarantaine, procédés que la déclaration considère comme désastreux pour le patron et pour l'ouvrier et comme une perpétuelle menace pour la paix publique doit disparaître à jamais.

(CARROLL D. WRIGHT, *L'évolution industrielle aux Etats-Unis.*)

(2) Les répercussions des grèves sont lointaines et imprévues, dit M. G. Fagniez, et c'est quelquefois une victoire à la Pyrrhus que remporte, dans la guerre industrielle, celui qui reste maître du champ de bataille. C'est moins à cause de cette incidence qui lui échappe qu'à cause des souffrances immédiates et souvent stériles, dont tant de grèves l'ont rendue victime, qu'il

a-t-on constaté, depuis quelques années, que les ouvriers des industries dont la machinerie exige la mise en œuvre des facultés intellectuelles et morales, recou-
faut attribuer le sentiment qui prévaut aujourd'hui à leur égard dans la classe ouvrière ; elles y sont généralement considérées comme funestes. On ne s'en douterait pas, il est vrai, à les voir aussi nombreuses. C'est qu'il y entre plus d'entraînement que de réflexion et de tactique.

La *Fédération des travailleurs du livre* ne s'occupe pas des grèves seulement pour les soutenir, mais aussi pour les prévenir et y mettre fin. Chaque fois qu'un conflit est sur le point d'éclater, elle envoie un délégué qui doit faire tous ses efforts pour le résoudre à l'amiable et ne l'en rendre solidaire que s'il est justifié. Les conflits peuvent être également soumis à une tentative de conciliation devant une Commission locale, puis à un double arbitrage, le premier devant cette même Commission, le second devant la délégation permanente de la Commission centrale de Paris. Jusqu'à la solution du litige, rien n'est changé aux conditions en vigueur au moment où il est né : le travail continue, aucun ouvrier n'est renvoyé. Les ouvriers qui se mettent en grève contre l'avis de la Commission centrale, les parties qui ne veulent pas se soumettre à l'arbitrage sont abandonnés par leurs confrères ou leurs camarades... A Rennes, une grève ayant éclaté dans la typographie sans avoir été précédée par une tentative de conciliation, la Fédération a donné tort aux grévistes.

La *Fédération des ouvriers mécaniciens de France* ne soutient que les grèves qui ont été approuvées par elle, elle donne alors aux grévistes un secours de 14 francs par semaine.

La *Fédération des mouleurs en métaux* ne procède pas autrement que les deux fédérations précédentes. Partout où un conflit éclate, elle envoie un délégué à la fois pour négocier et pour soutenir la résistance et ne donne son appui à cette résis-

rent plus rarement aux grèves, tandis qu'elles demeurent fréquentes dans les régions inférieures du travail, chez les *unskilled* qui font œuvre de leurs muscles plutôt que de leurs nerfs. C'est dans cette catégorie d'ouvriers, dont l'intelligence n'est pas développée par l'exercice, que les socialistes révolutionnaires trouvent aujourd'hui des recrues pour la grève générale. Comme si une suspension complète du travail, partant des salaires, pouvait être plus facilement supportée par les travailleurs que par les capitalistes !

L'élite de la classe ouvrière commence donc à s'apercevoir de l'impuissance des grèves à faire monter artificiellement le prix du travail au-dessus du taux naturel de la concurrence. Malheureusement, il en est autrement de la multitude. C'est pourquoi, dans les pays et les industries en retard, les grèves, — le socialisme aidant, — ne cesseront pas de sitôt de jeter la perturbation dans le domaine du travail. Et aussi longtemps que les ouvriers y auront recours, leur hostilité contre les intermédiaires subsistera, et non sans motif.

Car, une grève n'étant autre chose qu'un accaparement de travail, ne peut réussir qu'à la condition que l'industriel, consommateur de cette marchandise, ne

tance que si elle l'approuve. Elle a été jusqu'à déclarer qu'elle ne soutiendrait que les grèves défensives, c'est-à-dire provoquées par les patrons.

(G. Fagniez, *L'association professionnelle dans les temps modernes*).

puisse s'en approvisionner au dehors. De même donc qu'à l'époque où les employeurs étaient les maîtres du marché du travail, ils s'efforçaient de le restreindre pour les ouvriers, en faisant punir comme un crime l'exportation du travail et mettre les bureaux de placement sous l'autorité arbitraire de la police, les syndicats grévistes qui entreprennent à leur tour de monopoliser le marché du travail, traitent en ennemis les intermédiaires qui aident à remplacer les ouvriers en grève. On s'explique ainsi que l'idée d'instituer des bourses du travail, pour étendre ce marché en l'éclairant, n'ait d'abord été favorablement accueillie, ni par les employeurs qui voulaient en conserver le monopole, ni par les ouvriers qui voulaient s'en emparer. Les syndicats ont fini, toutefois, par leur découvrir une destination utile, celle de les loger aux frais des municipalités !

Mais, pendant que les employeurs et les ouvriers, imbus de l'esprit du monopole, s'efforçaient de restreindre les marchés du travail, les progrès de l'industrie et la multiplication des voies de transport rapides et à bon marché, continuaient à les agrandir. L'homme cessait d'être le moins transportable des colis, et la circulation du travail, non seulement à l'intérieur de chaque pays, mais encore au dehors, prenait un développement extraordinaire. En même temps que des expériences désastreuses démontraient, chaque jour davantage, soit l'impossibilité d'abaisser artificiellement au-dessous du taux de la concurrence les prix du travail par l'accaparement des salaires, soit de les élever au-dessus par l'accaparement du travail, le besoin apparaissait de mettre au service du capital incorporé dans l'homme le même organisme de mobilisation et d'éclairage, au moyen duquel la concurrence remplit son office de régulateur du prix des produits et du taux de l'intérêt du capital investi dans les choses. Cet organisme, composé de l'ensemble des intermédiaires de l'échange et du crédit, s'est créé et développé de lui-même, sous l'impulsion de la concurrence, à mesure que le besoin s'en est fait sentir assez vivement pour en couvrir les frais de production avec adjonction du profit nécessaire (1).

S'il n'existe encore qu'à l'état embryonnaire pour le capital incorporé dans l'homme, cela tient, en grande partie du moins, aux mêmes obstacles qu'a rencontrés à ses débuts le commerce des grains : l'hostilité des producteurs, aussi bien que des consommateurs, et aux tentatives des uns et des autres pour se l'assujettir. En Angleterre, aux Etats-Unis et en Allemagne (2), les

(1) Voir notre étude sur *La concurrence et ses organes*, « Journal des Economistes », numéros de décembre 1902 et de septembre 1903.

(2) On trouvera dans l'ouvrage de M. Edgard Milhaud sur la

trade-unions et les fédérations ouvrières ont établi elles-mêmes un service de placement, plutôt que de recourir à des agences indépendantes ; en France, les syn-

Démocratie socialiste allemande, des renseignements pleins d'intérêt sur ces deux points :

1º Les conditions auxquelles les Fédérations soutiennent les grèves ;

2º Le viaticum qu'elles accordent pour se déplacer, aux ouvriers qui encombrent le marché, — en reconnaissant ainsi, sans toutefois l'avouer, la loi qui gouverne le prix du travail comme celui de toute autre marchandise.

Lorsque les premiers syndicats ouvriers se constituèrent en Allemagne, leur objet à peu près unique était de préparer et de faire des grèves. Von Schweitzer assignait comme but à son *Alliance des Syndicats allemands*, « le progrès commun de la classe ouvrière allemande *par le moyen des suspensions de travail*. » Les grèves sont demeurées l'arme principale des Syndicats, leur dernier et plus puissant argument en cas de conflit avec les patrons ; mais elles tendent de plus en plus à devenir le *dernier* argument... Il faut ajouter que, de plus en plus, aux grèves impulsives se substituent des grèves calculées et méthodiquement conduites. Cela résulte à la fois des progrès du savoir économique des syndicats et de la forme de leur organisation. La fédération ne soutient une grève déclarée dans tel ou tel lieu par un syndicat adhérent que si elle l'a approuvée ; aussi le Syndicat la consulte-t-il, un échange de vues s'établit entre eux, et la Fédération, sollicitée de divers côtés, ne lui accorde son appui que si les raisons de faire grève sont sérieuses.

...Lorsque dans une localité une grève éclate, le viaticum permet à ceux des travailleurs qui peuvent le plus aisément se déplacer, aux célibataires, de se rendre en d'autres lieux pour y chercher du travail ; et le nombre de ceux que le Syndicat

dicats ont commencé à suivre leur exemple, mais, comme le remarque M. Fagniez dans son excellente étude sur les associations professionnelles, les agences syndicales qui placent les syndiqués de préférence aux non syndiqués et imposent, en outre, des restrictions au choix des employés, ont pour effet naturel d'éloigner la clientèle des employeurs (1). Ceux-ci ont continué

doit faire vivre, pendant la grève, se trouve ainsi réduit : les chances de succès de la grève croissent en proportion. Au reste, en tout temps, le viaticum aide à dégorger le marché du travail, dans tel ou tel lieu, lorsque la main-d'œuvre s'y trouve en telle abondance que le taux des salaires soit menacé. Quant à l'assistance des sans-travail, elle est le complément du viaticum, elle corrobore son action. Elle permet, en effet, à ceux des chômeurs qui ne peuvent pas se déplacer, de ne pas accepter du travail au rabais, elle leur donne la possibilité d'attendre, elle empêche ainsi l'avilissement des salaires.

...Par l'indication des localités où il convient que les camarades sans travail ne se rendent pas, la presse corporative complète l'action du viaticum, elle lui permet de produire tout son effet.

(Edgard MILHAUD, *La Démocratie socialiste allemande*, p. 345 et 362).

(1) En 1891, le total des placements à demeure dus à des syndicats ouvriers, en France, s'est élevé à 86.014. En 1899, sur 2.685 syndicats ouvriers, il y en avait 653, soit 24 0/0 qui s'occupaient de placements. En 1900, l'administration enregistrait l'existence de 3.287 syndicats ouvriers et de 733 bureaux de placement issus de ces syndicats, c'est-à-dire que la proportion de l'année précédente était réduite. Les bureaux d'origine ouvrière existant au 1er janvier 1903 étaient au nombre de 1.017. On ne pourra que souhaiter de voir s'augmenter la part

autant que possible à se passer d'intermédiaires ou à s'adresser aux bureaux de placement. Qu'ont fait alors les syndicats ? Ils ont réclamé et obtenu de la faiblesse complaisante des Chambres la suppression de ces concurrents, que le régime arbitraire, auquel ils étaient soumis, rend cependant peu redoutables. Seulement, on peut douter que le quasi monopole dont jouissent aujourd'hui les syndicats, ait la vertu d'améliorer leurs services. Les associations philanthropiques, les muni-

de ces bureaux dans le recrutement et la répartition de la main-d'œuvre, s'ils ne s'occupent que des intérêts de ceux qui s'adressent à eux, si, au lieu de suivre uniquement l'ordre d'inscription, ils tiennent compte de la capacité et de la moralité des ouvriers, des convenances des parties. C'est ce qui se fait, par exemple, dans la Fédération des travailleurs du livre, dans celle des mécaniciens et dans celle des lithographes. Le danger, c'est que l'antagonisme contre le patronat ne pénètre dans ce service, c'est qu'une institution éminemment pacifique, puisqu'elle est destinée à nouer des accords, soit faussée pour servir aux besoins, à la tactique de la guerre sociale. Cela est arrivé. En 1900, l'Office national ouvrier de statistique et de placement des bourses du travail, pour venir en aide aux grévistes du Havre, refusait d'envoyer des ouvriers dans cette ville. Si cette façon de comprendre le placement se répandait dans les syndicats ouvriers, il ne faudrait pas s'étonner de la défiance et de l'abstention des patrons à l'égard des bureaux syndicaux.

(G. FAGNIEZ, *L'Association professionnelle dans les temps modernes. Compte rendu des travaux de l'Académie des sciences morales et politiques*, numéro de septembre-octobre 1904.)

cipalités et les gouvernements eux-mêmes sont intervenus, de leur côté, pour répondre à un besoin que les syndicats sont impropres à satisfaire (1). Seulement, il est fort à craindre que cette intervention, en décourageant, par une concurrence gratuite, les capitaux de se porter dans l'industrie du placement, ait pour effet de retarder le développement et le perfectionnement d'un organisme que l'extension croissante des marchés du travail rend de plus en plus nécessaire.

Ce que sera cet organisme en voie de formation,

(1) Dans son dernier rapport au bureau du commerce et du travail, le commissaire général Sargent a particulièrement recommandé la création de bureaux d'informations à l'usage des émigrants, à leur débarquement, afin qu'ils puissent se diriger immédiatemeut dans les parties du pays où ils ont le plus de chances de se placer avec avantage. M. Sargent voudrait que ces bureaux fussent pourvus des cartes des différents États de l'Union, avec une description de leurs ressources et de leurs produits, des renseignements sur les prix des terres, sur les routes et les prix du transport. Il voudrait aussi que les bureaux fournissent des informations sur l'état du marché dans les différentes branches du travail *skilled* et *unskilled*, le taux des salaires, le prix des nécessités de la vie ; bref, toutes les informations nécessaires à un homme en quête d'un emploi.

Des bills ayant pour objet la création de ces bureaux ont déjà été présentés aux deux Chambres du Congrès pendant la dernière session. Ils ont été ajournés, mais seront présentés de nouveau dans la prochaine session.

(*Ionrnal of Commerce* de New-York, 1904.)

nous avons essayé d'en donner une idée, au risque d'être accusé d'anticiper sur l'avenir à la manière de M. Wells (1). Il nous suffit aujourd'hui de constater que les faits n'ont pas démenti nos prévisions ; qu'ils ont attesté de plus en plus clairement que le salariat n'est pas, comme se plaisent à l'affirmer les socialistes, une simple transformation de la servitude ; que les progrès de l'industrie et l'ouverture des marchés du travail à l'opération régulatrice de la concurrence ont agi, au contraire, et agissent plus efficacement chaque jour, pour libérer l'ouvrier de son assujettissement séculaire, et lui assurer la part utile et équitable qui lui revient dans les fruits de la production.

(1) Voir les *Bourses du travail*, chap. XXI. Résultats matériels et moraux de l'extension et de l'unification des marchés du travail.

XIII

L'ACCAPAREMENT

L'ACCAPAREMENT

Nous avons aujourd'hui, parmi nos ministres, trois socialistes avérés : MM. Briand, Millerand et Viviani. Ce sont des hommes intelligents. Leurs anciens discours ne devront pas tarder à les gêner. Ils comprennent qu'entre les réalisations socialistes et les fonctions gouvernementales il y a une différence. A part M. Viviani, ils craignent de réformer, beaucoup plus que ne le feraient les économistes qui, eux, ne sont pas gênés par leurs antécédents. Nous en avons un exemple récent : il y a bien longtemps qu'il est question de supprimer la taxe du pain, pourtant M. Briand n'hésite-t-il pas à la maintenir quoi qu'elle soit devenue de moins en moins conforme à la réalité des choses. On pouvait autrefois craindre une coalition des boulangers ; aujourd'hui, cette coalition ne serait plus possible grâce à la multiplication et à la rapidité des moyens de transport.

Une coalition des boulangers attirerait maintenant la concurrence de quelques localités voisines. Nous en avons eu la preuve lorsqu'un socialiste ami des boulangers a fait prohiber le pain belge dans les départements frontières. La Chambre des Députés, dans son ardeur protectionniste, a confirmé cette prohibition.

Le public se plaint de « la vie chère » ; il part en guerre contre la spéculation et l'accaparement, en théorie, non en pratique ! Car ne peut-on assimiler aux accaparements les trusts et les cartels qui, à la concurrence étrangère, opposent des tarifs douaniers prohibitifs et se débarrassent de la concurrence intérieure en ruinant ceux de leurs concurrents qui ne veulent pas se laisser englober dans leurs combinaisons. L'exemple des chemins de fer devenus, aux Etats-Unis, après élimination des petits possesseurs de lignes, une sorte de monopole entre les mains de quelques gros brasseurs d'affaires — ce qui ne les empêche pas de tenir la tête de la statistique des accidents — n'aura pas servi de leçon aux pays d'Europe qui avaient encore jusqu'ici laissé quelque liberté à cette industrie, et l'on peut prévoir que l'Ouest, repris par l'Etat, continuera de multiplier les catastrophes jusqu'à ce que des services d'automobiles — et même d'aéroplanes ! — entrent en concurrence pour transporter jusqu'à la mer les touristes peu soucieux de se faire écraser par les chemins de fer. Qu'il s'agisse de monopoles d'Etat ou de particuliers, la preuve est faite que la concurrence est indispensable pour avoir raison de la routine et de l'inertie inhérentes à tout monopole.

Le gouvernement s'attribue le plus qu'il peut de monopoles ; il s'attache aussi à renforcer les lois qui asservissent la spéculation et les accaparements, quoiqu'elles soient devenues de plus en plus inutiles. On conçoit que l'accaparement était possible lorsque les marchés étaient peu nombreux. Il suffisait qu'un spéculateur avisé et bien pourvu de capitaux achetât aux cultivateurs les grains que, pour le paiement de l'impôt, ils étaient obligés de vendre, même en baisse, et profitât plus tard de la hausse pour les revendre. Mais quoique ces tentatives d'accaparement fussent souvent favorables aux consommateurs imprévoyants, c'était un genre de spéculation qui pouvait tourner mal pour le spéculateur, lorsque des grains provenant d'une autre source faisaient subitement baisser les prix. Cela me rappelle que Fourier était, avec juste raison, fort indigné parce qu'un accapareur, pour retarder l'abaissement des prix, avait fait jeter du blé à la mer ; il ne se doutait pas que des navires apportant du blé d'Odessa étaient proches et rendaient ainsi cet acte abominable inutile. Plus récemment, les accapareurs de blé et de sucre ont subi de grosses pertes, la hausse des prix sur laquelle ils comptaient ayant attiré la concurrence sur laquelle ils ne comptaient pas.

En France même, les tentatives d'accaparement ont causé des désastres dont ont souffert les consommateurs d'abord et les producteurs ensuite. Mais de celles-ci on peut faire remonter la cause au protectionnnisme : témoin le monopole de fait concédé à l'armement français, avec ce dangereux correctif de l'embauchage obligatoire des inscrits maritimes, dont les producteurs algériens de primeurs n'ont pas eu moins à se plaindre que les consommateurs français, et les armateurs à maintes reprises. Les seuls moyens d'y remédier seraient de ne plus empêcher la navigation étrangère de faire le service entre la France et l'Algérie et d'abolir ce régime suranné qu'est l'inscription maritime. Mais qui y songe à la Chambre par ce temps de prohibitions et d'entraves aux libres transactions.

En dernier lieu, ce sont les syndicats ouvriers qui ont commis les pires tentatives d'accaparement. En 1903, ils ont obtenu de la Chambre la suppression de l'industrie du placement libre qui leur faisait concurrence. Ils se sont efforcés de placer les syndiqués et de faire renvoyer les non syndiqués ; même, au Havre, il y a quelques années, ils ont réussi à empêcher les patrons de se procurer à Paris, des ouvriers pour remplacer les grévistes — un fait récent, qui s'est passé dans cette ville, a prouvé que les travailleurs n'ont pas tort de se laisser effrayer par les menaces de ceux dont ils viendraient prendre la place désertée. Les syndicats sont devenus beaucoup plus influents mais aussi très féroces ; ils ont imaginé la « chasse aux renards » pour la repression de laquelle le gouvernement a employé des mesures insuffisamment sévères. En Angleterre, on a dû recourir, contre les apaches, au « chat à neuf queues », ce ne serait pas inutile en France ; on pourrait même étendre son application à ceux qui n'hésitent pas à infliger à leurs semblables des supplices barbares pour les punir de vouloir gagner leur pain quotidien et celui de leurs familles. Mais on a opposé, à son emploi, des arguments sentimentaux, on dit l'usage du fouet contraire à la dignité humaine. N'est-il donc pas contraire à la dignité de l'homme que l'on coupe la tête à ceux qui commettent des crimes analogues à ceux que des grévistes ont récemment commis au Havre où ils ont piétiné à mort un ouvrier qui voulait travailler malgré les grévistes.

Mais les radicaux et les socialistes comprennent de singulière façon la dignité humaine ! N'avons-nous pas vu, pendant son passage au pouvoir, M. Clémenceau leur faire cadeau du ministère du travail, que les contribuables ne demandaient point, puis aller, en Argentine, affirmer, dans une série de conférences qu'une démocratie doit viser à la simplification du gouvernement au point de n'être plus qu'un simple conseil d'administration, sans paraître se douter de l'illogisme qu'il y a entre ses actes et ses paroles, puisqu'en France il

n'avait songé qu'à en augmenter les rouages et les attri-
butions?

N'avions-nous pas raison de constater au début que
les ministres radicaux et socialistes sont plus timides
que les économistes ?

XIV

COMMENT ON PEUT RELEVER LE TAUX DES SALAIRES

COMMENT ON PEUT RELEVER LE TAUX
DES SALAIRES

Les fruits de la production se partagent entre le capital et le travail.

Le capital entreprend la production et la dirige.

S'il s'agit d'une exploitation agricole, le capitaliste possède — ou loue — le fonds de terre nécessaire à son entreprise, se procure des semences, construit des bâtiments, achète des animaux, des véhicules et des instruments aratoires. Il en prend lui-même la direction ou engage un fermier.

S'il s'agit d'une mine, il acquiert la propriété du sol, du sous-sol et fait les frais des travaux préparatoires pour atteindre la houille ou le minerai. Ces frais peuvent s'élever très haut dans les gisements exploitables parfois à un millier de mètres de profondeur et davantage (1).

(1) Seulement pour des sondages qui ne donnent rien par eux-mêmes et sont simplement la poursuite d'une richesse, que l'Etat se réserve de laisser ou non exploiter par ses « inven-

S'il s'agit d'une exploitation industrielle, de la fabrication de tissus ou de quelque autre article de consommation, il se procure les instruments et l'outillage nécessaires.

En outre, la direction de l'entreprise entre, en ces di-

teurs », on dépense quelquefois jusqu'à 4 millions : c'est ce qui est arrivé en Meurthe-et-Moselle il y a fort peu de temps. Avant de retirer une benne de charbon de terre, il faudra creuser deux puits jumeaux qui coûteront 3 à 4 millions, souvent 8, 10, 12 millions. Dans le nouveau bassin de Meurthe-et-Moselle, on estime à 20 millions le coût de cette partie absolument nécessaire de l'exploitation, sans parler des autres frais d'établissement : depuis les installations d'épuisement des eaux, de ventilation des galeries, jusqu'à celles qui servent au triage et au nettoyage du charbon. Tout cela le capitaliste le risque — avec espoir de bénéfices, naturellement, — de même que ces salaires qu'il avance aux ouvriers, sur le prix de vente de charbons qu'il ne pourra peut-être jamais réaliser parce que l'exploitation n'aura rien rapporté. On en a un exemple dans les champs d'or de l'Afrique du Sud où sur près de 3.000 compagnies qui se fondèrent, 1.150 disparurent en un court espace de temps ; assurément toutes n'ont pas été menées ni lancées honnêtement, mais même parmi les plus sérieuses, l'amortissement une fois fait, il n'est pas resté grand' chose pour la rémunération équitable et indispensable du capital engagé. Par ailleurs, ne cite-t-on pas un de ces chemins de fer métropolitains de Londres qui, depuis 40 ans, n'a pas distribué de dividende à ses actionnaires, quoique, pendant ce laps de temps, il ait rendu un véritable service social en transportant à très bon marché des centaines de millions d'individus. DANIEL BELLET, *Une réforme menaçante de la législation minière.* Cote de la Bourse et de la Banque, du 13 août 1909.

vers cas, en partage des produits, concurremment avec le capital et le travail. Souvent, l'employeur dirigeant lui-même l'exploitation, sa part s'ajoute à celles qui reviennent au capital et au travail. Mais parfois la direction est confiée à un spécialiste par des capitalistes engagés dans l'affaire, quelquefois ce spécialiste est très largement rémunéré : on peut citer comme exemple la rétribution accordée à un directeur américain qui s'élevait à un demi-million.

Enfin le travail est attribué aux individus — plus ou moins nombreux — nécessaires pour mettre le capital en œuvre. Mais ces ouvriers ne possèdent pas les avances qui leur permettent d'attendre que le produit soit achevé et vendu ; ils ne peuvent pas non plus courir les risques de l'entreprise, que ces risques soient plus ou moins variés et intenses. Dans une exploitation agricole, par exemple, il faut plusieurs mois avant que le blé, ou toute autre culture, arrive à maturité et puisse être vendu. Il arrive aussi qu'un orage détruise la moisson ou que le produit subisse une baisse supérieure aux frais de la production. Il faut que les travailleurs soient exonérés de l'avance des fonds et des risques de la production. Les ouvriers ne participent point à ces aléas : ils perçoivent des salaires au taux qui a été convenu sans subir les frais de l'avance et les risques de perte qui retombent sur le capital.

Mais on peut concevoir que ces avances et ces risques

soient supportés non par les entrepreneurs, mais par un tiers, en échange d'une rétribution. Cela débarrasserait ainsi les industriels de l'obligation, souvent très gênante, de fournir les salaires aux ouvriers à l'époque convenue : une semaine ou un mois. Les patrons seraient peut-être individuellement tentés d'augmenter les frais de l'avance et de la couverture des risques d'autant plus élevés qu'ils auraient à faire à un plus grand nombre d'ouvriers en concurrence, pressés d'obtenir du travail pour subsister. S'ils sont maîtres d'en fixer le taux, ils réussiront à augmenter la durée du travail et à en réduire la rétribution jusqu'à l'épuisement des travailleurs. S'il existait un tiers occupé du paiement général, qui en ferait sa spécialité, il en distribuerait le total à la masse des ouvriers : 1° parce qu'il aurait toujours disponibles, la quantité de fonds nécessités par son entreprise ; 2° parce que, comme il en ferait sa spécialité, il apprécierait plus sûrement le taux de l'avance et des risques de chaque industrie. La conséquence serait la diminution du fardeau qui pèse sur les ouvriers, soit le montant de l'avance et de la couverture des risques qui viendrait en augmentation de leur salaire relevé ainsi du total de la différence.

Le salaire doit hausser encore lorsque le capitaliste peut employer les machines dont le rendement revient à meilleur marché que le travail manuel auparavant utilisé. Les produits de l'exploitation étant moins coûteux se vendent davantage.

Mais lors de l'introduction des machines, l'employeur congédie une partie de son personnel devenu inutile. Il faudrait donc : 1° que les ouvriers s'assurassent contre les progrès qui les remplacent : s'il s'établissait des sociétés d'assurance appropriées à cette fin, il suffirait d'une légère prime pour y faire face ; 2° si les ouvriers ne veulent pas s'assurer, ils subiront l'expulsion et les dommages qui en seront la conséquence. Mais ces dommages pourraient être réduits s'il existait une institution par laquelle le domaine du travail serait éclairé et qui procurerait plus aisément aux travailleurs congédiés des travaux rapprochés de ceux auquels ils étaient accoutumés. Il faut remarquer que le travail peut être, par la suite, beaucoup plus demandé qu'avant l'introduction des machines et ainsi employer des ouvriers en beaucoup plus grand nombre, mais pour cela, il faudrait que la consommation augmentât plus vite que n'arrive la baisse du prix des produits. On pourrait citer comme exemple l'invention de l'imprimerie, qui, à la longue, a utilisé une quantité d'ouvriers centuple de celle des copistes d'autrefois, mais qui a d'abord réduit le nombre des copistes et des enlumineurs.

En général, les progrès des instruments de la production, capital et travail, abaissent les prix de toutes choses. S'il s'agit du capital, le progrès des machines

s'arrête à ce qui est seulement du ressort de la machinerie et non du domaine de l'intelligence nécessaire pour
les diriger. Plus, enfin, le capital exécute d'opérations
productives, plus il opère à bon marché. S'agit-il du
travail, le progrès des machines en relevant la nature
du travail, c'est-à-dire en le rendant plus intellectuel
parce qu'il réserve à la machinerie tout ce qu'elle est
capable d'accomplir, a pour effet de relever le taux des
salaires comme cela se passe dans les travaux des professions dites supérieures.

Des salaires de main-d'œuvre ainsi relevés permettent
aux ouvriers d'augmenter leur consommation et de
consacrer une partie de leur gain à l'achat des agents
de production : terres ou valeurs. C'est en s'abstenant
des articles inutiles ou nuisibles et en restreignant leur
consommation superflue au profit de l'épargne qu'ils
peuvent s'élever au rang de la bourgeoisie. Car, comme
le disait Garnier Pagès l'ancien : « Il n'y a pas lieu de
raccourcir les habits pour en faire des vestes, mais
d'allonger les vestes pour en faire des habits. »

Il n'y a aucun autre moyen de relever les salaires.
C'est à des procédés artificiels, parfois même nuisibles,
que les meneurs des ouvriers ont recours : telles sont
les grèves, — et dans une moindre mesure, les syndicats ou les trade-unions — lorsqu'elles ont pour objet
d'abaisser la rétribution du capital au-dessous du taux
nécessaire. S'il s'agit des grèves, les employeurs se dé-

fendent par des lock-outs et, le plus souvent, le travailleur ne trouve aucune augmentation de salaire quoiqu'il ait interrompu le travail pendant plusieurs jours ou même pendant plusieurs mois. Les patrons subissent assurément un dommage, mais les salariés en subissent un autre, ordinairement plus grand et plus étendu, soit qu'ils se voient privés d'articles de consommation, soit qu'ils ne retrouvent pas toute la quantité de travail existant avant la grève. Ou bien les ouvriers l'emportent et font valoir leurs prétentions, notamment la hausse du salaire, mais alors : 1° les employeurs, ne recevant plus la rétribution nécessaire pour couvrir les frais et le bénéfice de la production, diminuent le nombre de leurs entreprises — et, par conséquent, la somme de travail qui y était utilisée — il s'ensuit donc une baisse des salaires ; 2° mais en supposant que les ouvriers vainqueurs, associés dans les syndicats et les trade-unions, usant de modération, se bornent, ce qui est rare, à obtenir l'élévation des salaires de manière à laisser intact le gain nécessaire aux entreprises de production, ils obtiendront ainsi la part qui leur revient équitablement dans l'entreprise. C'est à ce point de vue qu'on peut justifier les syndicats et les trade-unions qui ont réduit à sa juste rétribution la part du capital que l'immobilisation des ouvriers et l'abondance locale de la population — amenant la baisse excessive des salaires — avait maintenue à un niveau exagéré.

Où l'on doit considérer comme particulièrement nuisibles les grèves, les unions et les syndicats, c'est lorsqu'en suspendant le travail, ils diminuent ainsi la production et, par suite, l'abaissement des prix qui mettrait les produits plus à portée de la généralité des consommateurs. Ces suspensions de travail ne profitent guère, habituellement, qu'aux concurrents étrangers et surtout aux meneurs dont elles augmentent l'importance. Elles sont encore nuisibles lorsqu'agissant pour diminuer les produits de manière à abaisser les revenus du capital et à le rendre insuffisamment productif, elles contribuent à la réduction du nombre des entreprises qui, à la longue, auraient pu, au contraire, par leur extension, fournir un accroissement de travail.

Les procédés employés par les grèves et les syndicats sont nuisibles lorsqu'ils font opposition aux progrès du machinisme.

On peut dire que le plus souvent les grèves et les syndicats ont pour effet de restreindre mais non de relever le taux de rétribution du travail.

Nous avons dit comment les ouvriers peuvent augmenter leurs salaires, mais que pour y parvenir, ils sont jusqu'ici réduits à prendre des moyens empiriques qui leur nuisent au lieu de leur servir. Comment, enfin, ne pas parler des gaspillages et des empiètements de l'État — ou même de ses accaparements : tels les chemins de fer, les allumettes, etc., sans oublier les projets de lois sur les mines — qui, en augmentant perpétuellement les charges de l'industrie diminuent le nombre des entreprises de production et dont l'intervention, les défenses et l'ingérence, constamment sollicitées par la masse ouvrière loin de lui apporter les améliorations désirées ne servent qu'à retarder le progrès tel qu'il se produit sous l'influence de la concurrence et du génie des inventeurs.

XV

LA SÉPARATION DU CAPITAL ET DU TRAVAIL
DANS LA PRODUCTION

LA SÉPARATION DU CAPITAL ET DU TRAVAIL
DANS LA PRODUCTION

Quel était l'état de l'industrie avant que sa situation
économique, beaucoup plus que la loi, ne l'eût libérée ?
Elle était soumise à des règlements qui la constituaient
en maîtrises. L'industriel en possession d'un capital
achetait l'outillage et les matières premières nécessaires
à son entreprise. Il possédait aussi le travail, en partie
du moins, puisqu'une partie était serve et par conséquent ne pouvait être séparée de son entreprise. Il avait
encore des ouvriers associés qui se rendaient là où le besoin de leur travail se faisait sentir ; tels ceux qui cons-
truisaient les églises, les autres monuments, sans parler
des maisons, et qui n'étaient pas occupés d'une manière
permanente dans le même endroit. Leur histoire nous
a été racontée par les ouvriers eux-mêmes dans les
livres sur le compagnonnage. Ils avaient constitué dans
des associations concurrentes qui se livraient parfois de

furieux combats sous le prétexte de venger la mémoire d'Hiram leur fondateur.

En possession des bâtiments, de l'outillage, des matières premières et en partie du travail qui lui était assujetti, l'industriel possédait aussi sa clientèle, car il était défendu à ceux des autres métiers de lui faire concurrence : de nombreux procès étaient engagés sur les limites de chaque industrie.

Ainsi organisée, l'industrie jouissait à un haut degré de la stabilité utile à toute entreprise ; en revanche, elle était hostile à tout progrès ; les inventeurs se voyaient souvent persécutés ou proscrits.

L'outillage agricole et industriel — en dehors de l'outillage militaire soumis, lui, à la concurrence — était le même de génération en génération ; on retrouvait à la fin du xviiiᵉ siècle des procédés du temps des Pharaons.

L'industrie a été déclarée libre, en France, en 1789 ; elle l'était auparavant en Angleterre et le devint ensuite en Allemagne ; de ce moment date l'ère du progrès. Devenu libre, le progrès n'en a pas moins débuté par causer un dommage aux industriels et aux ouvriers. Le système protecteur a garanti les industriels contre la concurrence étrangère, en attendant que les trusts et les cartels essaient de les préserver de la concurrence intérieure. Contre les ouvriers ils ont reconstitué le monopole qui existait avant que le travail eût été déclaré libre ; ils ont d'abord interdit les coalitions qui auraient pu égaliser le travail offert au travail demandé. Ils leur ont ensuite rendu difficile d'aller à l'étranger se procurer de plus hauts salaires en leur interdisant d'y faire concurrence à l'industrie nationale, ce qui était alors considéré et puni comme un crime. En même temps ils ont soumis les bureaux de placement à la surveillance de la police, ce qui les a empêchés de se développer. Les employeurs ont ainsi acquis un véritable monopole qui leur permettait d'autant mieux d'abaisser les salaires que les travailleurs se pressaient plus nombreux pour obtenir de l'ouvrage. On trouve là le germe de la haine des ouvriers contre les patrons qui s'est tant développée depuis.

Mais les progrès de l'industrie, plus encore que la législation, ont amélioré la condition des ouvriers. Leurs salaires se sont relevés. Le Code pénal a cessé d'interdire les coalitions. Puis le système électoral s'est étendu jusque dans la classe ouvrière. La jouissance du droit de vote, qui lui était auparavant refusé, a accru son importance ; elle a pu nommer des représentants qui, en dernier lieu, ont dû faire valoir ses prétentions. C'est ainsi qu'elle a pu jouir en fait de la liberté du travail qui lui avait été accordée en droit.

* *
*

Des législateurs, qui ne savaient pas mieux que les ouvriers comment rendre meilleure l'existence de leur clientèle, et qui ignoraient les conditions de l'industrie, ont fini par élaborer une multitude de lois qui ont empiré la situation de la classe ouvrière sous le prétexte d'améliorer son sort. Telles sont la plupart de ces lois dénommées lois sociales.

Des lois inspirées par la philanthropie, auxquelles je me souviens que Cobden était hostile, ont diminué la durée du travail des femmes et des enfants dans les manufactures et privé ainsi la classe ouvrière d'un gain qui lui était nécessaire. Depuis qu'elles sont passées à l'état de lois sociales, elles ont été aggravées.

Les lois sur le repos hebdomadaire sont aussi devenues une gêne pour les travailleurs qui, à titre de contribuables, paient le supplément de fonctionnaires qu'elles ont nécessité.

Les socialistes ont encouragé les grèves qui se sont multipliées ; mais aux grèves on a opposé les lock-out, les industriels s'associant par là à leur tour contre les brusques cessations de travail. Le nombre des grèves qui ont obtenu gain de cause a diminué, et toutes elles ont occasionné des pertes sensibles aux grévistes. A ces pertes, il faut ajouter la disparition du travail qui a dû être effectué ailleurs.

Une autre loi, en Angleterre, en Allemagne et en France, a pour objet d'établir des pensions pour les ouvriers, à l'exception de ceux dont les salaires sont augmentés d'un profit. Il y a, de la sorte, à distinguer la classe des bourgeois de celle des ouvriers puisque les entrepreneurs d'industrie, pris parmi les bourgeois, subventionnent les ouvriers pensionnés. D'abord, le nombre des ouvriers qui atteignent 60 ans est extrêmement restreint. Et quant à ceux qui n'arrivent pas à cet âge et qui durant leur vie sont assujettis à payer une part de leur pension, ils perdent par là une partie de leurs salaires. C'est ainsi qu'une loi sociale a diminué le revenu des ouvriers dans une proportion égale à la différence de ceux qui n'arrivent pas à l'âge de la pension et de ceux qui l'atteignent.

On peut en dire autant des impôts sur les successions que le socialisme a augmentés et qui en enlèvent parfois le tiers à ceux qui y ont actuellement droit. Quel est l'effet de cette loi sur la classe ouvrière? L'impôt sur les successions augmente le revenu de l'Etat aux dépens de la classe aisée, mais il emploie la plus grosse part de ce revenu à accroître, la plupart du temps, des dépenses improductives et l'enlève à la production que les classes riches auraient augmentée par de nouvelles entreprises et utilisée, en grande partie, au profit de la classe ouvrière. Tel a été le résultat assuré par le socialisme avec les impôts de l'Etat démocratique qui pourtant s'efforce de favoriser les ouvriers aux dépens des autres classes.

Est-ce tout ? Les principaux pays, tels que l'Angleterre, la France et l'Allemagae, ont des déficits qui s'élèvent présentement à plus d'un milliard et demi : il faudra bien exhausser les impôts. On sait les protestations françaises sur la récente augmentation du prix du tabac, que le gouvernement allemand se met aussi en devoir d'accroître ainsi que les taxes sur la bière. Déjà les socialistes s'emploient à transformer le régime des mines, des assurances et des chemins de fer, en attendant qu'ils mettent la main sur les autres grandes industries. L'ensemble des productions rapporteront moins à la nation que celles qui restent soumises à la concurrence. Cela s'appelle manger son blé en herbe.

*
* *

La liberté de l'industrie a produit des effets bienfaisants dont la classe ouvrière s'est ressentie : elle a généralement élevé le taux des salaires. Depuis un demi-siècle, des inventions et des progrès de tous genres ont augmenté la production qui, dans les pays industriels s'élève à plus des deux tiers de ce qu'elle était en 1840. Le développement du commerce entre les différents peuples a été considérable ; en 1840, il montait à 60 milliards, il est actuellement de 140 milliards. Alors un vaisseau de 23.000 tonnes n'aurait pas trouvé un emploi régulier ; aujourd'hui d'énormes navires sillonnent constamment les mers, et dans la marine de guerre les dreadnoughts se sont multipliés bien que chacun absorbe de 50 à 60 millions. Les entreprises de production sont devenues plus nombreuses : nous avons vu le télégraphe, le téléphone et les innombrables applications de l'électricité, les automobiles qui ne vont pas tarder à faire concurrence aux chemins de fer, sans parler des découvertes plus récentes qui ne sont encore que du domaine des amateurs. Elles ont alimenté le capital dans les mêmes proportions. Cette augmentation est en train de changer l'organisation de l'industrie et de causer une révolution dans ce que le socialisme appelle le régime capitaliste.

Ce qui constitue le vice principal du capitalisme, c'est l'obligation imposée à l'entrepreneur de faire l'avance du salaire et d'en couvrir le risque. Les ouvriers prétendent que ce n'est pas utile, mais ils sont dans leur tort, car ils ne possèdent point les fonds nécessaires pour faire l'avance du produit jusqu'à ce qu'il soit réalisé et vendu. Ils ne peuvent pas non plus couvrir le risque de l'industrie à laquelle ils sont attachés, par conséquent, ils ne peuvent participer au total des profits de l'industrie. Cependant la part que perçoit le capital est souvent excessive car elle est fixée par l'entrepreneur lui-même et non par les ouvriers. De plus, cette obligation de faire l'avance du salaire est parfois une gêne pour les entrepreneurs.

Mais l'augmentation du capital, produite par l'accroissement de la production, rendra possible un progrès : celui de la transformation des entreprises de production. Au lieu de cumuler les fonctions d'industriel et de banquier, l'entrepreneur devra, à l'avenir, se confiner dans son usine où l'extension des affaires absorbera promptement toutes ses facultés, tandis que des banques, bien pourvues de dépôts de capitaux (fournis par la multiplication des entreprises de tous genres produisant une abondance de revenus momentanément sans emploi) pourront faire l'avance des salaires en percevant à son taux minimum la prime du risque. Supposons qu'une manufacture exige un million pour les bâtiments, l'outillage, les matières premières et le fonds de roulement, ce fonds de roulement sera diminué du montant des salaires, recueillis par une autre voie : celle des banques. Les conflits entre employeurs et employés perdront de leur acuité lorsque ceux-ci se rendront compte que l'entrepreneur ne peut plus influer personnellement sur le montant de leur rétribution qui n'aura d'autres limites que la situation de l'industrie et les conditions du marché du travail. Ainsi se produira, sans nul doute, — chacun restant dans sa sphère naturelle d'action — la réconciliation du capital et du travail.

Cela ne veut pas dire que ce sera le règne de l'âge d'or sur la terre! Tout comme, aujourd'hui, leurs dépenses de consommation font obstacle à l'acquisition, par les ouvriers, des actions des entreprises auxquelles ils collaborent, le mauvais aménagement de leurs gains les empêchera peut-être de jouir, dans la proportion qui serait souhaitable, de l'accroissement de leurs salaires. Des progrès moraux, que l'on doit espérer, parviendront probablement à faire disparaître chez les hommes le goût si nuisible des spiritueux (1) et chez les femmes l'amour excessif de la parure que n'entravent plus les règlements somptuaires d'antan. Mais il n'en est pas moins certain que la séparation du capital et du travail, dans les entreprises de production, sera un progrès dans la constitution de l'industrie.

(1) Les ouvriers ont encore à faire, dans leur consommation, les progrès qu'ont fait les bourgeois depuis une soixantaine d'années. Autrefois, le dérèglement dans le manger et surtout le boire n'entraînait, dans les hautes classes, aucune déconsidération. Nous avons entendu des gens bien nés et bien élevés se vanter du nombre de bouteilles que sans sourciller ils pouvaient prendre. L'un d'eux racontait, comme une prouesse ordinaire et fréquemment renouvelée, avoir bu onze bouteilles de Bourgogne avec deux de ses amis pendant une après-midi de causerie, sans qu'aucun en fût incommodé. A présent, dans les mêmes milieux, il n'y a plus guère que les étudiants allemands pour tirer vanité de leur résistance à d'énormes beuveries. Ailleurs, cela est méprisé comme un vice.

XVI

CAUSES DE DÉCADENCE DES PEUPLES MODERNES

CAUSE DE DÉCADENCE DES PEUPLES MODERNES

Sans remonter jusqu'aux temps préhistoriques, les différents peuples qui se sont partagé l'humanité et qui ont laissé des traces de leur passage, ont vécu plus ou moins longtemps. Même ceux qui ont bâti des villes, aujourd'hui en ruines, ont disparu : tels ont été les Egyptiens, les Babyloniens, les Assyriens, les Mèdes. Quelques-uns n'ont laissé que des déserts que parcourent de rares tribus nomades. En sera-t-il de même des peuples d'aujourd'hui ? Les Anglais, les Américains, les Français, les Russes, les Allemands, etc., perdront-ils jusqu'à leur nom ?

Quelle est actuellement leur situation ?

La plupart supportent des impôts et des charges que

nous avons évalués à la moitié de leurs revenus (1). Ils ont des dettes, montant à plus de 150 milliards, qu'ils augmentent même aux périodes de paix. Quelques-uns ne paient qu'une partie des intérêts de leur dette. Il en sera ainsi des pays les plus riches et les plus prospères lorsque leurs revenus s'accroîtront moins que leurs dépenses. S'ils réussissent à spolier leurs créanciers, leur crédit s'abaissera, ils seront obligés d'emprunter plus cher et forcés, finalement, de cesser de faire appel au crédit. Ils seront, en somme, réduits à se contenter des ressources de l'impôt.

Déjà, actuellement, les peuples manifestent leur mécontentement des charges, de sang et d'argent, que leur imposent les gouvernements. Si ceux-ci continuent à épuiser leurs ressources, à pressurer leurs contribuables, ils s'appauvriront eux-mêmes.

Mais les progrès de la productivité ont augmenté dans une proportion considérable. La production s'est accrue. Aussi longtemps qu'elle s'élèvera à son niveau, les peuples pourront supporter les dépenses de leurs gouvernements. Cependant des causes diverses agissent pour les diminuer. La première, c'est la guerre.

Au début de l'humanité, l'anthropophagie et la guerre ont été les ressources alimentaires et les agents

(1) Voir notre ouvrage : *Théorie de l'évolution*. Félix Alcan, éditeur, Paris, 1908.

de progrès qui furent les moyens de subsister des races les plus vigoureuses. L'anthropophagie exista probablement un grand nombre de siècles. On en a retrouvé la preuve dans les redevances que les races les plus faibles payaient aux tribus les plus fortes. Témoin celles dont Thésée délivrait les Crétois. Témoin encore les offrandes de chair humaine (qui se prolongèrent longtemps) qui étaient fournies aux dieux de la Grèce et de l'Italie. Aujourd'hui, l'anthropophagie n'existe plus guère que dans le centre de l'Afrique où l'Etat du Congo se procure les recrues nécessaires pour assurer la récolte du caoutchouc.

En revanche, la guerre se poursuit. Bien qu'on se soit assuré depuis quelque temps que l'échange est plus productif que le vol et le meurtre, elle a continué à causer des pertes énormes même aux pays les plus civilisés. Cependant les pacifistes auraient tort de croire que leurs efforts, avant longtemps, mettront fin à la guerre (1).

(1) Le général Keim prononçait à Iéna, en janvier 1910 un grand discours belliqueux dont voici un extrait :

« Notre prestige diplomatique a souffert, dit-il. Du temps de Bismarck, le monde entier écoutait la voix diplomatique de Berlin ; aujourd'hui ce sont les décisions des diplomates de Paris, de Londres et de Saint-Pétersbourg qui donnent le ton. On a l'impression que la diplomatie allemande met des pantoufles pour voyager à travers le monde. Il faut que cela change ; qu'on prenne un ton bien énergique, car le ton fait

Les États les plus avancés s'appuient sur la puissance de leur armée ; les membres les plus distingués des classes supérieures y trouvent des emplois lucratifs et des distinctions flatteuses. Et les soldats qu'ils commandent sont pris dans l'élite de la population. Ils sont exempts des défauts qui affligent les ouvriers des différentes branches de la production. Avant de les assujettir à l'impôt du sang, on les examine et l'on rejette ceux que des tares physiques rendent impropres au service militaire.

D'ailleurs, bien des questions ne pourront être résolues que par la guerre : tel est le monopole que la race blanche exerce en Australie et en Amérique au détriment de la race jaune. Les colonies de l'Indo-Chine seront pour la Chine et le Japon des proies faciles et l'Inde anglaise, sans doute, se dérobera à la domination coû-

la chanson. Celui qui affirme qu'il n'y aura plus de guerre est mûr pour l'asile de fous.

« Or, une défaite pour nous serait *finis Germaniæ*. La guerre viendra par suite des antagonismes économiques, car les guerres des temps modernes ont surgi toutes de questions d'ordre commercial et c'est l'Angleterre, notre rivale, qui mènera cette guerre.

« Je crains que notre vieille supériorité militaire ne soit plus établie sur d'aussi solides fondements qu'autrefois. Ce n'est pas seulement le nombre qui décide sur terre et sur mer, les facteurs moraux y jouent aussi un rôle. Il nous faut préparer par conséquent la renaissance morale du peuple allemand. »

teuse de l'Angleterre. Même en Europe, l'empereur allemand englobe dans ses armées des Alsaciens-Lorrains, des Danois du grand-duché de Schlesvig et des Polonais du duché de Posen ; l'Autriche a des armées composées en partie de Slaves et d'Italiens ; l'Angleterre a conquis l'Irlande, mais celle-ci aspire à une séparation qui ne pourra être opérée que par la guerre... Bien des causes de conflits continueront pendant longtemps de subsister.

Les intérêts des classes les plus influentes poussent à la guerre ; le personnel qui trouve dans la lutte l'augmentation de ses appointements et une source d'honneurs est naturellement belliqueux car les opinions sont gouvernées par les intérêts. Il est donc intéressé à ce que la guerre éclate le plus souvent possible, les périodes de chômage lui étant non seulement nuisibles, mais le poussant à des dépenses qui dépassent ses ressources. L'esprit militaire subsiste rarement intact pendant une longue période de paix, aussi les hommes les plus compétents sont-ils d'avis que l'intervalle entre les guerres ne doit pas dépasser une génération. L'intérêt des fournisseurs du matériel de guerre est d'accord avec le leur. Le matériel se rouille, devient suranné et doit être remplacé par des engins plus destructifs qui soutiennent la comparaison avec ceux des autres nations. Lorsque surgit une difficulté entre les Etats, il en résulte que l'influence des industriels qui fournissent le matériel et les approvisionnements s'exerce dans le sens de la guerre.

15*

.·.

Une seconde cause de décadence réside dans le protectionnisme.

Aussi longtemps que les nations étaient exposées aux attaques des autres peuples, il était utile qu'elles produisissent elles-mêmes les subsistances et les objets nécessaires à leur consommation. Si elles les avaient acquis à des Etats plus favorablement situés et à des populations pourvues d'aptitudes différentes des leurs, elles auraient, aux périodes de guerre, été privées de ces articles dont la nécessité était imminente. Elles devaient donc protéger l'agriculture et l'industrie contre les matières produites à meilleur marché et dont l'interruption eût causé un dommage plus grave en les réduisant peut-être à la famine. Ce fut l'origine du système protecteur. Les communications étant devenues plus fréquentes, les nations guerrières défendirent, notamment, les transports maritimes des subsistances à leurs ennemis. De cette époque datent les restrictions opposées au commerce maritime et les défenses à l'apport des substances alimentaires et au matériel de guerre, c'est-à-dire les armes et les munitions. La guerre étant l'occupation de la partie la plus influente de la population — et même alors propriétaire des Etats — elle jugeait avantageux d'établir des restrictions et des droits qui empêchaient l'introduction d'articles bon marché produits au dehors.

La protection continua de subsister et même de croître sous l'influence des producteurs des matériaux protégés et même prohibés. Elle est aujourd'hui universelle. Il n'est pas un article de consommation dont la valeur ne soit artificiellement accrue. Les mêmes objets qui sont produits à meilleur marché, grâce à la nature du climat et des aptitudes de la population, sont repoussés par les seuls producteurs des autres nations. Ils sont d'ailleurs taxés par les gouvernements au point de vue fiscal. Il n'est pas un seul article qui échappe à la fiscalité ou à la protection. Toutefois, la valeur des choses ainsi protégées dépend non seulement de l'élévation du droit protecteur mais encore de la concurrence intérieure. Cette concurrence est sans doute diminuée et la valeur des articles protégés augmentée par l'effet du tarif protecteur, c'est ainsi que les matières soustraites à la concurrence extérieure sont moins progressives et les machines qui servent à les produire sont plus arriérées pour celles qui la subissent.

Néanmoins la concurrence intérieure agit souvent pour abaisser les prix des articles protégés, c'est là un aléa qu'éprouvent les producteurs de ces articles. Ils s'efforcent en conséquence de diminuer la concurrence intérieure. L'effet de la protection ainsi généralisée a été d'abord la hausse générale des prix de toutes choses et ensuite l'instabilité universelle de la production.

L'augmentation des prix est partout plus ou moins considérable. Les industries sont partout plus ou moins protégées contre la concurrence extérieure et celles qui sont particulièrement vivaces et les mieux appropriées aux contrées sont moins développées et subissent les dommages de la protection des autres pays qui diminuent naturellement leur production. Néanmoins, tel est universellement l'essor que la différence des climats et des aptitudes de la population imprime à la productivité, que le commerce extérieur des différentes nations qui constituent l'humanité s'est accru dans une progression prodigieuse, grâce surtout au développement des instruments et des moyens d'échange, et malgré les obstacles artificiels des douanes qui ont succédé aux obstacles naturels de la distance. L'avidité des hommes a ainsi diminué la valeur des bienfaits que la Providence a mis à leur disposition.

Mais cette avidité insatiable ne s'est pas bornée là. Les producteurs se sont efforcés de supprimer la concurrence intérieure et de s'assurer ainsi le monopole des articles protégés. Ils ont employé divers procédés pour y parvenir. Ils ont d'abord établi le monopole de certains objets en défendant de les produire ailleurs dans le pays.

Depuis une époque relativement récente, ceux-ci ont été remplacés par la douane à la fois protectrice et fiscale. Aux États-Unis sont nés et multipliés des trusts, en Allemagne des cartells. Ils n'ont pas encore mis fin à la concurrence intérieure, mais ils sont nombreux et s'efforcent d'y parvenir.

Les ouvriers limitent les pratiques des industriels.

Autrefois les travailleurs étaient soumis aux maîtres, les associations leur étaient interdites, ils étaient maintenus, en fait, à la discrétion des employeurs. Les industries étaient peu nombreuses ; elles s'établissaient de préférence où elles trouvaient d'abondante main-d'œuvre. Toute coalition était interdite. Les ouvriers étaient immobilisés et maintenus à la discrétion des maîtres. Les bureaux de placement n'existaient pas ou se trouvaient sous la surveillance de la police. Un article du code punissait les travailleurs qui passaient à l'étranger, sous prétexte de nuire à l'industrie nationale ; en Angleterre, même, ils étaient punis de mort. Peu à peu leur situation a changé, les industries se sont multipliées et les moyens de communication sont devenus plus faciles. Les lois qui interdisaient les coalitions ont été abolies.

Les ouvriers sont devenus libres de disposer de leur travail, et l'esprit d'accaparement des maîtres est descendu jusqu'aux ouvriers. Dans les pays où ils ont obtenu le droit de suffrage, les bureaux de placement ont été interdits, sont devenus le monopole des Bourses du Travail ou conférés aux villes gouvernées maintenant par des socialistes. Les industries où vient d'éclater une grève n'ont point à attendre les travailleurs libres qui pourraient y mettre fin. Les bureaux de placement auxquels elles auraient pu s'adresser ont cessé d'exister. Et les Bourses du Travail se gardent bien de fournir aux maîtres les ouvriers qui feraient cesser la grève. Aujourd'hui, le gouvernement fait rarement les efforts nécessaires pour faire respecter la liberté du travail. Si cette liberté était respectée, les moyens de communication sont devenus tellement nombreux que les bureaux de placement se seraient organisés pour fournir des travailleurs aux industries en grève. Déjà cette mobilisation du travail a succédé à l'immobilisation de l'esclave ou du serf. Des milliers d'ouvriers vont chercher en Amérique une rétribution plus avantageuse que celle que leur fournissent les industries indigènes.

Les mouvements du capital sont devenus autrement nombreux et faciles que ceux du travail. Tandis que le capital indigène n'est protégé que par des mailles très larges qu'on peut aisément traverser, le travail asiatique est prohibé aux États-Unis, dans l'Afrique du Sud et en Australie. L'esprit de monopole a fomenté les trusts des industriels, aussi bien que les syndicats et même les trade-unions des ouvriers.

Mais les trusts ont trouvé de nombreux adversaires. Ils ont accumulé des fortunes colossales. En se débarrassant de la concurrence intérieure ils ont pu élever leurs prix à une limite qu'ils n'auraient autrement pu atteindre et réaliser des fortunes prises à la fois aux consommateurs et aux autres industries dont l'élévation de leurs prix diminuaient la clientèle. Ils ont encore un autre défaut : ils peuvent empêcher le progrès industriel stimulé par la concurrence intérieure ou extérieure et même supprimer les brevets d'invention dont ils s'emparent. Le fait s'est produit en Amérique et il est même devenu commun.

Les trusts et les cartells, en accumulant les profits aux mains des financiers ou des industriels, ne manqueront pas d'encourager des gouvernements socialistes à faire main basse sur les produits de l'industrie ; déjà le plus grand nombre des gouvernements s'est emparé des télégraphes et des téléphones, sans oublier la poste. En France, nous voyons aujourd'hui des dirigeants sympathiques aux socialistes tenter de s'emparer des mines et même de la plupart des grandes industries.

Tel est l'objet du socialisme : il veut, en définitive, mettre, entre les mains du gouvernement, — que l'extension du droit de suffrage finira par rendre socialiste — successivement tous les moyens de production.

Mais l'expérience atteste que les branches de la production dont s'est emparé le gouvernement deviennent moins productives à mesure qu'il en accapare davantage. En les soustrayant à l'action de la concurrence, il a aussi un embarras que nous voyons s'accroître tous les jours : nous en avons un exemple dans la grève des postiers. Plus les ouvriers deviennent nombreux, plus ils usent de leur influence dans l'Etat pour améliorer leur situation au détriment des profits de leur industrie que l'Etat s'est attribué. Ils finiront ainsi par s'emparer de la totalité des ressources de l'Etat socialiste. A moins que l'Etat ne résiste à leurs exigences. Ce serait le commencement d'une ère de désordres qui finirait par compromettre l'existence de la société. Mais sans attendre le socialisme, nous sommes sur la pente où la diffusion du parlementarisme nous conduit tout droit à la ruine des sociétés civilisées.

*
* *

Les Etats civilisés ont été fondés ou conquis par des hommes forts qui les ont possédés et gouvernés. Ils étaient assistés par un personnel de plus en plus nombreux. Finalement ce personnel grandit peu à peu en importance et en richesse, tan" que la classe supérieure diminuait en nombre et s'appauvrissait. Un moment arriva où, soit par voie de révolution, soit par un accord avec les dominateurs originaires, le gouvernement tomba entre les mains des classes qui leur étaient auparavant soumises. La classe gouvernante augmenta en nombre ; elle donna naissance à la bureaucratie. Aujourd'hui, la bureaucratie dépasse en France, par exemple, plus des trois quarts de ce qu'elle était avant la Révolution (1).

Depuis, on a inventé le régime parlementaire destiné, à l'origine, à veiller aux dépenses et à les modérer dans l'intérêt de la nation qui fournit les contributions. Mais le régime parlementaire a trompé l'espoir de ses fondateurs. D'abord restreint à une classe dite supérieure, il s'est borné à pourvoir à l'intérêt de ces classes aux dépens du reste de la nation. A la longue, la réaction

(1) Il serait intéressant de savoir ce que les fonctionnaires ou employés de l'Etat coûtent, et ce qu'ils rapportent. Dans une industrie privée, on sait à peu près exactement ce que coûte le personnel, et les services qu'on en tire. C'est la concurrence qui sert de règle à la généralité des rétributions, ainsi que la mesure des services rendus à chaque industrie. L'Etat se modèle, à certains égards, sur l'industrie privée, mais il accorde habituellement des pensions qui élèvent le taux des appointements. Toutefois, les salaires des fonctionnaires supérieurs dépassent généralement ceux de l'industrie privée. Est-il possible d'apprécier ce que chacun d'eux coûte à la nation, et les profits qu'elle en tire ? Il paraît évident que le niveau de ses bénéfices n'est pas équivalent à celui de leur rétribution. Il serait donc curieux d'examiner ce que chacun d'eux rapporte au pays et de signaler si leur nombre répond à la valeur de leurs services. Bien évidemment il y en a qui ne rapportent rien, ce qui est rarement le cas dans l'industrie privée. On pourrait même ajouter que le coût de certains fonctionnaires se solde, selon toute apparence, en perte ; le ministère du Travail, par exemple.

s'est faite dans la multitude ; le suffrage universel a
succédé au suffrage restreint. Les dépenses du gouvernement n'ont pas été réduites ; on les voit, au contraire,
se múltiplier, il est inutile d'ajouter sous la pression de
quel intérêt inférieur ou supérieur.

*\
* *

Nous avons vu les populations se développer, croître
en puissance et en bien-être. Depuis un siècle, les inventions de tout genre ont porté la richesse à un niveau
qu'elle n'avait jamais atteint. Nous avons vu le produit
des impôts s'augmenter et le crédit fournir aux gouvernements des ressources sur lesquelles ils n'avaient
jamais pu compter. Leurs dépenses se sont élevées en
proportion, dépenses militaires et civiles ; elles sont,
maintenant, sur le point de les dépasser. Et alors commencera la décadence des États modernes. Le capital
entamé à la fois par l'impôt et par les dépenses des bénéficiaires des trusts et des cartells sera devenu moins
abondant et, par suite, la population diminuera.

Déjà on peut constater cette diminution dans les pays
arrivés au plus haut point de la civilisation, à com-
mencer par la France. Mais les principaux agents du
déficit proviennent de la gêne croissante des populations
parvenues à un certain niveau de bien-être et qui sont

menacées d'un débordement de la classe auparavant inférieure. Elles raisonnent, et comprennent que les
jouissances acquises sont diminuées surtout par le développement de la bureaucratie qui ne leur laisse plus
de chances d'amélioration de leur sort. Elles restrei-
gnent leurs familles plus tôt que la multitude encore
voisine de l'animalité qui obéit à ses instincts les plus
forts. Du moment où le niveau du progrès sera atteint
à la fois par les dépenses des gouvernements et les dépenses privées, commencera la décadence inévitable.
Plus haut se sera élevé ce niveau, plus sera inévitable
la chute. Et elle sera encore aggravée chez tous les
peuples qui auront imité les progrès des nations les plus
avancées si elles ne se gardent pas de leurs vices.

Nous avons signalé les noms des peuples qui ont
laissé des tracés de leur passage, à l'exception de ceux
dont le souvenir même s'est éteint : les fondateurs et les
édificateurs d'Angkor, de Palmyre, et de ceux dont nous
découvrirons les ruines encore ignorées. Il en sera probablement de même des peuples qui occupent aujour-
d'hui la scène du monde. Comment s'opèrera leur décadence ? Elle sera le fruit des gaspillages de leurs gouvernements et des vices privés. Elle s'effectuera dès que
le progrès de la productivité n'augmentera plus leurs
ressources diminuées par la guerre, les dépenses inutiles ou nuisibles des gouvernements et des particuliers.

C'est ainsi que les fautes et les vices des pères sont supportés par leurs enfants, suivant le témoignage de la Bible. Les nations n'auraient une durée indéfinie que par l'élévation et la généralisation du progrès moral qui empêche la contagion des vices des individus et des gouvernements. Mais il est vain d'espérer que l'extension extraordinaire du progrès matériel puisse être suivie d'une égale extension du progrès moral.

XVII

MATÉRIALISME ET SPIRITUALISME

MATÉRIALISME ET SPIRITUALISME

I

La religiosité. — De tous temps les religions ont rencontré des indifférents et des adversaires. Si le sentiment religieux existe dans toutes les variétés de l'espèce humaine, il en est de ce sentiment comme de toutes les autres facultés : il est inégalement réparti parmi les races et les individus, de même que le sentiment musical, l'aptitude au calcul, le don des langues, etc. Tandis que quelques-uns en sont richement pourvus, d'autres n'en possèdent que le germe à peine développé. Ceux-là se reconnaissent à l'ampleur visible de la circonvolution cérébrale qui sert d'organe à la faculté, ceux-ci à son peu d'apparence (1).

(1) La plupart des médecins et des physiologistes ignorent les travaux de Gall. Nous avons pu nous assurer qu'ils ne connaissent même pas le nom de cet illustre physiologiste quoiqu'il ait renversé les données de ce qu'ils décorent du nom de science. Ajoutons que Gall n'aimait pas le mot de

Cependant, comme les autres facultés encore, le sentiment religieux, la *religiosité*, n'existe dans l'un et l'autre cas que chez le petit nombre, presque à l'état d'exception. La masse accepte passivement le culte qui répond à son sentiment religieux.

phrénologie appliqué à l'ensemble de ses observations il préférait les appeler : physiologie du cerveau.

François Joseph Gall était né le 9 mars 1758 dans le grand duché de Bade. Habitué de bonne heure à se livrer à l'observation, il fut bientôt frappé de ce fait que chacun de ses compagnons de jeu et camarades de classe se distinguaient des autres par des talents ou des dispositions particulières. Il avait aussi remarqué que ceux de ses condisciples qui apprenaient par cœur avec une grande facilité lui enlevaient souvent les récompenses que lui avait valu l'originalité de ses compositions. Quelques années après, ayant changé de résidence, il se retrouva avec des individus doués d'une grande aptitude à répéter ce qu'ils apprenaient. Il reconnut alors qu'ils avaient les yeux saillants et se souvint que ses rivaux d'école présentaient la même disposition. À son entrée à l'Université, il fixa de suite son attention sur les élèves qui avaient cette conformation d'yeux et trouva qu'ils excellaient à apprendre par cœur, à répéter correctement, quoique beaucoup d'entre eux ne se distinguassent pas par leurs talents. Cette observation fut également constatée par les autres étudiants dans les classes ; dès lors Gall soupçonna la relation entre la faculté et le signe extérieur correspondant. Il continua ses recherches. Mais il ne regarda jamais le crâne, enveloppe extérieure comme la cause des différents talents, le cerveau lui paraissant seul le siège des facultés. Abandonnant toute théorie et toute opinion préconçues, il se livra entièrement à l'observation de la nature. Il visita les asiles d'aliénés, les prisons, les écoles, les collèges et les palais de justice. Toutes les fois qu'un individu dont il

II

Les religions. — Nous avons étudié dans nos publications précédentes (1) le passé des religions. Nous

avait observé la tête pendant la vie venait à mourir, il faisait tout son possible pour disséquer le cerveau. Il commença par observer le rapport entre les talents, les dispositions et les formes particulières de la tête; il établit ensuite par l'enlèvement du crâne que la figure et la forme du cerveau sont indiquées par des configurations extérieures. Ce ne fut qu'après avoir déterminé ces faits que le cerveau fut minutieusement disséqué et sa structure beaucoup mieux connue.

Pour ses recherches, Gall dépensa beaucoup d'argent et de temps. Afin de subvenir à ces frais, il était obligé de s'adonner avec assiduité à l'exercice de la médecine. En 1796 il fit pour la première fois, à Vienne, des cours particuliers sur sa doctrine ; ils furent très suivis. Une dizaine d'années après, l'autorité lui défendit de les continuer sous prétexte que ses doctrines tendaient à établir le matérialisme. Il quitta Vienne au début de 1805 et pendant deux ans et demi, accompagné d'un de ses disciples, il parcourut le nord de l'Europe. En octobre 1807, il vint s'établir à Paris où il ouvrit, à l'Athénée royal, un cours qu'il continua jusqu'à sa mort, le 22 août 1828. Inutile de dire que là aussi il trouva des détracteurs et d'ardents défenseurs. Le célèbre Broussais, qui avait d'abord combattu ses idées, devint, après la mort de Gall, un de leurs plus fervents adeptes. En 1831 on fonda la Société phrénologique de Paris ; l'un de ses membres les plus éminents, le docteur Place faisait à l'Athénée royal un cours de phrénologie dont l'auteur suivit pendant deux ans, vers 1842, les intéressantes leçons.

(1) *Religion* et *Science et religion.*

Molinari   16

avons vu par quelle lente élaboration elles se sont formées et quels services elles ont rendu à l'humanité. Les hommes primitifs se trouvaient jetés dans un monde inconnu dans lequel ils étaient enveloppés d'éléments qui leur causaient les uns des sensations de plaisir, les autres des sensations de peine, et sur lesquels ils ne possédaient aucun pouvoir. Ils les croyaient animés comme ils l'étaient eux-mêmes et en possession d'une puissance supérieure à la leur. Le sentiment de la religiosité les excitait à les vénérer et à demander leur protection. Ces êtres dont ils éprouvaient la puissance bienfaisante ou malfaisante, ils les concevaient animés des mêmes besoins qu'ils ressentaient eux-mêmes, et l'imagination les leur représentait sous des formes adaptées à leur nature et à leurs fonctions. Mais si les hommes avaient besoin d'eux, ils avaient de leur côté besoin des hommes. Ils se communiquaient aux individus auxquels ils inspiraient le plus vif sentiment d'amour et de crainte, — et ceux-ci se reconnaissaient par le dévelop;ement de l'organe de la vénération, — et leur transmettaient leur volonté. En échange d'un tribut en aliments, en ornement et logement d'une part, en hommages de l'autre, pour les images dans lesquelles elles s'incarnaient, ils leur procuraient les moyens d'augmenter leur bien-être et d'assurer leur sécurité. Ces délégués des êtres supérieurs constituaient par leur supériorité mentale l'élite des tribus. Ils étaient doués de facultés d'observation et d'invention qui ont été rares en tout temps et que ne possédaient point la multitude. Ils découvraient les propriétés des plantes, trouvaient des remèdes aux maladies, inventaient les procédés, les armes et les outils qui augmentaient la sécurité et la richesse tout en diminuant le travail et les peines nécessaires pour les acquérir; en même temps ils observaient les actes de chacun et leurs effets utiles ou nuisibles à l'association, clan, tribu ou nation dont ils étaient membres. Qui est-ce qui aurait pu leur suggérer des idées et des conceptions inaccessibles à l'intelligence de la foule sinon les êtres divins qui étaient l'objet de leur vénération ? C'est à ces êtres divins, à ces Divinités supérieures en puissance matérielle et morale qu'ils faisaient remonter eux-mêmes l'origine de leurs conceptions. Ces conceptions émanant de Divinités toutes-puissantes avaient sur les membres de la tribu une autorité qui leur eût manqué si elles étaient venues de leurs semblables. Elles devaient être acceptées sous peine d'offenser les Divinités et de s'exposer aux châtiments redoutables qu'il était en leur pouvoir d'infliger. Le sentiment religieux fournissait donc à l'élite intelligente de l'espèce, l'agent nécessaire pour obliger la foule à adopter les instruments et les découvertes contraires à ses habitudes routinières et à se soumettre à des règles de conduite plus contraires encore à ses instincts les plus forts. Cette autorité, puisée dans la croyance à l'existence des Divinités d'une puissance irrésistible, acquit un supplément de force lorsqu'un autre sentiment, celui de la conservation, dont l'organe réside de même dans une circonvolution du cerveau, fit concevoir la prolongation de la vie de l'être humain par delà la dissolution de son corps. C'est sous l'influence de ce sentiment que l'on s'efforça de conserver ce corps par l'embaumement, que l'on construisit à l'usage des morts des demeures confortables, en immolant des esclaves pour les servir, en leur fournissant d'abord des aliments, puis, lorsqu'on eut reconnu qu'ils ne consommaient point une grossière nourriture matérielle, en leur faisant respirer de l'encens et d'autres parfums; enfin l'on éternisa la durée de l'existence de l'esprit moteur du corps et même la résurrection de celui-ci par l'opération de la divinité. Elles y étaient intéressées car l'immortalité de l'âme avait pour effet naturel d'augmenter leur autorité, en perpétuant les châtiments qu'elles infligeaient et les récompenses qu'elles accordaient.

Une autre faculté intellectuelle : la causalité, devait finalement concourir au même objet en amenant l'homme à chercher son origine et à l'attribuer, comme celle de tous les êtres et de toutes les choses, aux Divinités. Alors, à la vénération pour leur puissance s'ajouta un sentiment filial. L'autorité divine se doubla ainsi de l'autorité paternelle.

C'est à l'autorité puisée dans le sentiment religieux

avec l'auxiliaire de la loi naturelle de la concurrence, qu'ont été dus les premiers progrès qui ont élevé l'homme au-dessus de l'animalité. Toutes les sociétés, clans ou tribus, se trouvèrent dès leur début, exposées à la concurrence sous sa forme primitive de guerre. Selon que la concurrence était plus ou moins pressante, elles étaient plus ou moins excitées à conserver et accroître, leur puissance sous peine d'être exterminées ou asservies. Or, elles ne pouvaient la conserver et l'accroître qu'en perfectionnant les instruments et les procédés qui augmentaient leurs forces et leurs ressources aussi bien que les règles de conduite individuelle ou collective qui en prescrivaient l'emploi utile et en empêchaient le gaspillage. C'était l'office de l'autorité de surmonter les obstacles que la paresse, la lâcheté, l'appétit déréglé des jouissances opposaient à l'emploi des instruments et aux règles de conduite nécessaires pour donner la victoire. Et l'efficacité de l'autorité dépendait de l'intensité de la foi aux Divinités du clan, de la tribu ou de la nation. On s'explique ainsi que c'est à la fois aux sociétés les plus religieuses et soumises à la concurrence la plus continue et la plus intense que l'humanité a été principalement redevable de ses progrès.

Mais les religions en imposant, par l'autorité de Divinités en possession d'une puissance souveraine, l'observation de règles de conduite qui avaient pour effet de déterminer les progrès à la fois matériels et moraux de la société, surtout chez les nations qui subissaient au plus haut degré la pression de la concurrence, ces progrès devaient finir par provoquer ceux de la religion elle-même. Les mœurs des Divinités qui n'avaient au début rien de choquant et n'empêchaient point de vénérer leur puissance bienfaisante ou malfaisante, leurs adultères, leurs incestes et leurs autres vices, à mesure que l'étalon moral s'élevait, ne pouvaient manquer de détourner d'elles les individualités d'élite. Telle fut la cause principale, sinon unique, qui causa la chute du paganisme et son remplacement par une religion adaptée à l'état des âmes que révoltait l'immoralité des Divinités païennes et le spectacle de la corruption dont elle était la source.

Le christianisme leur offrit une Divinité de mœurs pures, une Divinité pratiquant elle-même la morale qu'elle imposait, et poussant jusqu'au sacrifice l'amour qu'elle portait à l'humanité, ce dont ne s'étaient jamais avisées les Divinités du paganisme. Et tandis que ces Divinités mesuraient leurs faveurs à la valeur des offrandes, le christianisme s'adressait de préférence aux pauvres et aux esclaves. Il relevait aussi la condition de la femme en remplaçant le culte de Vénus et les saturnales des Bacchantes par la vénération d'une Vierge élue pour incarner le Messie divin. En élevant en dignité un sexe que le paganisme avait subalternisé, le

christianisme devait toucher profondément l'âme fémi-
nine, et l'on s'explique qu'elle lui soit demeurée fidèle
aux époques les moins croyantes. Parmi les causes de
son rapide et universel succès, on peut noter encore le
peu de changement qu'il apportait dans les habitudes
de la pratique religieuse. Aux dieux assujettis au
maître souverain, aux demi-dieux et aux divinités domestiques il substituait un personnel nombreux d'ar-
changes, d'anges, de saints et de saintes, — au-dessus
desquels apparaissaient la Vierge-mère et la Trinité —
auxquels on pouvait demander les mêmes services, et
que représentaient des images en bois ou en pierre, peu
différentes des idoles du paganisme.

Le christianisme est demeuré la religion de l'élite de
l'humanité. Cependant il a à lutter contre des causes de
plus en plus actives de décadence. Ces causes sont
toutefois moins graves que celles qui ont mis fin au
paganisme. Car elles ne résident point dans l'infériorité
morale de la Divinité elle-même. Le Dieu des chrétiens
est resté un idéal de vertus surhumaines. Telle est la
pureté de cet idéal et tel est son éclat que les vices de
quelques ministres de son culte n'ont pu l'obscurcir
Mais s'il n'a point offensé l'esprit, comme les Dieux
païens, par une infériorité morale devenue sensible,
la conception arriérée de son existence et de son
action sur la matière a été chaque jour contredite davantage par les progrès des connaissances humaines et
est devenue inacceptable à l'intelligence.

III

Le spiritualisme a précédé le matérialisme. Sous l'excitation du sentiment de la religiosité qui existe, quoiqu'à des degrés différents, dans toutes les variétés de l'espèce humaine, l'intelligence de l'homme a conçu l'existence d'êtres supérieurs à lui-même ; il les logeait dans les choses et dans les êtres et leur attribuait des passions et des besoins analogues aux siens. Il les concevait bons ou méchants et leur faisait des cadeaux, leur payait un tribut pour obtenir en échange leur protection et leurs secours ou désarmer leur malveillance. Lorsqu'il commença à réfléchir sur son origine et sur celle des choses et des êtres qui frappaient ses sens, il leur en attribua la création. La connaissance de ces origines, les membres les plus intelligents des tribus en faisaient, selon toute apparence inconsciemment, remonter la source aux Divinités elles-mêmes. Ainsi révélées ou communiquées, elles devenaient intangibles et c'était offenser les Divinités que de les mettre en doute ou de leur substituer toute autre explication sur l'origine des êtres et des choses. La *Genèse* acquit ainsi une autorité divine et elle devint pour les Juifs, puis pour les Chrétiens, un document sacré. On s'explique ainsi que les ministres des Divinités aient opposé une négation persistante à toutes les découvertes qui contredisaient dans quelques-unes de ses parties le récit de la *Genèse*, et obligé leurs auteurs à les désavouer. Entre la parole divine et une conception humaine pouvaient-ils hésiter, et la condamnation de Galilée n'était-elle pas à leurs yeux pleinement justifiée ? Pouvaient-ils laisser accuser la Divinité d'erreur ou de mensonge ?

Cependant, malgré l'opposition des ministres des cultes, l'observation et l'expérience ont fait leur œuvre et substitué aux conceptions primitives de l'imagination des notions positives. La science a réalisé des progrès incessants, et ces progrès, surtout dans ces dernières années, ont complètement bouleversé les traditions sacrées des religions existantes.

Résumons les points principaux de ce désaccord entre la religion de l'élite de l'espèce humaine et la science moderne, et examinons les conséquences de ce désaccord: 1° Selon la tradition sacrée de la *Genèse*, la terre est unique et immobile. Le soleil et les autres astres qui lui fournissent la chaleur et la lumière se meuvent autour d'elle, et le Seigneur qui les a créés dirige à sa volonté leurs mouvements comme il le fit en arrêtant la marche du soleil pour permettre à Josué d'achever la défaite des Amalécites. Les découvertes de la science ont démoli cette légende. La terre n'est plus unique, elle fait partie d'un système sidéral ; elle n'est pas davantage immobile et tourne autour du soleil ; et le système où elle occupe une humble place se meut de même à travers l'espace infini occupé par des milliers de systèmes sidéraux, dont un grand nombre sont supérieurs au nôtre. Cependant, la science, ne bornant pas là ses découvertes, a reconnu que ses systèmes sont composés de matéraux identiques à ceux du nôtre. Quelles conséquences rationnelles pouvons nous tirer de ces découvertes ? La première c'est que chaque système a été construit et se trouve gouverné par un ou plusieurs êtres divins dont la substance spirituelle est la même que celle du nôtre. La seconde, c'est que les mouvements de cette multitude de mondes obéissent aux mêmes lois qui régissent le nôtre ; ce qui nous amène à la conception des lois naturelles ;

2° La première de ces lois, et après cela toutes celles qui ont été découvertes ensuite, et celles qui restent à découvrir, sont indépendantes de l'esprit aussi bien que de la matière. Elles existent par elles-mêmes, n'ont pas été créées et sont éternelles. Les systèmes sidéraux n'ont été construits et ne peuvent subsister qu'autant qu'ils sont conformes aux lois de la mécanique céleste. Chaque système ne possède de stabilité et de chances de durée qu'autant qu'il possède un centre de gravité qui maintienne l'équilibre entre ses parties, qu'il ait dans l'espace infini un domaine qui lui soit propre et dans lequel les mouvements nécessaires au maintien de sa stabilité et de sa durée ne soient pas troublés par ceux des autres systèmes. La connaissance et l'observation de ces lois s'imposent aux constructeurs divins de ces systèmes, et exigent, par conséquent, chez ceux-ci la puissance de mouvoir les matériaux, l'intelligence et les connaissances techniques nécessaires pour les mettre en œuvre conformément à la loi. Les créateurs ou les organisateurs de la matière constitutive des systèmes sidéraux possédaient-ils tous la puissance motrice et l'intelligence nécessaires à l'accomplissement de leurs œuvres ? Et cette œuvre peut-elle être accomplie d'une manière instantanée, assurer la persistance de leurs édifices et leur perfection ? En d'autres termes, leur construction n'exige-t-elle pas l'auxiliaire du temps, sont-ils éternels et pleinement adaptés dans toutes leurs parties à leur destination ? N'y en a-t-il point qui s'effondrent d'une manière prématurée, d'autres qui présentent des défauts analogues à ceux des édifices construits de main d'homme; enfin n'y a-t-il pas la même inégalité dans ces œuvres divines que celles qui apparaissent dans les œuvres humaines — ce qui suppose la même inégalité de puissance et d'intelligence. Quels que soient les matériaux composant l'universalité des systèmes que perçoivent nos regards, tous sont construits conformément à la même loi, quelles que soient les différences qu'ils présentent — soleils isolées ou géminés, nombre des planètes, etc. Mais la construction de ces édifices n'en atteste pas moins des inégalités de la puissance et de l'intelligence des constructeurs.

En premier lieu, la science a fait justice de la croyance à l'incorruptibilité des cieux. L'aspect des espaces célestes se modifie ; nous voyons apparaître de nouvelles étoiles, d'autres disparaître. Qu'est-ce à dire, sinon qu'elles n'ont pas une durée éternelle, que les unes viennent d'être façonnées avec la matière encore inorganisée éparse dans l'univers ou avec les débris de mondes disparus ; que les autres n'ont pas été construits conformément aux lois de la mécanique céleste, ou de la nature plus ou moins fragile de leurs matériaux, ou bien encore que dans l'espace qu'ils occupaient quelque perturbation extérieure est survenue, qui a dérangé leur équilibre, désagrégé leurs matériaux et précipité ceux-ci dans les abîmes où des êtres spirituels vont puiser les matériaux des mondes nouveaux.

Mais ces êtres spirituels dont nous ignorons l'origine, sont-ils, comme le Seigneur de la *Genèse*, des êtres toutpuissants et capables de créer d'une manière instantanée et sans obéir à des lois préexistantes et éternelles des mondes composés de matériaux inanimés et peuplés d'êtres animés ?

A cette croyance religieuse, fruit de l'imagination, la science a substitué les données de l'observation. Elle nous apprend d'abord que notre terre a été formée de matériaux inorganisés, et que sa construction s'est effectuée avec une extrême lenteur, qu'elle a duré pendant des milliers et peut-être des centaines de milliers d'années, que néanmoins cette construction a des défectuosités qui en peuvent compromettre la durée, et en rendent des parties plus ou moins nombreuses inhabitables à des êtres animés; que ceux-ci n'ont point été créés d'emblée tels que nous les connaissons; qu'ils sont le produit d'une série de créations ou de transformations adaptées à l'état d'avancement de leur habitat; que les végétaux et animaux primitifs sont grossièrement construits, que la matière en a été prodiguée et imparfaitement façonnée, sans une observation exacte des lois biologiques, comme s'ils étaient l'œuvre d'ouvriers novices ; que les séries suivantes sont de plus en plus perfectionnées et moins défectueuses, qu'elles ont cependant encore des défauts de construction, et que quelques-unes semblent être de simples ébauches, comme si leur auteur n'avait point su ou voulu les achever. Toutes ces espèces entretiennent leur vie aux dépens les unes des autres, les espèces les plus basses alimentant les espèces les plus hautes et puisant elles-mêmes leurs aliments dans les matériaux dont elles sont tirées ; mais parmi ces matériaux, il en est d'essentiels qu'elles épuisent et ne reconstituent point. Elles seraient donc destinées à périr, et avec elles les espèces supérieures qu'elles alimentent, si les matériaux qu'elles épuisent n'étaient point reconstitués en dehors d'elles par une espèce capable de leur apporter des autres localités où elles subsistent, ou de reconstituer sur place, les matériaux qui leur sont nécessaires. Sinon, elles sont condamnées à périr et à laisser la vie s'éteindre sur la terre, avant que les matériaux propres à l'entretenir n'aient été épuisés. Cette espèce pourvue de la puissance et de l'intelligence nécessaire pour entretenir la vie des espèces inférieures végétales et animales, a été façonnée la dernière, comme si la puissance créatrice ou organisatrice avait reconnu la nécessité de son rôle, tant pour conserver les autres espèces que pour améliorer celles qui n'étaient qu'ébauchées. C'est l'espèce humaine.

Les premières religions, qui ont remonté à l'origine de l'homme, ont attribué à sa création un grossier intérêt : c'était pour satisfaire leurs besoins matériels pour leur imposer un tribut consistant en subsistances, en vêtements, en ornements, en habitation, auxquels se joignaient des hommages et des louanges. Le Seigneur de la *Genèse* n'exige aucun tribut en échange du domaine dont il concède la jouissance gratuite à l'homme et ne lui impose que l'obéissance et l'ignorance. Il le chasse du paradis et le condamne à mener une vie pénible et laborieuse pour avoir désobéi, crime le plus grave d'un esclave ou d'un sujet à l'égard de son maître ; plus tard, il veut anéantir cette espèce désobéissante, à l'exception d'une seule famille. Un Messie issu de son propre sang se sacrifie pour laver son offense, sans exiger, pour la divinité dont il fait partie, qu'un tribut moral de vénération et de louanges. Mais s'il promet à ceux qui obéissent aux commandements divins un bonheur éternel, il condamne à des peines éternelles ceux qui refusent de s'y soumettre. Ses commandements concernent d'une part la conduite des hommes les uns à l'égard des autres, d'une autre part l'accomplissement de leur devoir envers Dieu. Mais nous n'y trouvons point une raison d'être rationnelle de la création de l'espèce humaine.

Cette raison d'être, la science la trouve dans la nature même des créations divines. C'est dans les matériaux inorganiques du sol que les êtres inférieurs qui alimentent tous les autres puisent leur subsistance ; un grand nombre de ces créatures ne sont que de simples ébauches. Il est nécessaire de puiser dans le sol et de mettre à la portée de chaque espèce les éléments de vitalité dont elle a besoin, et d'élever, chacune au plus haut point d'utilité et de beauté ; d'achever, pour tout dire, l'œuvre de la création pour augmenter les satisfactions morales et intellectuelles qu'elle procure à son créateur. Telle est l'œuvre assignée à l'espèce humaine et sa raison d'être. Pour la rendre capable d'accomplir cette œuvre de conservation et de progrès, la Divinité la dote des facultés nécessaires, et qui lui sont communes avec elle, tandis que le plus grand nombre de ces facultés intellectuelles et morales font défaut aux espèces inférieures. Elle l'associe ainsi à sa propre destinée.

IV

Que le sentiment religieux existe dans toutes les variétés de l'espèce humaine, — les plus hautes comme les plus basses, — c'est un fait qui a été reconnu partout et de tout temps. On en a tiré, en faveur de l'existence de la Divinité, l'argument du consentement universel. L'étude de l'homme a fait découvrir la cause de ce sentiment : elle réside dans une faculté spéciale dont l'organe se trouve, avons-nous dit, dans une circonvolution du cerveau. Cette faculté se manifeste par un sentiment d'amour et de crainte pour des êtres supérieurs à l'homme, et qui l'excite à se soumettre à leur autorité et à demander leur protection. Cette faculté, comme toutes les autres, existe à des degrés divers, mais elle est universelle ; comme toutes les autres encore, elle répond à un besoin de la nature humaine, elle est utile. Elle se résout en un simple mouvement, mais qui se propage et excite des facultés avoisinantes, telles que l'imagination, l'invention à concevoir sous des choses ou des êtres qui frappent la vue de l'homme, et l'impressionnent en bien ou en mal des individualités exiɩtantes, sous des formes appropriées à leur nature, esprits malfaisants ou divinités bienfaisantes, qu'il est nécessaire de conquérir par les mêmes procédés dont on use envers les hommes eux-mêmes. De là le culte. Chaque groupe humain, tribu, clan, nation, imagine le sien avec les esprits ou les divinités dont il a conçu l'existence. Quelles que soient ces divinités, si imparfaites et même si vicieuses qu'elles soient, elles sont le produit d'une faculté inhérente à l'espèce humaine. Et quand on examine le rôle dévolu à cette faculté dans le cours de l'histoire, on se convainc qu'elle a été nécessaire pour élever l'homme au-dessus des autres espèces et pour l'y maintenir. Elle est en tout cas une preuve divine de la nature même de l'homme, de l'existence d'êtres qui lui sont supérieurs et qu'il a de tous temps qualifiés de divins.

Mais nous trouvons encore dans l'homme non seulement une preuve de l'existence d'un monde d'êtres divins, mais encore des indices du mobile de leur activité. Toutes les facultés de l'homme répondent à des besoins de sa nature, besoins physiques, intellectuels et moraux ; elles sont localisées, répétons-le, dans les circonvolutions du cerveau. Les unes lui sont communes avec les espèces inférieures, les autres lui sont propres. Parmi celles-ci, il en est qui lui sont communes avec les êtres qu'il qualifie de divins, telles sont l'intelligence, les facultés d'invention, d'organisation, etc.

Elles se développent en lui-même et lorsqu'elles ont acquis un certain degré de puissance, elles éprouvent le besoin d'agir, de se mouvoir conformément à leur nature, soit d'inventer, d'organiser. L'inertie leur cause une souffrance, l'action, — la production de mouvements, — une jouissance. Tel est le mobile auquel elles obéissent. Lorsqu'elles cessent d'agir, de créer ce qu'elles peuvent produire, elles s'épuisent, et l'on voit s'affaiblir, diminuer les organes par lesquels elles agissent. C'est ainsi que la vue finit par s'éteindre lorsqu'elle cesse de s'exercer. Le besoin d'agir, de se mouvoir conformément à leur nature caractérisent l'ensemble des facultés ou forces qui ont leurs organes dans le cerveau de l'homme, et la sanction de ce besoin consiste dans la souffrance et la jouissance. Si l'homme souffre lorsqu'il ne dépense pas la surabondance de vitalité de l'une ou l'autre de ses facultés, d'où que provienne cette surabondance, cette dépense d'un excès de force lui cause une jouissance. Or, parmi les facultés qui résident dans l'homme, il en est qui évidemment lui sont communes avec les êtres supérieurs ou divins, telles sont les facultés intellectuelles. Cela ne veut pas dire que ces êtres divins n'en possèdent pas d'autres, mais les facultés intellectuelles qu'ils possèdent ont beau être plus puissantes que celles de l'homme, elles sont de même nature et soumises à la même loi naturelle, elles doivent agir sous l'impulsion du mobile de la douleur et de la jouissance. Les êtres divins, quelle que soit leur origine, naissent et se développent, et lorsque leurs forces surabondent, ils doivent en dépenser l'excédent. De même que l'homme pourvu du génie de l'invention crée une machine, un tableau, une statue, un édifice, et qu'il en incarne l'idée dans la matière en la façonnant, on peut supposer chez un être divin l'idée de la création d'un système sidéral. Cette idée, il la réalise telle qu'il l'a conçue en s'emparant d'une partie de la matière éparse dans l'infini et en l'organisant suivant le plan qu'il a conçu. Seulement, c'est à la condition de posséder la force nécessaire pour s'emparer de la matière et pour la façonner. Or, de même que les hommes, les êtres divins sont inégaux en forces, et cette inégalité est attestée par celle des systèmes dont ils sont les créateurs et selon toute apparence aussi, par celle des éléments et des êtres dont ils les peuplent. Quoiqu'ils s'ingénient, comme les hommes, à économiser leurs forces, c'est-à-dire à réaliser leurs conceptions les plus vastes et les plus solides avec la moindre dépense, ce qui suppose chez l'être divin : 1° une puissance de conception et d'invention dépensée avec jouissance ; 2° une force nécessaire à la réalisation de l'invention, au contraire onéreuse, produite ou empruntée, moyennant un travail, une rétribution. La loi de l'économie des forces apparaît ainsi dans l'œuvre de la création, et peut-être celle de la concurrence des êtres divins utilisant leurs forces avec un maximum d'économie pour s'emparer de la matière et la mettre en œuvre.

Mais cette mise en œuvre, — savoir la construction d'un système destiné à satisfaire les besoins intellectuels et moraux de l'être divin, — cette construction est soumise à une autre loi naturelle, celle de la mécanique céleste.

V

La science. — La conception religieuse de la création de la terre et des êtres vivants, y compris l'homme, qui la peuplent est restée, chez les peuples appartenant à notre civilisation, celle de la *Genèse.* La terre est créée par un être divin qui la tire de l'abîme où les matériaux qui la constituent se trouvent confondus. Ces matériaux, il les sépare, les organise, s'en sert pour façonner une multitude d'êtres qu'il anime. Cette œuvre, il l'accomplit en six jours, à sa satisfaction, car « il vit qu'elle était bonne » et se reposa le septième. La terre qu'il a créée, il la possède et la gouverne souverainement. Il dispose à sa volonté des éléments aussi bien que des êtres, arrête par exemple la marche du soleil et répand les eaux du déluge. La conception du paganisme ne diffère pas essentiellement de celle-là que le Christianisme a héritée du Judaïsme. Un monde unique créé et gouverné par un maître tout-puissant et omniscient, tel est le fond général des croyances religieuses.

La science a bouleversé ces croyances en démontrant d'une part la multiplicité des systèmes sidéraux, et même qu'ils sont composés des mêmes matériaux que notre terre, d'une autre, l'existence de lois naturelles qui régissent l'universalité des choses et des êtres, lois physiques, chimiques, mathématiques, biologiques, économiques, morales, préexistantes et éternelles, aux-quelles les Divinités elles-mêmes doivent se conformer dans leurs œuvres. La science constate encore qu'elles ne s'y conforment pas toujours, que leurs œuvres sont imparfaites et périssables, ce qui semble attester que dans leur domaine agrandi et peuplé de mondes innom-brables, elles ne sont cependant ni toutes-puissantes, ni omniscientes.

Les lois naturelles existent par elles-mêmes, elles sont éternelles et indépendantes de leur application ; deux et deux ont fait et feront toujours quatre, les trois angles d'un triangle ont été et seront toujours égaux à deux angles droits. En organisant la matière, en cons-truisant des systèmes sidéraux, en les localisant et en établissant entre eux un ordre régulier et permanent, les créateurs divins ont dû se conformer, comme les constructeurs de nos édifices, aux lois de la mécanique, de même qu'en créant les espèces innombrables et di-verses d'êtres animés ils ont observé les lois de la bio-

logio, sous peine d'en faire des monstres incapables de
conserver la vie et de remplir la fonction ou d'atteindre
le but qui leur est assigné. Il en est ainsi de toutes les
lois naturelles, soit qu'elles régissent l'esprit ou la matière. L'intelligence ne peut faire pénétrer, par exemple,
la pensée qu'elle a conçue dans l'intelligence d'autrui
qu'en observant les lois de la dialectique et de la logique. Si des êtres composés d'éléments spirituels et
matériels dans des proportions diverses éprouvent le
besoin de s'associer, ils devront combiner leurs forces et
les faire fonctionner conformément à des lois ; s'ils
ignorent ces lois, ou ne les observent point correctement, la société ne tarde pas à se dissoudre, non sans
que chaque dérogation aux lois de l'association ait
causé des pertes et dommages aux associés et à autrui.

Or, si l'on considère les mondes et les êtres animés
dont l'univers est peuplé, on s'aperçoit que leurs auteurs ont dû se conformer à ces lois préexistantes à
toute création ; on constate aussi, en examinant les
imperfections de quelques-unes de leurs œuvres, qu'ils
les ont parfois ignorées ou méconnues ; d'où l'on est
amené à conclure qu'ils les ont apprises comme les
apprennent les hommes eux-mêmes, par l'observation
et l'expérience ; qu'ils ont rencontré dans les choses et
dans les êtres des résistances à leur application ; qu'ils
n'ont surmonté ces résistances qu'avec l'auxiliaire du
temps ; qu'ils ont procédé par des tâtonnements soit

qu'ils ignorassent les lois auxquelles il leur fallait se conformer, soit qu'ils rencontrassent, dans la matière et les forces composantes de la chose ou de l'être qu'ils avaient conçu et qu'ils voulaient produire, des difficultés que l'insuffisance de leurs connaissances ne leur avait pas fait prévoir.

Tandis que la religion nous a révélé comme un article de foi que notre terre a été l'œuvre d'un être divin tout-puissant et omniscient, et que les êtres qui la peuplent ont été créés d'une manière instantanée et parfaite, que nous a appris la science par une lente accumulation d'observations? Elle nous a appris que la Terre et probablement le système sidéral auquel elle appartient ont été le produit d'un travail qui s'est prolongé pendant des milliers de siècles ; qu'avant d'être rendue habitable à l'homme, elle a subi une lente préparation ; que l'œuvre accomplie dans ce laborieux travail de création n'a pas été irréprochable, qu'elle a des défectuosités de construction qui diminuent sa solidité et causent de fréquentes catastrophes dont sont victimes les êtres qui la peuplent ; que la longue durée qu'a nécessité sa formation se partage en périodes : on découvre une série d'êtres appropriés à l'état d'avancement des éléments nécessaires à leur existence, que ces êtres ont été d'abord grossièrement façonnés et organisés d'une manière mal conforme aux lois biologiques; que dans la période suivante, des êtres moins imparfaits leur ont succédé, comme si leurs constructeurs avaient fait un apprentissage ; enfin que même dans la dernière période, tous sont encore plus ou moins défectueux ou comportent des perfectionnements qui diminuent leurs défauts et développent leurs qualités, soit qu'ils ressemblent à des machines dont les organes sont trop faibles ou mal agencés et qui ont besoin d'être mieux conformés aux lois de la mécanique pour donner un meilleur rendement. Tous exigent aussi, après le travail de construction, un travail supplémentaire de conservation. Ils se dégradent, tombent en décadence et périssent si les matériaux et les forces qui les composent ne sont point suffisamment entretenus et renouvelés par la consommation de matériaux et de forces qui conviennent à leur nature. Or l'édifice de la vitalité a de nombreux étages dont les plus hauts reposent sur les plus bas, et dont les fondements sont creusés dans le sol. C'est dans le sol que les espèces végétales, qui fournissent les éléments de vitalité aux espèces animales, puisent les leurs. Si la quantité que chaque espèce trouve dans le sol, et qui est immobilisée, s'épuise et n'est pas renouvelée par des apports extérieurs ou provenant d'une couche plus profonde et mise à sa portée, elle périt et disparaît. Et avec elles disparaissent d'abord les espèces animales inférieures qu'elle alimentait, ensuite les espèces supérieures. Il faut que les matériaux propres à chaque espèce que contient le sol et qui s'y

trouvent en quantité limitée, soient mobilisés artificiellement, apportés des couches où les germes de l'espèce ne
peuvent les chercher, ou bien encore ces germes n'ont
point été répandus pour que l'espèce subsiste et que la
terre à son tour ne soit point frappée de stérilité. Tel
semble l'avoir été, et pour cette cause, — l'absence d'un
mobilisateur des matériaux nourriciers de la vie, — le
sol du satellite de la terre.

Cependant le spectacle de l'univers, tel que nous le
montre la science, et celui de la vie répandue sur notre
terre, atteste que la création s'est accomplie en confor-
mité avec les lois naturelles dont l'observation est nécessaire dans la production de tous les organismes, et
qui assurent leur conservation. Et cette création nous
émerveille par sa grandeur et sa fécondité. La partie de
l'univers sans limite qui s'offre à nos regards est peu-
plée de systèmes sidéraux dont le nombre s'accroît à
mesure que le progrès de nos instruments d'optique
étend la portée de notre vue. Ces systèmes constituent
des masses inégales de matière et occupent de même
des espaces inégaux, probablement proportionnés à leur
masse et aux mouvements nécessités par les lois de la
mécanique céleste. Des espaces immenses les séparent
et empêchent chacun d'empiéter sur le domaine des
autres et de troubler leurs mouvements, en maintenant
entre eux un ordre immuable. Toutefois, la science a
ruiné par ses observations de l'état changeant de l'uni-

vers visible, la croyance religieuse à l'incorruptibilité des cieux. Des astres s'allument et d'autres s'éteignent, occupent une portion de l'espace ou y laissent un vide. D'où l'on est amené à conclure que leur durée n'est pas éternelle: de même qu'elles occupent une place limitée dans l'espace infini, elles n'ont qu'une durée limitée dans le temps. A quoi attribuer la terminaison de leur existence? Serait-ce l'impuissance du constructeur à empêcher l'action des causes de dissolution de la matière dont elles sont faites, ou à quelque vice provenant de l'inobservation des lois naturelles qui régissent la construction de ce genre d'édifices? Dans l'un et l'autre cas, on peut accuser une insuffisance de la puissance ou de la science du constructeur. La même conclusion ressort de l'observation des défauts organiques des espèces vivantes, végétales ou animales.

S'agit-il enfin de l'homme? On peut constater sur chaque individu les imperfections morales et matérielles qui l'empêchent d'atteindre le but que se proposait le créateur en mettant au monde la plus parfaite de ses créatures. Quel est le but? Selon la *Genèse*, il consistait à adorer le Créateur et à lui obéir. A cette dernière condition son existence était assurée contre la mort et il devait jouir d'une félicité entière, sans l'acheter par aucun travail et aucune peine. Mais cette conception religieuse n'est-elle pas opposée à la fois aux lois physiques et morales? N'est-il pas contraire à la nature même de la vie, partant impossible ?... Nous verrons que c'est un autre but et d'autres conditions que la science a assignées à l'existence de l'homme.

VI

De tout temps les différentes races qui constituent l'espèce humaine ont cru à l'existence d'êtres supérieurs à l'homme. Ces êtres qualifiés de divins, ils se les figurent tels que leur imagination et leur ignorance les leur faisaient concevoir. Mais à la longue, les facultés dont l'homme est doué ont fait leur œuvre. Au point où il est arrivé, il a fait la série de découvertes qui constituent la science et qui ont les unes confirmé, les autres bouleversé les données sur lesquelles se fondent les croyances religieuses.

De tout temps on avait constaté l'universalité de ces croyances, mais il était réservé à la science moderne d'attester l'existence positive des êtres divins qui en étaient l'objet, en découvrant et en localisant dans le cerveau humain, la faculté qui les a fait concevoir. Or, toutes les facultés de l'homme ont un objet et répondent à un besoin de sa nature. L'existence des êtres divins acquiert ainsi une preuve matérielle qui s'ajoute aux preuves morales qu'apportaient les religions. Mais d'autres découvertes, sans toutefois révéler l'origine et la nature des êtres divins, ont pénétré la loi qui les fait agir, et celles auxquelles elles doivent se conformer dans l'accomplissement de leurs œuvres. Ce sont les lois naturelles.

C'est d'abord à une loi naturelle que les êtres divins qui constituent l'univers spirituel, ont obéi en organisant la matière, en créant les systèmes sidéraux qui remplissent l'espace ; c'est en observant une autre loi naturelle, la loi de la mécanique céleste, que leurs auteurs les ont façonnés et leur ont assigné une place limitée dans l'espace illimité ; c'est en se conformant à d'autres lois naturelles qu'ils les ont menés à bien par une série d'opérations successives et qu'ils les ont peuplés d'une immense variété d'êtres dans lesquels ils ont répandu la vie et au-dessus desquels, sur notre terre, a été créé l'espèce humaine.

L'origine de l'espèce humaine a été attribuée, par la généralité des religions, à une création directe ; elle serait sortie, des mains d'un créateur divin, pourvue de toutes ses facultés, les unes communes avec les espèces inférieures, les autres avec celles des êtres divins. A cette conception primitive a succédé la théorie moderne du transformisme, à laquelle on peut cependant opposer une objection sérieu· tirée de la différence de nature des facultés des espèc· inférieures et de celles qui sont communes à l'homme et aux êtres divins. Cependant si l'homme est pourvu de facultés ou de forces que ne possèdent pas les espèces inférieures, celles-ci ne sont pas, comme le pensait Descartes, de simples machines, dépourvues de liberté. La libre arbitre n'est point un pouvoir qui appartienne exclusivement à l'homme. Il lui est commun avec les autres espèces. Seulement celles-ci, ne possédant qu'un petit nombre de facultés, n'ont qu'un libre arbitre limité dans son exercice par leur nombre. Elles agissent en choisissant la plus utile, celle qui importe le plus à la conservation de leur existence, fût-elle la moins forte. Mais leur choix est limité par le petit nombre de leurs facultés, il ne peut se porter sur celles qu'elles ne possèdent pas. La liberté de l'homme est plus étendue ; il peut choisir entre les facultés nombreuses dont il est pourvu. S'il a affaire à une faculté plus forte, mais dont la satisfaction lui paraît nuisible, telle que celle d'un instinct physique, il peut opposer à son excès des facultés morales qu'il associe pour la réfréner et qui associées l'emporteront dans la lutte quoiqu'elles soient individuellement plus faibles. La différence de nature de quelques-unes des facultés propres à l'homme et de celles des espèces même supérieures de l'animalité n'en reste pas moins l'objection la plus forte contre le transformisme.

Mais à quel mobile a obéi le Créateur en pourvoyant l'homme de facultés supérieures à celles de l'animalité, et qu'il possède lui-même, celle qui confère, par exemple, à l'homme le pouvoir de produire, autrement de créer, en se servant des forces inhérentes à la matière pour l'adapter à ses besoins, et en changeant ainsi la face du monde tel qu'il est sorti des mains du créateur, en supprimant notamment certaines espèces, en multipliant et en améliorant d'autres, en construisant des édifices qui rivalisent en beauté avec les œuvres du créateur. Ces mobiles, les religions les ont conçus d'abord comme purement matériels ; ils se résolvaient dans la satisfaction des besoins physiques des Divinités. Tels sont les mobiles des religions primitives des peuples qui demandent, comme les espèces inférieures, leurs moyens d'existence au vol et au meurtre. Mais ces motifs se modifient lorsqu'apparaissent la production et l'échange. Un changement s'opère alors dans les rapports des hommes avec les Divinités. Si les Divinités du paganisme reçoivent ces dons, partie matériels partie spirituels, en échange des services qu'elles rendent aux hommes, la divinité de la Bible se borne à exiger l'obéissance à ses ordres. Il traite les créatures auxquelles il a cédé la jouissance de son domaine comme des esclaves favorites, en se bornant à leur défendre de désobéir à ses ordres. Le Dieu du Christianisme est de même un souverain absolu, mais il aime ses sujets et n'exige d'eux que des témoignages de leur reconnaissance et de leur amour. Il se montre cependant impitoyable pour ceux qui méconnaissent son autorité et lui désobéissent, et les condamne aussi à des souffrances éternelles. L'état actuel de nos connaissances sur les choses et les êtres qui peuplent notre globe peuvent nous faire connaître les données les plus positives sur ce que la Divinité attend de l'homme et sur les conditions auxquelles il peut s'acquitter de ce qu'il lui doit. C'est en premier lieu de se multiplier, d'occuper toute l'étendue du globe, de se perpétuer et d'acquérir le pouvoir de remplir la tâche de conservation et de perfectionnement qui lui est dévolue. Pour remplir la première condition, l'individu doit se conserver et se reproduire, puis se conformer à la loi naturelle de l'association, nécessaire à la conservation et au progrès de son espèce. La connaissance et la pratique de cette loi constituent la science et l'art de la morale. L'observation de la loi morale, savoir la conservation et l'accroissement de forces individuelles et leur association, confère à l'espèce humaine le pouvoir et la capacité d'achever l'œuvre de la création. Elle y procède par la production de la valeur.

La science et l'art de la production de la valeur sont l'objet de l'économie politique. A l'origine, le globe qui sert d'habitat à notre espèce n'a d'autre valeur que celle que lui a conférée le créateur en dépensant la force nécessaire à la production du globe. Au moment où nous sommes, s'est ajoutée celle que l'espèce humaine a produite, par une dépense de ses forces. Cette dépense, elle l'a faite, comme la divinité, sous l'impulsion de ses besoins. Mais une partie seulement de cette valeur s'ajoute à l'œuvre divine, celle qui la répare et l'embellit, une autre partie sert à la satisfaction des besoins matériels de l'homme et n'augmente point la valeur de l'œuvre divine. De plus, la valeur est le fruit de l'opération, et cette opération propre à l'homme est incompatible avec le mode d'acquisition des substances des espèces végétales et animales, la destruction et le vol. Or, plus la quantité de valeur produite s'accroît, plus s'augmente la tentation de s'en emparer par le procédé du vol. La valeur peut être ainsi détruite et l'espèce humaine ramenée à la condition des espèces inférieures, à leur tour menacées d'une destruction inévitable et finale par la disparition de la production. L'ossature de notre globe pourrait subsister jusqu'à la dissolution de ces matières, mais il resterait à l'état de ruine sans valeur. Comme la matière et les forces matérielles se transforment et ne périssent point, les forces spirituelles sont perpétuelles et subsistent dans l'état où elles se présentent après chacun de leurs emplois; elles montent ou descendent selon l'œuvre utile ou nuisible qu'elles ont accomplie. Tel se résout le problème de l'immortalité de l'âme.

Nous pourrions poursuivre cette hypothèse et rattacher la destinée de la race humaine, soit qu'elle s'élève ou tombe en décadence, à celle du globe qu'elle habite et de la Divinité elle-même. Le spectacle de l'univers nous montre, en effet, qu'il n'est pas immobile, que de nouveaux mondes y apparaissent tandis que d'autres disparaissent, en un mot, qu'il est à l'état de constante évolution ; on peut conjecturer encore que les êtres spirituels qui façonnent et gouvernent les mondes et les êtres auxquels ils ont communiqué la vie, subissent une évolution analogue, qu'ils déclinent ou progressent, et que sous l'influence de la loi naturelle et universelle de la concurrence, les progrès réalisés en un sens se propagent dans tous les autres, en sorte que l'univers spirituel aussi bien que matériel est dans un état de perpétuel devenir. Mais notre hypothèse ne peut acquérir quelque utilité qu'en se fondant sur l'état actuel de nos connaissances. Or, la science est progressive : après avoir renversé les systèmes sur lesquels se fondaient les anciennes conceptions religieuses, elle peut de même bouleverser l'édifice de notre science et rendre dans l'avenir nos conceptions actuelles aussi invraisemblables que sont devenues pour nous celles du passé. Ce n'est donc pas sur l'état actuel de nos connaissances, pas plus que sur celles du passé que peut se fonder la foi religieuse. Le seul service qu'elle lui ait rendu, c'est d'avoir donné à l'argument de consentement universel une base possible, en découvrant dans le cerveau humain l'organe de la religiosité.

VII

Comme toutes les autres manifestations de l'activité humaine, les conceptions religieuses sont susceptibles de progrès. Après avoir attribué aux divinités des besoins matériels et souvent immoraux, l'élite de la race humaine a élevé leur nature et, en se soumettant à leur autorité, elle a spiritualisé davantage leur culte. Mais si les religions ont contribué aux progrès de la mentalité des hommes, elles ne sont demeurées efficaces qu'à la condition de s'accorder à l'état de cette mentalité, de ne point la dépasser. Quand elles la dépassent, elles cessent d'être comprises, et les injonctions utiles qu'elles sanctionnent cessent d'être observées. C'est ainsi que le Christianisme apparaît comme un agent de moralisation supérieur aux cultes grossiers qu'il remplace. Mais on peut se demander si le Christianisme, devenu la plus parfaite des religions, est encore au niveau de la mentalité de l'élite imbue de la science actuelle. Certes, il y a dans la tradition du christianisme un contingent de conceptions et de légendes en retard sur les connaissances actuelles, et qui répugnent aux intelligences nourries des modernes découvertes de la science. Mais ces conceptions et ces légendes n'ont rien d'essentiel ; elles laissent intactes la partie morale du Christianisme, celle qui s'adresse aux parties les plus élevées de l'âme humaine, et qui lui fournissent un aliment nécessaire et dont l'excellence n'a point été surpassée. Cet aliment qui répond au besoin de consolation et d'espérance de l'être imparfait qu'est l'homme, aucune religion nouvelle ne la fournit.

VIII

L'hypothèse matérialiste. — Si les doctrines anti-religieuses, auxquelles on a donné la dénomination générique de matérialisme, ont existé de tout temps, elles ont, sous l'influence de causes diverses, pris un essor extraordinaire particulièrement chez les nations chrétiennes, et leurs auteurs et propagateurs prétendent aujourd'hui les substituer aux religions. Selon les plus modérés de ces novateurs, les religions, après avoir été utiles dans l'enfance de l'humanité, sont devenues inutiles et nuisibles ; selon les plus radicaux, socialistes ou anarchistes, elles l'ont été toujours. Bornons-nous à examiner si cette substitution constituerait un progrès.

Quoique la Divinité du Christianisme ne fût pas entachée des vices qui avaient soulevé la conscience contre les Dieux du paganisme, la foi dont elle était l'objet avait été atteinte à la longue par les abus et les vices

du gouvernement de ses ministres temporels et spirituels. Dans le cours du xviii° siècle, les critiques qui
minaient l'édifice des traditions du Christianisme en
employant l'arme du ridicule avaient trouvé en France,
dans la classe dirigeante de l'industrie et des professions
libérales, un public de plus en plus influent et nombreux, hostile à l'oligarchie guerrière et religieuse
qu'elle aspirait à remplacer. Une révolution violente
lui permit d'atteindre son but ; elle enleva la possession
de l'Etat au monarque entre les mains duquel avaient
fini par se concentrer les pouvoirs de cette oligarchie,
pour la remettre, nominalement du moins, à la nation.
L'autorité morale et matérielle qui assurait l'obéissance
aux lois cessa d'être émané de la Divinité pour être
transférée à la nation souveraine. Mais en devinrent-
elles plus justes et mieux obéies ? La nation était incapable d'user elle-même de son autorité. Elle devait,
comme l'avait fait auparavant la Divinité, en confier
l'exercice à des délégués. Sans doute, ceux de la Divinité en avaient souvent abusé au profit de leur intérêt
particulier et aux dépens de la nation. Mais la nation
se composait de différentes classes qui avaient chacune
des intérêts particuliers. Ces intérêts particuliers avaient
beau se confondre à la longue et finalement avec l'intérêt général, ils trouvaient un profit immédiat à se
satisfaire aux dépens d'autrui. Une lutte s'engagea donc
entre les classes pour la possession de l'Etat, des fonc-

tions lucratives dont il disposait et des privilèges qu'il
pouvait conférer. La plus forte l'emporta, et comme
elle se composa successivement d'individualités plus
nombreuses, plus ignorantes et non moins avides que
ne l'avaient été les membres de l'ancienne oligarchie
gouvernante, ses mandataires furent obligés d'augmenter successivement les charges de la nation jusqu'à
causer sa ruine.

Mais à cette conséquence matérielle de la substitution
de la souveraineté humaine à la souveraineté divine
devait se joindre une conséquence morale, encore autrement grave en enlevant aux lois nécessaires à l'existence
des sociétés la seule sanction à laquelle nul ne pouvait
échapper.

Si la Divinité s'était laissé dépouiller du pouvoir souverain qui lui avait été attribué dans l'enfance de l'humanité, c'est donc que ce pouvoir n'existait point, c'est
que la Divinité elle-même était, comme les fées et les
kobolds, un produit de l'imagination de l'homme. Les
forces contenues dans la matière et dont la science avait
révélé l'existence ne suffisaient-elles pas pour expliquer
son organisation et l'origine des êtres dans lesquels était
répandue la vie. Ils naissaient par une génération spon-
tanée. Les éléments qui les constituaient, — force et
matière, — se multipliaient et se transformaient d'eux-
mêmes. Les éléments qui les composaient se séparaient
et se dispersaient, sauf à se réunir pour former d'autres

Molinari   18

êtres. Mais l'être qui avait vécu disparaissait à jamais, en emportant la croyance religieuse à l'immortalité de l'âme. Telle était la conclusion nécessaire du matérialisme.

L'immortalité de l'âme est, il faut le dire, absolument contraire au témoignage de nos sens. C'est pourquoi les médecins, les physiologistes, les naturalistes, qui étudient les fonctions des organes vitaux, et les conditions de la vie, sont généralement matérialistes. Ce qui les confirme dans cette conviction, c'est qu'aucun témoignage irrécusable n'a attesté la résurrection d'êtres que la mort a frappés et dont elle a dissous les éléments. Ajoutons que les découvertes contestées du spiritisme et de l'occultisme n'ont pas suffi jusqu'à présent à infirmer le témoignage de leurs sens. Un petit nombre de ces savants, à la vérité, et parmi eux des hommes de génie, pourvus de l'organe fortement développé de la religiosité, ont opposé ce sentiment à leurs sens. Chez les uns, le sentiment religieux est demeuré le plus fort et il a fait taire les sens, non toutefois sans une lutte pénible. Le *credo quia absurdum* de Pascal en est le plus saisissant exemple. D'autres, animés de même à un haut degré du sentiment religieux, l'ont détourné du culte d'une Divinité surhumaine pour le porter sur l'humanité, ou pour cette partie de l'humanité qui constitue la patrie, ou bien enfin sur leur « moi » ; mais ni l'humanité, ni la patrie, ni le moi n'ont rien de vénérable ; on peut les aimer tout en reconnaissant leur

imperfection et non les vénérer. Mais chez le plus grand
nombre, le témoignage des sens l'emporte ; et depuis
que la propagande des doctrines matérialistes a cessé
d'être interdite par les détenteurs du pouvoir temporel
associé au pouvoir spirituel, elle trouve des adeptes de
plus en plus nombreux dans la multitude dont elle flatte
les penchants les plus forts.

Ici apparaît le danger social du matérialisme. Si,
comme l'affirment les matérialistes, l'existence de
l'homme est bornée à la courte durée de sa vie terrestre,
quel est le but que sa nature même l'excite à poursuivre
de préférence à tout autre ? C'est l'acquisition de la plus
grande somme de jouissance, de l'instrument qui la
procure : l'argent. C'est encore d'éviter la peine. Or,
l'individu à envers lui-même et envers autrui des devoirs dont il ne peut s'acquitter qu'en s'imposant des
privations, en subissant une peine. Il n'accomplira
donc que ceux qui lui procurent une jouissance supérieure à la peine. S'il ne possède, par exemple, qu'à
un faible degré le sentiment de la paternité, il ne s'im-
posera point les privations et les sacrifices que nécessite l'entretien de ses enfants ; il les astreindra même à
un travail destructif de leur santé et de leurs forces pour
augmenter son propre bien-être. S'il ne se borne pas à
négliger des devoirs dont l'accomplissement lui cause
une peine supérieure à la jouissance qu'il en tire, s'il
est tenté de porter atteinte à la vie ou à la prospérité

d'autrui pour satisfaire ses passions ou ses appétits, quel frein sera assez puissant pour l'en empêcher ? Il n'en est qu'un seul qui est la vertu d'opposer à la jouissance résultant de la satisfaction d'une passion ou d'un appétit la crainte d'une peine supérieure et certaine, c'est le frein religieux. Les freins humains, savoir la répression pénale, la réprobation de l'opinion et les remords de la conscience sont incertains et variables. Si bien armée que soit la répression pénale, on peut y échapper ainsi que l'atteste le nombre des délits et des crimes dont les auteurs demeurent inconnus ; la réprobation de l'opinion n'est pas plus sûre que la répression pénale, et comme elle est sujette à se tromper en condamnant un innocent et en absolvant un coupable, reste l'injonction, l'impératif catégorique de la conscience et la crainte de ses remords. Mais le sentiment de la justice, moteur de la conscience, est inégalement distribué parmi les hommes, et l'expérience démontre qu'il est rarement assez fort pour résister à toutes les tentatives nuisibles à soi-même et à autrui. Une société dépourvue du frein religieux est donc privée de la plus sûre des sauvegardes et exposée à succomber sous l'atteinte des causes qui agissent incessamment pour l'affaiblir et la ruiner.

Le matérialisme ne peut assigner à l'humanité d'autre but que le bonheur dans la courte et unique existence terrestre, et l'acquisition de la richesse qui multiplie les

jouissances constitutives du bonheur, mais il est des
biens qui échappent à la richesse, telle est la santé. Il y
a des hommes voués dans le cours de leur vie à de continuelles et inguérissables souffrances, d'autres que la
nature a traités en marâtre en leur infligeant des diffor-
mités ou des maux repoussants, d'autres encore qui ne
peuvent entretenir leur vie et celle des êtres qui leur
sont chers qu'au prix d'efforts et de sacrifices que ne
rachètent point des jouissances équivalentes, dont la vie,
en un mot, se solde en perte. Que leur conseille leur
intérêt bien entendu? C'est de se délivrer d'une existence dans laquelle la somme des maux l'emporte sur
celle des biens, et même de s'en débarrasser sans aucun
retard pour s'épargner, à mesure qu'elle se prolonge, les
souffrances croissantes que cette inégalité accumule,
c'est de recouvrir au suicide, et s'il ressort de l'étude de
l'histoire que la somme des maux que l'immense majorité de l'espèce humaine a souffert et continue à souffrir
dépasse celle des biens, travailler à sa destruction ne
serait-ce pas accomplir une œuvre philanthropique?
L'excédent de jouissances d'une minorité de puissants
et de riches compense-t-elle celui des souffrances de la
majorité des faibles et des misérables?

Mais en supposant même la nature préoccupée uniquement de cette minorité, lui procure-t-elle des satisfactions égales à ses désirs? N'a-t-elle pas donné à ses
élus, ou n'ont-ils pas acquis, la conception de jouis-

sances qui leur sont et leur demeureront toujours inaccessibles, ne fut-ce que celles du spectacle de l'univers ?
Et ne leur arrive-il pas de se demander s'ils ne sont
point, au sein de cet univers grandiose et perpétuellement en travail de créations nouvelles, un rouage inutile ? Ils auront la conscience d'y vivre quelques jours
sans autre but que de se procurer des jouissances toujours incomplètes. Pour ces privilégiés eux-mêmes, la
vie n'aura donc été qu'une déception amère ? Telle est
l'impasse à laquelle aboutit l'hypothèse matérialiste.

IX

Spiritualisme. — L'examen du matérialisme aboutit
à cette double conclusion : 1° Qu'il est incompatible avec
l'existence des sociétés humaines, qu'il en amènerait
promptement la dissolution en supprimant la sanction
certaine que la religion apporte à l'accomplissement des
devoirs nécessaires à la conversation de l'existence des
sociétés ; 2° Que l'existence du sentiment religieux chez
toutes les races qui constituent l'humanité atteste celle
d'êtres supérieurs que l'homme est naturellement porté
à aimer et à craindre ; que l'existence même de ce sentiment est une preuve qu'il a sa raison d'être, aucune
des facultés existant dans l'homme aussi bien que dans
les êtres inférieurs n'étant inutile. Ainsi la foi en l'exis-

tence d'êtres supérieurs à l'homme, autrement dit de Divinités, apparaît comme une condition nécessaire de l'existence des sociétés, à défaut de laquelle l'homme ne pourrait subsister. Ainsi encore, l'homme est porté par une faculté inhérente à sa nature à vénérer des êtres supérieurs à lui-même.

Telle est l'origine du spiritualisme. Il a sa source dans le sentiment de la religiosité. C'est sous l'impulsion de ce sentiment qu'il a conçu d'abord l'existence de Divinités, en leur prêtant des formes qu'il trouvait dans le milieu où il était jeté, et en leur attribuant des passions et des besoins qu'il éprouvait lui-même. Le plus urgent de ces besoins était celui de la nourriture ; venait ensuite le besoin d'un abri, d'un logement, d'ornements, etc., pour les images représentant les Divinités. Il pourvoyait à ces besoins en leur offrant les aliments qui lui fournissaient sa propre subsistance, les végétaux, le blé, le riz, le vin, lorsqu'il eut commencé à les cultiver, la chair des animaux, y compris celle de l'homme chez les tribus antropophages (1), en leur bâtissant des demeures

(1) L'anthropophagie organisée :

Le chef d'un détachement envoyé au Cameroun pour châtier des indigènes rebelles, le capitaine Dominik, a envoyé à Berlin des rapports éclairant d'un jour curieux les mœurs des peuplades barbares parmi lesquelles il a dû séjourner.

C'est ainsi que, suivant cet officier, la tribu des Makas, où la coutume de manger la chair humaine est restée en vigueur, a en quelque sorte organisé l'anthropophagie.

en reproduisant leurs images telles qu'il les imaginait : gracieuses ou terribles, en les ornant de bijoux et de pierreries. En échange, il leur demandait leur protection contre les ennnemis et les fléaux qui le menaçaient. Cette protection que les plus forts accordaient eux-mêmes aux plus faibles sous l'influence d'un sentiment (le sentiment fraternel par exemple) ou d'un intérêt, impliquait naturellement la soumission ou l'obéissance du protégé au protecteur. C'était grâce à la supériorité de leur puissance que les Divinités pouvaient défendre l'homme contre toute espèce de périls. Mais ce service elles ne pouvaient le lui rendre qu'à la condition qu'il se soumît à leurs injonctions. Car en leur désobéissant, il s'exposait à des risques qu'elles ne pouvaient prévoir, comme il arrivait lorsqu'un enfant désobéissait à sa mère. Si peu intelligent que fut l'homme, il comprenait cette nécessité. Il comprenait en même temps que les ordres des divinités lui étaient utiles, partant justes, qu'elles étaient intéressées à sa conservation et à sa prospérité, en raison du tribut qu'il leur fournissait. L'obéissance aux règles de conduite que prescrivaient les Divinités, et qu'elles transmettaient par des intermédiaires

L'homme y joue le rôle, si l'on peut dire, des animaux réservés à la boucherie. On engraisse là-bas un homme comme on engraisse un bœuf ici, et les gens un peu aisés, quand il leur arrive des hôtes inattendus, font tuer un homme en leur honneur, comme on tuerait ici une volaille.

dont la foule reconnaissait la supériorité religieuse,
devint ainsi la condition de la conservation de l'existence des tribus primitives, puis des nations qui leur
succédèrent. Et toute infraction à ces règles, toute déso-
béissance aux ministres spirituels puis temporels qui
les promulguèrent devint, dans l'opinion de la foule,
une atteinte portée à son existence, partant le plus
odieux des crimes. Ce crime fit inventer les plus cruels
supplices. Mais le même sentiment de la conservation
qui agissait pour prescrire l'obéissance aux règles
édictées par les Divinités protectrices de la tribu ou de
la nation allait encore se fortifier en prolongeant au delà
de la vie terrestre l'existence de l'homme, partant le pouvoir des Divinités, et la nécessité d'obéir à leurs règles
sous peine de s'exposer aux châtiments qu'elles jugeaient
nécessaires d'infliger. Aux pénalités temporelles s'ajoutaient alors des pénalités ultra-terrestres, avec des
récompenses spirituelles qui renforçaient l'obéissance
aux règles de conduite édictées par les Divinités, à la
fois dans l'intérêt de la tribu ou de la nation qu'elles
protégeaient et dans leur propre intérêt. En d'autres
termes, l'autorité des Divinités acquit alors un maximum
de puissance, et elle devint, aussi longtemps que per-
sista une foi aveugle en l'existence des Divinités, un
instrument incomparable d'ordre et de paix au sein des
sociétés.

Le sentiment de la prolongation de la vie au delà de

l'existence terrestre apparaît de bonne heure chez les races dans lesquelles le sentiment religieux était le plus prononcé, sans que, néanmoins, l'on constate son existence dans toutes. Il se manifeste au début par la satisfaction des besoins ou des désirs matériels les seuls qu'éprouvassent les vivants. On leur apportait de la nourriture, on les logeait dans des tombeaux où ils se trouvaient à l'abri de la dent des bêtes féroces, en immolant des esclaves pour servir leurs maîtres. On s'ingénie à préserver les corps de la corruption dans l'espoir que l'esprit qui les animait persisterait à s'y loger ; on arrive ainsi par gradation à l'immortalité de l'âme qui satisfaisait à la fois les sentiments d'affection de la famille à mesure qu'ils naissaient du concours des proches et du pouvoir des délégués des Divinités. Selon que les vivants avaient obéi aux injonctions des Divinités et leur avaient payé leurs redevances, on récompensait les morts, sinon elles lui infligeaient des pénalités que l'imagination choisissait parmi les plus douloureuses. Evidemment, cette sanction posthume devait avoir pour effet de porter au plus haut point l'autorité des Divinités et l'on s'explique que leurs ministres aient fait partout un article de foi de ce dogme issu du sentiment de la conservation. Un autre dogme, issu de l'esprit de causalité, lorsque l'homme ne fut plus complètement absorbé par des besoins plus pressants, se joignit à celui-là, celui qui attribua aux Divinités de la tribu la paternité de leurs sujets, puis la création du milieu où ils vivaient, du soleil et des astres qui lui fournissaient la chaleur et la lumière. La *Genèse* nous fournit l'expression des données que l'imagination et le sentiment populaires apportaient à cette croyance, à l'époque où la science n'était pas née. Ainsi se sont formées les religions qui l'avaient précédé. On y voit apparaître successivement les pièces qui les constituent, quelques-unes toutefois manquent ou sont à l'état embryonnaire : dans les plus basses, on voit naître, sous l'impulsion du sentiment de la religion, des esprits ou des Divinités dont l'homme implore la protection et les services contre les dangers qui le menacent, et qu'il rétribue en raison de leur importance ; il obéit à leurs injonctions dont l'expérience lui démontre la nécessité, et qui deviennent le fondement de la morale. Ainsi donc en premier lieu services rendus aux hommes par des êtres d'une puissance supérieure en échange d'une rétribution, obéissance aux règles de conduite qu'elles jugent nécessaires à la conversation de leur peuple, à laquelle elles sont intéressées en raison des revenus qu'elles en tirent, revenu d'abord exclusivement matériel, ensuite matériel et moral : matériel consacré principalement à l'entretien de leurs ministres, satisfaction morale pour elles-mêmes. En second lieu, le sentiment de la conservation greffe sur les religions la persistance de la vie, puis la causalité attribue aux Divinités la création de l'homme et du milieu ou il vit. Tels sont les matériaux dont se composent les religions.

Les religions se développent puis déclinent. Mais elles ne peuvent pas plus disparaître que la faculté qui les fait naître. Elles sont simplement remplacées par d'autres mieux appropriées à l'état moral et intellectuel de l'homme, tout en subsistant sous des formes différentes dans les classes dont l'état intellectuel et moral n'a pas changé. C'est ainsi que le paganisme a survécu et survit encore chez les classes qui n'ont point trouvé parce qu'elles n'ont pas compris, dans le Christianisme un idéal moral plus pur et plus élevé. C'est ainsi encore que la paresse et la corruption de trop de ses ministres ont affaibli dans les âmes le sentiment religieux et suscité les progrès du matérialisme. Mais le déclin religieux qui menace en ce moment le monde chrétien est dû non à son infériorité morale, mais au progrès de la science. Quoi qu'elles n'aient rien d'essentiel, les conceptions attardées de la *Genèse*, que le Christianisme a héritées du Judaïsme, ont jeté le doute dans l'esprit de l'élite du monde chrétien et fait choisir entre les enseignements surannés de la foi et les vérités démontrées de la science. Toutefois, à moins donc de quelque révélation divine, le Christianisme restera la religion de l'élite de l'humanité.

XVIII

LA RÉVOLUTION SILENCIEUSE
LA GUERRE

LA RÉVOLUTION SILENCIEUSE
LA GUERRE

La guerre a été longtemps la reine des industries.
Voyons ce qu'elle a été d'abord. Son objet était le pillage ;
tel il est encore chez les peuples sauvages. Mais les
hommes les plus intelligents ont un jour compris que la
guerre ne rapportait que pendant sa durée et ils se sont
efforcés d'en rendre les bénéfices durables sinon éternels. Qu'ont-ils fait ? Ils ont d'abord conquis les peuplades avoisinantes et se sont emparés de leur domaine.
Puis, à la suite de l'invention de l'agriculture, ils ont
obligé leurs sujets réduits en esclavage à cultiver la
terre et à leur en verser le produit, au moins double
ou triple et même infiniment plus considérable que le
pillage. Ils ont ainsi acquis la sécurité de la nourriture
en se bornant à se charger de l'entretien de leurs

esclaves, qui leur ont ensuite bâti des châteaux pour les protéger. La terre, alors, était féconde et produisait au moins le double de ce qu'il fallait pour l'entretien des esclaves. Ainsi s'expliquent les énormes dimensions des monuments encore existants.

A mesure que les peuples conquérants sont devenus plus riches, ils ont voulu employer leurs esclaves à des besognes qui satisfaisaient davantage l'ensemble de leurs besoins. Néanmoins, aussi longtemps que les guerres ont été entreprises, elles ont eu le même objet : le profit. Tel a toujours été le but que les conquérants se sont proposé. Ils ont ainsi obligé les autres nations à résister à leurs attaques.

La guerre était afférente au gouvernement, qui l'engageait ou la soutenait. Elle donnait au gouvernement victorieux des profits supérieurs à ceux des autres industries, soit qu'il s'emparât d'une partie ou de la totalité de la population soumise au gouvernement vaincu, soit qu'il établît des impôts qui rapportaient au delà des frais de la conquête. C'est ainsi que Rome s'annexa les province d'Afrique, de la Sicile et de l'Espagne, qui auparavant appartenaient à Carthage. Aussi bien dans l'antiquité que dans les temps modernes, les guerres ont eu le même objet.

Seulement, il s'est opéré une révolution silencieuse qui a rendu la guerre de moins en moins productive Elle a fini par se solder en perte. Les instruments de destruction se sont perfectionnés et sont devenus de plus en plus chers : fusils et canons ont remplacé massues et flèches. Depuis 1870 ils sont devenus de plus en plus coûteux. Aujourd'hui, on utilise la dynamyte et autres variétés d'explosifs, le prix des navire de guerre a presque décuplé et l'armement terrestre a augmenté dans les mêmes proportions ; nous en avons pour preuve les chiffres rapidement croissants des budgets de la guerre. La guerre est donc en train de devenir une mauvaise affaire ; et plus maintenant, on la fera, plus elle aggravera les charges des populations. Ceci est d'autant plus grave que, pour ne pas rencontrer une opposition insurmontable dans l'augmentation des impôts, on aura plus volontiers recours à l'emprunt. Les dettes se multiplieront. Elles sont déjà de 150 milliards. Elles doubleront dans l'avenir. La guerre franco-allemande a coûté au moins 20 milliards au vaincu ; au vainqueur elle apporte chaque jour une surcroît de dépenses ; contre l'exagération des impôts, la nation victorieuse a fini par réagir. La guerre russo-japonaise a coûté au moins autant, sinon plus. Et ces fonds ont été dérobés à la production.

La guerre fait aussi, souvent, perdre des sommes considérables à ceux qui n'y sont pas engagés. La guerre civile des Etats-Unis, guerre de Sécession, a causé, aux peuples qui employaient le coton, un dommage énorme, tout en provoquant, en Angleterre et en France, un déploiement extraordinaire de charité.

Cependant les guerres sont devenues plus rares parce que les populations sont maintenant réunies en plus grands états, témoin l'Italie et l'Allemagne. La sécurité s'est étendue même dans les pays considérés comme barbares. Aujourd'hui on peut pénétrer chez la plupart des peuples sans avoir à craindre pour sa vie, témoin la masse croissante des voyageurs, et même des explorateurs. Comment se fait-il que les instruments de guerre se soient multipliés et que les peuples supportent actuellement un fardeau plus lourd que celui qui les accablait autrefois, puisque l'aire de la sécurité s'est élargie ? C'est que les hommes auxquels la guerre est profitable ont acquis une prépondérance qui devient de plus en plus générale.

Néanmoins, les transactions se sont considérablement accrues ; il y a, à présent, un chiffre de commerce extérieur beaucoup plus élevé qu'en 1840. C'est pourquoi la possibilité de la guerre est bien autrement dangereuse. Supposons que la guerre éclate entre la France et l'Allemagne, l'une voulant recouvrer ses provinces, l'autre désirant conserver ses conquêtes, ce serait un dommage qui s'étendrait jusqu'aux parties les plus reculées du globe. On a peine à concevoir la grandeur du désastre qui atteindra même les peuples qui ne participeront pas à cette guerre. C'est pourquoi nous avons préconisé l'organisation d'une Ligue des neutres.

Déjà au xviiie siècle, on s'était préoccupé des énormes pertes que les belligérants causaient aux nations neutres l'impératrice de Russie avait songé à faire définir leurs droits. Elle ne donna pas suite à ce projet (1).

(1) C'est en 1780, pour la première fois, qu'une tentative est faite pour déterminer, d'une manière générale et permanente, le droit des neutres, en restreignant à de justes limites le droit des belligérants. Cette tentative est due à l'impératrice Catherine de Russie ; mais elle n'a point sa source dans des vues libérales et progressives ; elle est le résultat fortuit d'une intrigue de cour. L'Angleterre, alors en guerre avec la France, les Etats-Unis et l'Espagne, intriguait pour obtenir l'alliance de la Russie, et elle avait gagné à sa cause un des favoris de l'impératrice, le célèbre Potemkin. Sous l'influence de Potemkin, l'impératrice consentit à offrir à l'Angleterre sa médiation armée, comme équivalent de la permission laissée à la Russie de poursuivre ses desseins sur l'empire ottoman. Mais un autre favori, Panin, probablement gagné d'un autre côté, s'attacha à contrecarrer les desseins de l'Angleterre, et il réussit à faire signer à l'impératrice une déclaration contraire aux principes que le gouvernement anglais s'efforçait de faire prévaloir en matière de neutralité maritime.

Cette déclaration, qui marquait un progrès notable sur les coutumes jusqu'alors en vigueur, reçut successivement l'adhésion du Danemark, de la Suède, des Etats-Unis, de la Prusse, de l'Autriche, du Portugal et des Deux-Siciles. Les règles suivantes s'y trouvaient établies :

« 1º Que tous les vaisseaux neutres pourront naviguer librement de port en port et sur les côtes des nations en guerre ;

« 2º Que les marchandises appartenant aux sujets des nations

On doit craindre qu'à la suite d'une guerre européenne l'ensemble des dettes des États soit presque doublé. Les populations ne pourront soutenir des guerres devenues trop onéreuses — ou subvenir aux frais des préparatifs de guerre — et, malgré ceux qui

belligérantes seront libres dans des vaisseaux neutres, excepté les articles de contrebande;

« 3° Que l'impératrice, quant à la spécification des marchandises ci-dessus mentionnées, s'en tient à ce qui est dit dans les 10e et 11e articles de son traité de commerce avec la Grande-Bretagne, étendant ces obligations à toutes les puissances en guerre. (Le traité d'amitié et de commerce de 1766 entre la Grande-Bretagne et la Russie, art. 10, restreint la contrebande aux munitions de guerre ; et l'art. 11 définit celles-ci comme consistant en canons, mortiers, armes à feu, mèches, poudre, salpêtre, soufre, cuirasses, piques, épées, ceinturons, poches à cartouches, selles et brides, au delà de la quantité qui peut être nécessaire pour l'usage des vaisseaux, etc.)

« 4° Que pour déterminer ce qui caractérise un port bloqué, on n'accordera cette dénomination qu'à celui où, par la disposition de la puissance qui l'attaque avec des vaisseaux arrêtés et suffisamment proches, il y a un danger évident d'entrer? »

Malheureusement les principes libéraux qui servaient de base à cette déclaration ne devaient recevoir aucune application. Non seulement on n'en tint aucun compte pendant les guerres de la Révolution, mais encore on cessa alors d'observer les règles établies, et l'on en revint aux errements de la barbarie primitive... Ce n'est qu'en 1854 que les gouvernements français et anglais ont signé des déclarations qui ont fait triompher définitivement les principes que les neutres avaient essayé de faire prévaloir en 1780. (*Questions d'économie politique et de droit public*, tome II)

en profitent et qui opposeront, sans nul doute, aux efforts pacifiques, une résistance acharnée, elles rejetteront ce lourd fardeau. Et ce sera la fin de la guerre. Elle coûtera trop cher aux belligérants et elle causera aux neutres un dommage croissant.

BIBLIOTHÈQUES
COLLECTIONS ET REVUES

ÉDITÉES PAR

V. GIARD & E. BRIÈRE

LIBRAIRES-ÉDITEURS

16, RUE SOUFFLOT ET 12, RUE TOULLIER

PARIS (Vᵉ)

—

(Extrait du catalogue général)
1910

BIBLIOTHÈQUE INTERNATIONALE DE DROIT PUBLIC

Honorée de souscriptions du Ministère de l'Instruction publique

PUBLIÉE SOUS LA DIRECTION DE **Gaston Jèze**

☞ Les volumes de cette Bibliothèque se vendent aussi reliés avec une augmentation de 1 fr. pour la série in-8 et de o fr. 50 pour la série in-18

BRYCE J.) — **La République américaine.** Préface de E. Chevegrin, 4 vol. in 8. Tome I : Le Gouvernement national. Trad. Müller. Tome II. Le Gouvernement des États. Trad. Lestang. Tome III : Le Système des partis ; l'Opinion publique. Trad. de Lestang. Tome IV : Les Institutions sociales. Trad. Bouyssy. L'ouvrage complet 1901-1902. 4 vol. in-8, broché . . . . . 50 fr. »

LABAND (P.). — **Le Droit public de l'Empire allemand.** Préface de F. Larnaude. Édition française. Trad. de Gandilhon, Lacuire, Vuillod, Jadot et Bouyssy. L'ouvrage complet 1900-1904. 6 vol. in-8, broché . . . . 60 fr. »

DICEY (A. V.). — **Introduction à l'Étude du droit constitutionnel.** Préface de A. Ribot. Trad. A. Batut et G. Jèze. 1902. 1 vol. in-8, broché . . . . 10 fr. »

WILSON (W.). — **L'État,** avec une préface de L. Duguit. Trad. de J. Wilhelm. 1902. 2 vol. in-8, broché . . . . . 20 fr. »

HAMILTON A.), JAY, MADISON. — **Le Fédéraliste,** nouvelle édition française, par G. Jèze, avec une préface de A. Esmein. 1902. 1 vol. in-8, br. . . . . 14 fr. »

KORKOUNOV. — **Cours de théorie générale du droit.** Traduction française de J. Tchernoff. 1903. 1 vol. in-8, br. 10 fr. »

KOVALEWSKY. — **Les Institutions politiques de la Russie.** Traduction française, par M⁰ Derocquigny. 1903. 1 vol. in-8, broché . . . . 7 fr. 50

ANSON (Sir R.). — **Loi et pratique constitutionnelles de l'Angleterre.** 2 vol. in-8 :
    Tome I : *Le Parlement.* 1903. 1 vol. in-8, broché . 16 fr. »
    Tome II : *La Couronne.* 1905. 1 vol. in-8, broché . 10 fr. »

OTTO MAYER. — **Le droit administratif allemand,** édition française par l'auteur. 1903-1906. 4 vol. in-8 . . 32 fr. »

NITTI F.-S.). — **Principes de Science des finances,** avec une préface de A. Wahl, traduction de J. Chamard. 1904. 1 vol. in-8, broché. . . . . 12 fr. »

CURTI (Th.). — **Le referendum,** histoire de la législation populaire en Suisse. Traduction. J. Beaujat, 1905, 1 vol. in-8, broché . . . . 10 fr. »

DICEY A. V.) — **Leçons sur les rapports entre le droit et l'opinion publique en Angleterre au cours du XX⁰ siècle.** Préface de A. Ribot, trad. de A. Batut et G. Jèze. 1906. 1 vol. in-8, broché . . . . 30 fr. »

MOREAU (F.) et DELPECH (J.). — **Les Règlements des Assemblées législatives.** Préface de Ch. Benoist. 1906-1907. 2 vol. in-8, broché . . . . 30 fr. »

GOODNOW (F.-G.). — **Les Principes du droit administratif des Etats-Unis.** Traduction A. et G. Jèze. 1907. 1 vol. in-8 broché . . . . 12 fr. »

STUBBS (W.). — **Histoire constitutionnelle de l'Angleterre,** avec introduction, notes et études de Ch. Petit-Dutaillis. Traduct. par G. Lefebvre. Tome I. 1907. 1 vol. in-8, br.   16 fr. »

ERRERA (P.). — **Traité de droit public belge.** 1909. 1 fort vol. in-8, broché. . . . . 12 fr. 50

NERINCX (Alf.). — **L'organisation judiciaire aux Etats-Unis.** 1909. 1 vol. in-8, broché . . . . 10 fr. »

ERSKINE MAY. — **Traité des Lois, Privilèges Procédures et Usages du Parlement.** 2 vol. in-8 . . . . 25 fr. »

LOWELL (A.-L.). — **Le Gouvernement de l'Angleterre.** Traduction de A. Nerincx, 2 vol. in-8 :
— Tome I. 1910. Un vol. in-8, broché . . . . 15 fr. »
— Tome II. 1910. Un vol. in-8, broché . . . . 15 fr. »

SÉRIE IN-18 :

TODD (A.). — **Le Gouvernement parlementaire en Angleterre.** Traduit sur l'édition anglaise de Spencer Walpole, avec une préface de Casimir-Périer. 1900. 2 vol. in-18, br.   12 fr. »

WILSON (W.). — **Le Gouvernement congressionnel,** avec une préface de Henri Wallon. 1900. 1 vol. in-18, broc.   5 fr. »

JENKS (Edward). — **Esquisse du Gouvernement local en Angleterre.** Trad. J. Wilhelm, préface de H. Barthélemy. 1902. 1 vol. in-18, broché . . . . 5 fr. »

DICKINSON (G.-L.). — **Le développement du Parlement pendant le XIXe siècle.** Trad. et préface de M. Deslandres. 1906. 1 vol. in-18, br. . . . . 5 fr. »

SOUS PRESSE :

JELLINECK (G.) — **L'Etat moderne et son droit.**

REDLICH (J.). — **Le Gouvernement local en Angleterre.**

BIBLIOTHÈQUE INTERNATIONALE
DE SCIENCE ET DE LÉGISLATION FINANCIÈRES

Honorée de souscriptions du Ministère de l'Instruction publique

DIRECTION DE **Gaston Jèze**

SELIGMAN (Edw. R.-A.). — **L'impôt progressif en théorie et en pratique.** Edition française revue et augmentée par l'auteur. Traduction de A. Marcaggi. 1909. 1 vol. in-8, br. 10 fr. ; relié . . . . 11 fr. »

WAGNER (Ad.), *professeur à l'Université de Berlin.* — **Traité de la Science des finances.** Traduction de M. Vouters. 2 vol. :
Première partie : Théories générales. Le Budget. Les Besoins financiers. Les Recettes d'Economie privée. 1909. 1 vol. in-8 broché 15 fr. ; relié toile. . . . 16 fr. »
Deuxième partie : Théorie de l'Imposition. Théorie des taxes et Théorie générale des Impôts. Traduction de Jules Ronjat. 1909. 1 vol. in-8, broc. 15 fr. ; relié   16 fr. »

MYRBACH-RHEINFELD (Baron Fr. Von), *professeur à l'Université d'Innsbruck*. — **Précis de droit financier.** Traduction française de Bouché-Leclercq. 1910. 1 fort vol. in-8, broché 15 fr. ; relié toile . . . . 16 fr. »

SELIGMAN (Edw. R.-A.). — **Théorie de la Répercussion et de l'Incidence de l'Impôt.** Édition française d'après la 3e édition américaine. Traduction par Louis Suret (*Sous presse*)

ENCYCLOPÉDIE INTERNATIONALE D'ASSISTANCE,

DE PREVOYANCE, D'HYGIÈNE SOCIALE ET DE DÉMOGRAPHIE

Honorée de souscriptions du Ministère de l'Instruction publique

PUBLIÉE SOUS LA DIRECTION DU **Dr A. Marie**

ASSISTANCE :

I. — **MARIE** (Dr) et (R.) **MEUNIER**. — **Les Vagabonds.** Avec un avant-propos, par Henry Maret. 1908. 1 vol. in-18 relié toile . . . . 4 fr. »

II. — **MARIE** (Dr) et **DECANTE** (R.) — **Les accidents du travail.** Étude critique des améliorations à apporter au régime du risque professionnel en France. 1 vol. in-18 relié toile . . . . 4 fr. »

IV. — **RODIET** (Dr A.). — **Les auxiliaires des médecins d'asile** (ouvrage couronné par l'Académie de médecine). 1910. 1 vol. in-18 relié toile . . . . 3 fr. 50

PRÉVOYANCE :

I. — **SICARD DE PLAUZOLES** (Dr). — **La maternité et la défense nationale contre la dépopulation.** 1909. 1 vol. in-18 relié toile . . . . 4 fr. »

II. — **DECANTE** (R.). — **La lutte contre la prostitution.** Avec préface par Henri Turot. 1909. 1 vol. in-18 relié toile . . . . 4 fr. »

III. — **DUBIEF** (Dr). — **L'apprentissage et l'enseignement technique.** 1 vol. . . . . 6 fr. »

HYGIÈNE :

I. — **MARTIAL** (Dr R.) — **Hygiène individuelle du travailleur.** Avec préface de M. le sénateur Strauss. 1907. 1 vol. in-18 relié toile . . . . 4 fr. »

II. — **MARIE** (Dr A.). — **La Pellagre.** Avec une préface de M. le professeur Lombroso 1908. 1 vol. in-18 relié toile 4 fr. »

III. — **BERNARD** (M.). — **Pour protéger la santé publique** Avec une préface du Dr Fernand Dubief, *ancien ministre de l'Intérieur*. 1909. 1 vol. in-18 relié toile. . 4 fr. »

IV. — **BERNARD** (M.). — **L'Hygiène publique obligatoire en France.** La lutte administrative contre le choléra et les autres maladies transmissibles, avec préface du Dr A. Marie. 1910. 1 vol. in-18 relié toile 4 fr. »

V. — **BRETON** (J.-L.), *député*. — **Le Plomb.** 1910. 1 vol. in-18 relié toile. . . . . 4 fr. »

DÉMOGRAPHIE :

I. — **BRON (Dr G.).** — **Les origines sociales de la maladie.** Avec préface du Dr A. Marie. 1908. 1 vol.   3 fr. 50

II. — **WAHL (D^r).** — **Le Crime devant la science.** 1910. 1 vol. in-18 relié toile. . . . .   4 fr. »

SOUS PRESSE :

VIVIANI (R.) *Ministre du Travail.* — **Mutualité et Retraites ouvrières.**

ÉTUDES ÉCONOMIQUES ET SOCIALES

Honorée de souscriptions du Ministère de l'Instruction publique

PUBLIÉES AVEC LE CONCOURS DU COLLÈGE LIBRE DES SCIENCES SOCIALES

I. — **FARJENEL (F.).** — **La morale chinoise.** Fondement des sociétés d'Extrême-Orient. 1908. 1 vol. in-8, br., 5 fr. ; relié toile . . . .   6 fr. »

II. — **MARIE (Dr A.).** — **Mysticisme et folie** (Étude de psychologie normale et de pathologique comparées. 1907. 1 vol. in-8, broché, 6 fr ; relié toile . . . .   7 fr. »

III. — **LEROY (M.).** — **La transformation de la puissance publique.** Les syndicats de fonctionnaires. 1907. 1 vol. in-8, broché, 5 fr. ; relié toile . . . . . .   6 fr. »

IV. — **BONNET (H.).** — **Paris qui souffre. La misère à Paris.** Les agents de l'assistance à domicile. Avec une préface de M. Ch. Benoist. 1908. 1 vol. in-8, broché, 5 fr. ; relié toile . . . .   6 fr. »

V. — **SICARD DE PLAUZOLES (D^r).** — **La fonction sexuelle.** 1908. 1 vol. in-8, broché, 6 fr. ; relié   7 fr. »

VI. — **LEROY (M.).** — **La loi.** Essai sur la théorie de l'autorité dans la démocratie. 1908. 1 vol. in-8, broché, 6 fr., relié . . . .   7 fr. »

VII. — **RECLUS (Élie).** — **Les croyances populaires. La Survie des Ombres.** Avec avant-propos, par Maurice Vernes. 1908. 1 vol. broché, 5 fr. ; relié toile   6 fr. »

VIII. — **RYAN (G.-A.).** — **Salaire et droit à l'existence,** traduction de L. Collin. 1909. 1 vol. in-8, broché, 8 fr. ; relié . . . .   9 fr. »

IX. — **SERRIGNY.** — **Conséquences économiques et sociales de la prochaine guerre,** avec préface de Frédéric Passy. 1909. 1 vol. in-8, br., 10 fr. ; relié   11 fr. »

X. — **BRUN (Ch.).** — **Le Roman social en France au** XIXe siècle. 1910. 1 vol. in-8, br., 6 fr. ; relié   7 fr. »

XI. — **REGNAULT (Dr F.).** — **La Genèse des miracles.** 1910. 1 vol. in-8, broché, 6 fr. ; relié . . . .   7 fr. »

SÉRIE IN-18 :

ATGER (F.). — **La crise viticole et la viticulture méridionale** (1900-1907). 1907. 1 vol. in-18, broché, 2 fr. ; relié toile . . . .   3 fr. 50

SOUS PRESSE :

LARNAUDE, H. BERTHELEMY, TRUCHY, TISSIER, GÉNY, THALLER, PILLET, MASSIGLI, GARÇON. — Les Méthodes juridiques, avec préface de Paul Deschanel, 1 vol. in-8.

BIBLIOTHÈQUE INTERNATIONALE D'ÉCONOMIE POLITIQUE

Honorée de souscriptions du Ministère de l'Instruction publique

PUBLIÉE SOUS LA DIRECTION DE **Alfred Bonnet**

Les volumes de cette bibliothèque se vendent aussi reliés avec une augmentation de 1 fr. pour la série in-8 et de o fr. 5o pour la série in-18

COSSA (Luigi). — Histoire des doctrines économiques. Trad. Alfred Bonnet. Préface de A. Deschamps. 1899. 1 vol., br. (i) . . . . 10 fr. »

ASHLEY (W.-J.). — Histoire et doctrines économiques de l'Angleterre. 1900. 2 vol., br. (ii-iii) . . . . 15 fr. »

SÉE (H.). — Les classes rurales et le régime domanial au Moyen Age en France. 1901. 1 vol. br. (iv) . . . . 12 fr. »

WRIGHT (C.-D.). — L'évolution industrielle des Etats-Unis. Trad. F. Lepelletier. Préface de E. Levasseur. 1901. 1 vol. br. (v) . . . . 7 fr. »

CAIRNES (J.-E.). — Le caractère et la méthode logique de l'économie politique. Trad. par G. Valran. 1902. 1 vol. br. (vi) . . . . 5 fr. »

SMART (W.). — La répartition du revenu national. Trad. G. Guéroult. Préface de P. Leroy-Beaulieu. 1602. 1 vol. broché (vii) . . . . 7 fr. »

SCHLOSS (David). — Les modes de rémunération du travail. Trad. Charles Rist. 1902. 1 vol., br. (viii) . . 7 fr. 50

SCHMOLLER (G.). — Questions fondamentales d'économie politique et de politique sociale. 1902. 1 vol. br. (ix) 7 fr. 50

BOHM-BAWERK (E.). — Histoire critique des théories de l'intérêt du capital. Trad. par Bernard. 1902 2 vol. br. (x-xi) . . . . 14 fr. »

PARETO (Vilfredo). — Les systèmes socialistes. 1902. 2 vol. br. (xii-xiii) . . . . 14 fr. »

LASSALLE (F.). — Théorie systématique des droits acquis. Avec préface de Ch. Andler. 1904. 2 vol. br. (xiv-xv) . 20 fr. »

RODBERTUS JAGETZOW (C.) — Le capital. Trad. Chatelain. 1904. 1 vol. (xvi) . . . . 6 fr. »

LANDRY (A.). — L'intérêt du capital. 1904. 1 vol. broché (xvii) . . . . 7 fr. »

PHILIPPOVICH (Eugène von). — La politique agraire. Trad. par S. Bouyssy, avec préface de A. Souchon. 1904. 1 vol. br. (xviii) . . . . 6 fr. »

DENIS (Hector). — Histoire des systèmes économiques et socialistes :

    Tome I : *Les Fondateurs*, 1904. 1 vol. br. (XIX) . . . . 7 fr. »

    Tome II : *Les Fondateurs*, 1907. 1 vol. br. (XX) . . 10 fr. »

WAGNER (Ad.). — Les fondements de l'économie politique :

    Tome I. 1904. 1 vol. br. (XXII) . . . . 10 fr. »

    Tome II. 1909. 1 vol. br. (XXIII) . . . . 12 fr. »

SCHMOLLER (G.). — Principes d'économie politique. Traduit par G. Platon et L. Polack. 5 vol. 1905-8 (XXVI à XXX) 50 fr. »

PETTY (Sir W.). — Œuvres économiques. 1905. 2 vol. broché (XXXI-II) . . . . 15 fr. »

SALVIOLI. — Le capitalisme dans le monde antique. 1906. 1 vol. br. (XXXIII). . . . . 7 fr. »

EFFERTZ (O.). — Les antagonismes économiques. Introduction de Ch. Andler. 1906. 1 vol. br. (XXXIV) . . . 12 fr. »

MARSHALL (A.). — Principes d'économie politique. 2 vol. in-8 :

    Tome I. 1907. 1 vol. br. (XXXV) . . . . 10 fr. »

    Tome II. 1909. 1 vol. br. (XXXVI) . . . . 12 fr. »

FONTANA-RUSSO (L.). — Traité de politique commerciale. 1908. 1 vol. in-8 br. (XXXVII) . . . . 14 fr. »

CORNELISSEN (C.). — Théorie du salaire et du travail salarié. 1909. 1 fort vol. in-8, br. (XXXVIII) . . . . . 14 fr. »

JEVONS (W. Stanley). — La théorie de l'économie politique. Trad. H.-E. Barrault et M. Alfassa. 1909. 1 vol. in-8, br. (XXXIX) . . . . 8 fr. »

PARETO (Vilfredo). — Manuel d'économie politique. Trad. de A. Bonnet. 1909. 1 vol. br. (XL). . . . . 12 fr. 50

CANNAN (Edwin). — Histoire des théories de la production et de la distribution dans l'Économie politique anglaise de 1776 à 1848. Trad. E. Barrault et M. Alfassa. 1910. Un vol. in-8 (LXI) . . . . 12 fr. »

SÉRIE IN-18 :

MENGER (Anton). — Le droit au produit intégral du travail. Trad. A. Bonnet. Préface de Ch. Andler. 1900. 1 vol. br. (I). . . . . 3 fr. 50

PATTEN (S.-N.). — Les fondements économiques de la protection. Trad. F. Lepelletier. Préface de P. Cauwès. 1889. 1 vol. br. (II) . . . . 2 fr. 50

BASTABLE (C.-F.). — La théorie du commerce international. Trad. avec introd. par Sauvaire Jourdan. 1900. 1 vol. (III) . . . . 3 fr. »

WILLOUGHBY (W.-F.). — Essais sur la législation ouvrière aux États-Unis. Trad. Chaboseau. 1903. 1 vol. broché (IV) . . . . 3 fr. 50

BIBLIOTHÈQUE INTERNATIONALE DE DROIT PRIVÉ
ET DE DROIT CRIMINEL

Honorée de souscriptions du Ministère de l'Instruction publique

PUBLIÉE SOUS LA DIRECTION DE

H. Lévy-Ullmann	P. Lerebourg-Pigeonnière

Professeurs aux Universités de Lille et de Rennes

COSACK (C.), *professeur à l'Université de Bonn.* — **Traité de droit commercial.** Avec préface de Ed. Thaller, traduction de Léon Mis. 1905-7 :

Tome I : **Théorie générale.** 1905. 1 vol. in-8, br.   8 fr. »
— **Le même, relié** (reliure de la Bibliothèque) . . .   9 fr. »
Tome II : **Opérations.** 1905. 1 vol. in-8 broché . .   8 fr. »
— **Le même, relié** (reliure de la Bibliothèque) . . .   9 fr. »
Tome III : **Sociétés, assurances terrestres et maritimes.** 1907. 1 vol. in-8 broché . . . .   10 fr. »
— **Le même, relié** (reliure de la Bibliothèque) . . .   11 fr. »
L'OUVRAGE COMPLET : 3 vol. in-8 broché . . . . .   26 fr. »
— **Le même, relié** (reliure de la Bibliothèque) . . .   29 fr. »

STEVENS (E. M.). D. C. L. de Christ Church (Oxford). — **Éléments de droit commercial anglais**, revus et corrigés par Herbert Jacobs, traduit par L. Escarti, avec introduction, par P. Lerebours-Pigeonnière. 1909. 1 vol. in-8, broché   10 fr. »
— **Le même, relié** (reliure de la Bibliothèque) . . .   11 fr. »

LISZT (Dr F. Von), *professeur ordinaire de droit à Berlin.* — **Traité de droit pénal allemand.** Traduit sur la 17e édition allemande (1908) par R. Lobstein. Tome premier : Partie générale. 1910. Un vol. in-8. . . . . *(Sous presse)*

VIVANTE (C.), *professeur ordinaire de droit commercial à l'Université de Rome.* — **Traité de droit commercial**, avec préface de M. Albert Wahl. Traduction par Jean Escarra. 4 volumes in-8 :

Tome premier : **Les Commerçants.** 1910. 1 vol. in-8.   *(Paru)*
Tomes II, II et IV. . . . . *(Sous presse)*
☛ Cet ouvrage formera 4 volumes qui paraîtront très rapidement et est en souscription au prix de : broché . . .   112 fr. »
relié . . . .   116 fr. »
Les Tomes II, III et IV seront livrés franco de port, aux Souscripteurs, à leur apparition.

COLLECTION DES DOCTRINES POLITIQUES

PUBLIÉE SOUS LA DIRECTION DE **A. Mater.**

II. — **CHEVALIER, LEGENDRE et LABERTHONNIÈRE.** — Le catholicisme et la société. 1907. 1 v. in-18, br. 3 fr. 50 ; rel. toile. . . .   4 fr. »
III. — **SABATIER (C.).** — Le morcellisme. Avec introduction, par M. Faure. 1907. 1 vol. in-18, br. 2 fr. ; relié toile   2 fr. 50

IV. — **BOUGLÉ (C.).** — **Le solidarisme.** 1907. 1 vol. in-18, broché, 3 fr. 50 ; relié toile . . . . 4 fr. »

V. — **BUISSON (F.).** — **La politique radicale.** 1908. 1 vol. in-18, broché, 4 fr. 50 ; relié . . . . . . 5 fr. »

VI. — **AVRIL DE SAINTE CROIX (Mme).** — **Le féminisme.** Préface de V. Marguerite. 1907. 1 vol. in-18, broché, 2 fr. 50 ; relié toile. . . . . . 3 fr. »

VII. — **GUYOT (Yves).** — **La démocratie individualiste.** 1907. 1 vol. in-18, broché, 3 fr. ; relié toile. 3 fr. 50

X. — **VANDERVELDE (E.).** — **Le socialisme agraire.** 1908. 1 vol. in-18, broché 5 fr. ; relié toile . 5 fr. 50

XI. — **HERVE (G.).** — **L'Internationalisme.** 1910. 1 vol. in-18, broché 2 fr. 50 ; relié toile. . . . . 3 fr. »

XIV. — **MATER (André).** — **Le socialisme conservateur ou municipal.** 1909. 1 vol. in-18, broché, 6 fr. ; relié toile . . . . 6 fr. 50

XVI. — **FOURNIÈRE (Eug.).** — **La Sociocratie** (Essai de politique positive. 1910. 1 vol. in-18, broché 2 fr. 50 ; relié toile . . . . 3 fr. »

XVII. — **MAYBON (A.).** — **La politique chinoise.** Etude sur les doctrines des partis en Chine. 1900. 1 vol. in-18, broché, 4 fr. ; relié toile . . . . 4 fr. 50

SOUS PRESSE :

LAGARDELLE (H.). — **Le socialisme ouvrier.** 1 vol. in-18.
PRESSENSÉ (F. de). — **L'impérialisme.**

BIBLIOTHÈQUE SOCIALISTE INTERNATIONALE

PUBLIÉE SOUS LA DIRECTION DE Alfred Bonnet

SÉRIE IN-18 :

DEVILLE (G.). — **Principes socialistes.** 1898. 2e édit. 1 vol. in-18 . . . . 3 fr. 50

MARX (Karl). — **Misère de la philosophie.** Réponse à la philosophie de la misère de M. Proudhon. 1908. Nouvelle édition. 1 vol. in-18. . . . . 3 fr. 50

LABRIOLA (Antonio). — **Essais sur la conception matérialiste de l'histoire.** 2e édit. 1902. 1 vol. in-18 . . 3 fr. 50

DESTRÉE (J.) et VANDERVELDE (E.). — **Le socialisme en Belgique.** 2e édit. 1903. 1 vol. in-18 . . . . 3 fr. 50

LABRIOLA (Antonio). — **Socialisme et philosophie.** 1899. 1 vol. in-18 . . . . 2 fr. 50

MARX (Karl). — **Révolution et contre-révolution en Allemagne.** Traduit par Laura Lafargue. 1900. 1 vol. in-18 2 fr. 50

GATTI (G.). — **Le socialisme et l'agriculture.** Préface de G. Sorel. 1902. 1 vol. in-18 . . . . 3 fr. 50

LASSALLE (F.). — **Discours et pamphlets.** 1903. 1 vol. in-18 . . . . 3 fr. 50

TARBOURIECH (E). — **Essai sur la propriété.** 1905. 1 vol. in-18 . . . . 3 fr. 50

LAFARGUE (P.). — Le Déterminisme économique de Karl Marx, 1909. 1 vol. in-18 . . . . 4 fr. »

MARX (Karl). — Critique de l'Économie politique, traduction Laura Lafargue. 1909. 1 vol. in-18 . . . . . 3 fr. 50

BERTHOD (A.). — P.-J. Proudhon et la propriété, 1910. 1 vol. in-18 . . . . 3 fr. »

SÉRIE IN-8 :

WEBB (Béatrix et Sydney). — Histoire du trade-unionisme, 1897. Traduit par Albert Metin. 1 vol. in-8 . . . . 10 fr. »

KAUTSKY (Karl). — La question agraire. Étude sur les tendances de l'agriculture moderne. Traduit par Edgard Milhaud et Camille Polack. 1 vol. in-8 . . . . . 8 fr. »

MARX (Karl). — Le capital. Traduit à l'Institut des sciences sociales de Bruxelles, par J. Borchardt et H. Vanderrydt : »
  Livre II. — Le procès de circulation du capital, 1900. 1 vol. in-8 . . . . 10 fr. »
  Livre III. — Le processus d'ensemble de la production capitaliste. 1901-1902, 2 vol. in-8 . . . . . . 20 fr. »

KAUTSKY (K.). — La politique agraire du parti socialiste. Trad. C. Polack, 1903, 1 vol. in-8 . . . . . 4 fr. »

AUGÉ LARIBÉ (M.). — Le problème agraire du socialisme. La viticulture industrielle du midi de la France. 1907, 1 vol. in-8 . . . . 6 fr. »

BIBLIOTHÈQUE PACIFISTE INTERNATIONALE

Honorée de la souscription des Ministères de l'Instruction publique et au Commerce,

PUBLIÉE SOUS LA DIRECTION DE **Stéfane-Pol**

Ont paru :

BEAUQUIER (Ch.) Ed. GIRETTI et STÉFANE-POL. — France et Italie, avec préface de M. Berthelot *de l'Institut*. 1904. 1 vol. in-18 . . . . 1 fr. »

DUMAS (J.). — La colonisation (Essai de doctrine pacifiste) avec préface de Ch. Gide, 1904, 1 vol. in-18 . . . 1 fr. 25

ESTOURNELLES DE CONSTANT (D'). — France et Angleterre. 1904. 1 vol. in-18 . . . . 1 fr. »

FINOT (J.). — Français et Anglais devant l'anarchie européenne. 1904. 1 vol. in-18 . . . . 1 fr. »

FOLLIN (H.). — La marche vers la paix. 1903. 1 vol. in-18 . . . . 0 fr. 75

FONTANES (E.). — La guerre, avec préface de F. Passy. 1904. 1 vol. in-18 . . . . 0 fr. 60

JACOBSON (J. A.). — Le premier grand procès international de la Haye (notes d'un témoin). 1904. 1 vol. in-18 . . . . 0 fr. 60

LAFARGUE (A.). — L'orientation humaine. 1904. 1 vol. in-18 . . . . 1 fr. »

LA GRASSERIE (R. de). — De l'ensemble des moyens de résolution pacifiste. 1905. 1 vol. in-18 . . . . 1 fr. »

MESSIMY. — La paix armée (La France peut en alléger le poids.) 1903. 1 vol. in-18. . . . . 0 fr. 75

MOCH (G). — Vers la fédération d'Occident. Désarmons les Alpes. 1905. 1 vol. in-18, avec 6 graphiques . . 0 fr. 50

NATTAN-LARRIER. — Les menaces des guerres futures. 1904. 1 vol. in-18. . . . . 1 fr. »

NOVICOW (J). — La possibilité du bonheur. 1904. 1 vol. in-18 . . . . 2 fr. »

PASSY (Fr.). — Historique du mouvement de la paix. 1904. 1 vol. in-18 . . . . 0 fr. 75

PRUDHOMMEAUX (J.). — Coopération et pacification. 1904. 1 vol. in-18 . . . . 1 fr. »

RICHET (Ch.). — Fables et récits pacifistes, avec une préface de Sully-Prudhomme. 1904. 1 vol. in-18 . . . 1 fr. »

RUYSSEN (Th.). — La philosophie de la paix. 1904. 1 vol. in-18 . . . . 0 fr. 75

SÉVERINE. — A Sainte-Hélène, pièce en 2 actes. 1904. 1 vol. in-18 . . . . 1 fr. »

SZALIKOWSKI (Ed.). — Mortalité et paix armée, avec une préface de C. Flammarion. 1904. 1 vol. in-18. . . 0 fr. 50

STÉPHANE-POL. — L'esprit militaire (Histoire sentimentale). 1904. 1 vol. in-18 . . . . 2 fr. »

STÉFANE-POL. — Vers l'avenir. Histoire dramatique. 1903. 1 vol. in-18 . . . . 1 fr. »

STÉFANE-POL. — Les deux évangiles, considérations sur la peine de mort, le duel, la guerre, etc. 1903. 1 vol. in-18 0 fr. 50

SUTTNER (Bne de). — Souvenirs de guerre. 1904. 1 vol. in-18. . . . . 0 fr. 50

BIBLIOTHÈQUE SOCIOLOGIQUE INTERNATIONALE

Honorée de souscriptions du Ministère de l'Instruction publique

PUBLIÉE SOUS LA DIRECTION DE **René Worms**

Les volumes I à XXX de la Collection peuvent aussi être achetés reliés

avec une augmentation de 2 fr. et XXXI et suite avec une augmentation de 1 fr. seulement.

SÉRIE IN-8 :

WORMS (René). — Organisme et société. 1896. 1 vol. in-8. (I) . . . . 6 fr. »

LILIENFELD (Paul de). — La pathologie sociale. 1896. 1 vol. in-8 (II). . . . . 6 fr. »

NITTI (Francesco S.). — La population et le système social. 1897. 1 vol. in-8 (III). . . . . 6 fr. »

POSADA (A.). — Théories modernes sur les origines de la Famille, de la Société et de l'État. 1896. 1 volume in-8 (iv) . . . . . 4 fr.

BALICKI (S.). — L'État comme organisation coercitive de la société politique. 1896. 1 vol. in-8 (v) . . . . . (épuisé).

NOVICOW (J.). — Conscience et volonté sociales. 1897. 1 vol. in-8 (vi) . . . . 6 fr.

GIDDINGS (Franklin H.). — Principes de sociologie. 1897. 1 vol. in-8 (vii) . . . . 6 fr.

LORIA (A.). — Problèmes sociaux contemporains. 1897. 1 vol. in-8 (viii) . . . . 4 fr.

VIGNES (M.). — La science sociale d'après les principes de Le Play et de ses continuateurs. 1897. 2 vol. in-8 (ix-x) . . . . 16 fr.

VACCARO (M.-A.). — Les bases sociologiques du droit et de l'État. 1898. 1 vol. in-8 (xi) . . . . 8 fr.

GUMPLOWICZ (L.). — Sociologie et politique. 1898. 1 vol. in-8 (xii) . . . . 6 fr.

SIGHELE (Scipio). — Psychologie des sectes. 1898. 1 vol. in-8 (xiii) . . . . 5 fr.

TARDE (G.). — Etudes de psychologie sociale. 1898. 1 vol. in-8 (xiv) . . . . 7 fr.

KOVALEWSKY (M.). — Le régime économique de la Russie. 1898. 1 vol. in-8 (xv) . . . . 7 fr.

STARCKE (C.). — La famille dans les diverses sociétés. 1899. 1 vol. in-8 (xvi) . . . . 5 fr.

LA GRASSERIE (Raoul de). — Des religions comparées au point de vue sociologique. 1899. 1 vol. in-8 (xvii). 7 fr.

BALDWIN (J.-M.). — Interprétation sociale et morale des principes du développement mental. 1899. 1 vol. in-8 (xviii) . . . . 10 fr.

DUPRAT (G.-L.). — Science sociale et démocratie. 1900. 1 vol. in-8 (xix) . . . . 6 fr.

LAPLAIGNE (H.). — La morale d'un égoïste ; essai de morale sociale. 1 vol. in-8 (xx) . . . . 5 fr.

LOURBET (Jacques). — Le problème des sexes. 1900. 1 vol. in-8 (xxi) . . . . 5 fr.

BOMBARD (E.). — La marche de l'humanité et les grands hommes d'après la doctrine positive. 1900. 1 vol. in-8 (xxii) . . . . 6 fr.

LA GRASSERIE (Raoul de). — Les principes sociologiques de la criminologie. 1901. 1 vol. in-8 (xxiii) . . 8 fr.

POUZOL (Abel). — La recherche de la paternité. 1902. 1 vol. in-8 (xxiv) . . . . 10 fr.

BAUER (A.). — Les classes sociales. 1902. 1 vol. in-8 (xxv) . . . . 7 fr.

LETOURNEAU (Ch.). — La condition de la femme dans les diverses races et civilisations. 1903. 1 vol. in-8 (xxvi) . . . . 9 fr.

WORMS (René). — Philosophie des sciences sociales. 3 vol. in-8 :

    Tome I. Objet des sciences sociales. 1903. 1 vol. (xxvii) 4 fr.

Tome II. Méthode des sciences sociales, 1903. 1 vol. (xxviii)
          4 fr. »
Tome III. Conclusion des sciences sociales, 1907. 1 vol. (xxix)
          4 fr. »
RIGNANO (E.). — Un socialisme en harmonie avec la doctrine économique libérale. 1904. 1 vol. in-8 (xxx) 7 fr. »
NICEFORO (A.). — Les classes pauvres. Recherches anthropologiques et sociales. 1905. 1 vol. in-8 (xxxi) . . . 8 fr. »
LESTER-WARD (F.). — Sociologie pure. 1906. 2 vol. in-8 (xxxii-iii). . . . . 16 fr. »
LA GRASSERIE (R. de). — Les principes sociologiques du droit civil. 1906. 1 vol. in-8 (xxxiv). . . . . 10 fr. »
CAIRD (Edw.). — Philosophie sociale et religion d'Auguste Comte. 1907. 1 vol. in-8 (xxxv). . . . . . 4 fr. »
BAUER (A.). — Essai sur les révolutions. 1908. 1 vol. in-8 (xxxv)). . . . . 8 fr. »
SIGHELE (S.). — Littérature et criminalité. 1908. 1 vol. in-8 (xxxvii). . . . . 4 fr. »
LACOMBE (P.). — Taine historien et sociologue. 1909. 1 vol. in-8 (xxxviii). . . . . 5 fr. »
KOVALEWSKY (M.). — La France économique et sociale à la veille de la Révolution :
Les Campagnes. 1909. 1 vol. in-8 (xxxix) . . . . 8 fr. »
Les Villes. 1910. 1 vol. in-8 (xl). . . . . . (Sous presse)
STEIN. — Le sens de l'existence. 1900. 1 vol. in-8 (xli)
          12 fr. »
MAUNIER (R.). — L'Origine et la fonction économique des villes. 1910. 1 vol. in-8 (xlii) . . . . . 6 fr. »
BOCHARD (A.). — L'Évolution de la Fortune de l'Etat. 1910. 1 vol. in-8 (xliii). . . . . 6 fr. »
SIGHELE (S.). — Le crime à deux. 1909. 1 vol. in-8 (xliv)
          4 fr. »

SÉRIE IN-18 (*volumes brochés*) :

WORMS (René). — Principes biologiques de l'évolution sociale. 1910. 1 vol. in-18 (a) . . . . . . 2 fr. »
BALDWIN (J.-Mark). — Psychologie et Sociologie. 1 vol. in-18 (b) . . . . 2 fr. »
MAUNIER (R.). — L'Economie politique et la Sociologie. 1910. 1 vol. in-18 (d) . . . . 2 fr. 50

<hr>

PETITE ENCYCLOPÉDIE
SOCIALE ÉCONOMIQUE ET FINANCIÈRE

I. — Leçons d'économie politique, par André Liesse, avec une préface de Courcelle-Seneuil, de l'Institut. Un volume in-18, 1892 . . . . 3 fr. »
II. — La Réforme des frais de justice, par E. Manuel et R. Louis, docteurs en droit. 2e édition. Un volume in-18, 1892. . . . . 3 fr. »

Code manuel de droit industriel, par M. Duroquit-
TELLE, 3 v. in-18.

III. — Législation ouvrière en France et à l'Étranger.
2e édition. Un volume in-18. 1893 . . . . 3 fr.

IV. — Brevets d'invention, contrefaçon, etc. Un vol. in-18.
1893 . . . . 3 fr.

V. — Dessins et marques de fabrique, nom commercial,
concurrence déloyale, etc. Un vol. in-18. 1894 3 fr.

VI. — Code manuel des électeurs et des éligibles, avec
formules, par A. Maugras, avocat publiciste. 2e édit.
Un volume in-18. 1898 . . . . 3 fr.

VII. — Législation générale des cultes protestants en
France, en Algérie et dans les colonies, par Penel-
Beaufin. Un volume in-18. 1894 . . . . 3 fr.

VIII. — Commentaire de la loi du 27 décembre 1892 sur
la conciliation et l'arbitrage facultatifs, par
A. Lelong. Un volume in-12. 1894 . . . 1 fr. 50

IX. — Législation générale du culte israélite en France,
en Algérie et dans les colonies, par Penel-Beaufin.
Un vol. in-18. 1894 . . . . 3 fr.

X. — Code manuel du propriétaire-agriculteur, par
Daniel Zolla, prof. à l'École nationale d'agriculture
de Grignon. 2e éd. Un volume in-18, 1902 3 fr. 50

XI. — Les questions ouvrières, p. Léon Milhaud. Un
vol. in-18. 1894 . . . . 2 fr. 50

XII. — Cours de droit professé dans les lycées de jeunes
filles de Paris, par Jeanne Chauvin, 2e édition. Un
volume in-18, relié toile. 1908 . . . . 3 fr. 50

XIII. — Guide théorique et pratique, général et complet
des Clercs de notaire et des aspirants au nota-
riat, par Jean Martin, notaire. Un volume in-18.
1895 . . . . 3 fr.

XIV. — La question monétaire considérée dans ses rapports
avec la condition sociale des divers pays et avec les
crises économiques, par Léon Poinsard. Un vol. in-18.
1895 . . . . 3 fr.
Les budgets français. Étude analytique et pratique
de législation financière, par MM. P. Bidoire et A.
Simonin. Trois volumes :

XV. — Projet de budget 1895. Un vol. in-18. 1895. 3 fr.

XVIII. — Budget de 1895 et Projet de budget de 1896.
Un volume in-18. 1896. . . . . 3 fr.

XIII. — Budget de 1896 et Projet de budget de 1897.
Un volume in-18. 1897 . . . . 3 fr.

XVI. — La saisie-arrêt sur les salaires et petits traitements. 2e édition revue et augmentée par V. Billon.
Un volume in-18. 1896 . . . . 3 fr.

XVII. — La question sanitaire, dans ses rapports avec les
intérêts et les droits de l'individu et de la société, par
le Dr J. Piogey. Un vol. in-18. 1895. . . . 3 fr.

XIX. — Les banques d'émission, par G. François. Un vol. in-18.
1896. . . . . 3 fr.

REVUE DU DROIT PUBLIC ET DE LA SCIENCE POLITIQUE
EN FRANCE ET A L'ÉTRANGER

FONDÉE PAR **F. Larnaude**

PUBLIÉE SOUS LA DIRECTION DE **MM. Max Boucard et Gaston Jèze**